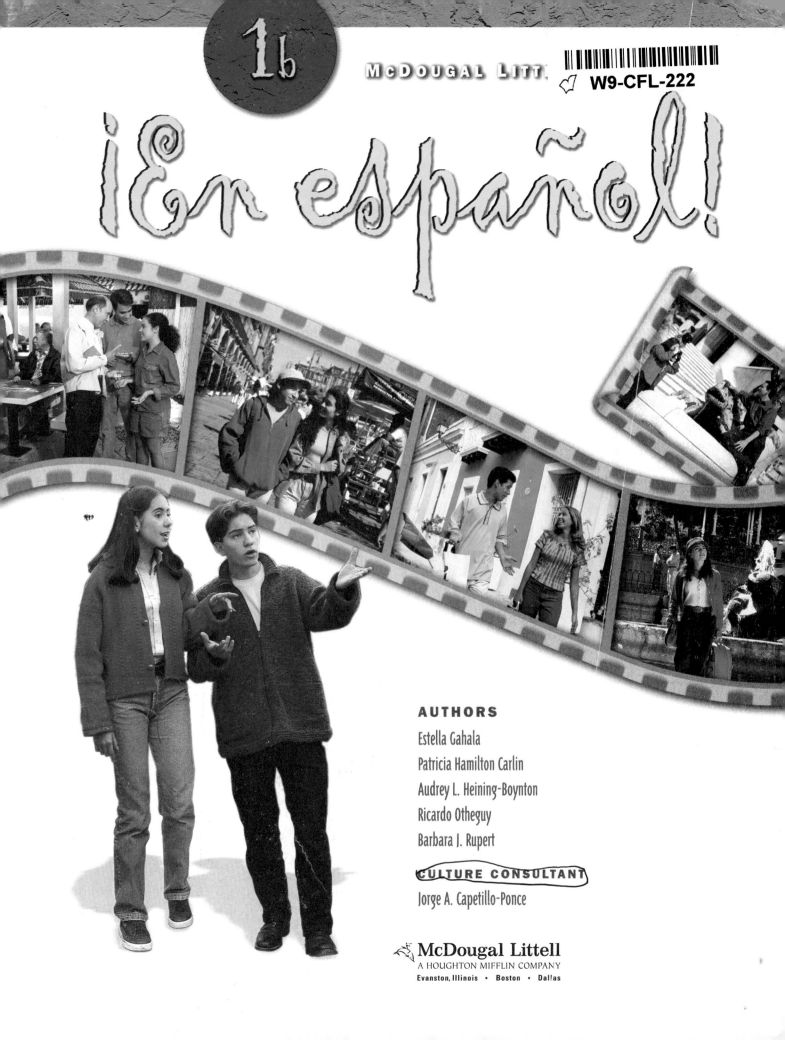

1b

McDougal Litt.

¡En español!

AUTHORS

Estella Gahala

Patricia Hamilton Carlin

Audrey L. Heining-Boynton

Ricardo Otheguy

Barbara J. Rupert

CULTURE CONSULTANT

Jorge A. Capetillo-Ponce

McDougal Littell

A HOUGHTON MIFFLIN COMPANY

Evanston, Illinois • Boston • Dallas

Cover Photography

Foreground: Photo by Martha Granger/EDGE Productions.

Background: Quito, Ecuador, Joseph F. Viesti/The Viesti Collection (also appears on spine).

Back cover, top: School Division, Houghton Mifflin Co.; from left to right: El Morro Castle, San Juan, Puerto Rico, Bruce Adams/CORBIS; Quito, Ecuador, Joseph F. Viesti/The Viesti Collection; Pyramid of the Sun at Teotihuacán, Mexico City, Michael T. Sedam/CORBIS; View of Arenal Volcano from Tabacón Hot Springs, Costa Rica, Kevin Schafer; Aerial view of Las Ramblas, Barcelona, Spain, age fotostock; Machu Picchu, Urubamba Valley, Peru, Robert Fried.

Front Matter Photography

iii School Division, Houghton Mifflin Company (t); **viii** School Division, Houghton Mifflin Company (t); **ix** Robert Frerck/Odyssey Productions/Chicago (t); **x** Tom Stack (t); **xi** School Division, Houghton Mifflin Company (t); **xiii** RMIP/Richard Haynes (bl); **xiv** RMIP/Richard Haynes (bl); **xv** RMIP/Richard Haynes (bl); **xvi** School Division, Houghton Mifflin Company (t); **xix** School Division, Houghton Mifflin Company; **xxx** Courtesy *iQué onda!* Magazine (tl); **xxxi** Patricia A. Eynon (tr); **xxxiii** Larry Bussaca/Retna Ltd. (cr).

Illustration

v Catherine Leary; **vi** Brian Jenson; **vii** Fian Arroyo; **xxiv-xxix** Gary Antonetti/Ortelius Design.

ISBN: 0-618-25061-1   1 2 3 4 5 6 7 8 9 – VJM – 06 05 04 03 02

Internet: www.mcdougallittell.com

McDougal Littell

¡En español!

Contenido

BRIDGE UNIT

ETAPA 1

OBJECTIVES

- Greet and introduce others
- Say where people are from
- Express likes and dislikes
- Describe friends and family
- Talk about dates and ages
- Express possession

OBJECTIVES

- Talk about school
- Discuss obligations and plans
- Talk about schedules and time
- Ask questions
- Say where you are going
- Request food
- Sequence events

OFICINA

CIUDAD DE MÉXICO: Una semana típica   28

BRIDGE UNIT

ETAPA 3

PUERTO RICO: El fin de semana 54

OBJECTIVES

- Extend invitations
- Talk on the phone
- Express feelings and preferences
- Say what just happened and what is happening
- Talk about sports
- Say what you know
- Make comparisons
- Describe the weather

UNIDAD 4

OAXACA
MÉXICO

¡DE VISITA!

Enjoy regional handicrafts and food with Rosa, Carlos, and Sofía.

ETAPA 1

OBJECTIVES

- Identify places
- Give addresses
- Choose transportation
- Request directions
- Give instructions

UNIDAD 4

ETAPA 2

En el mercado 110

OBJECTIVES

- Talk about shopping
- Make purchases
- Talk about giving gifts
- Bargain

UNIDAD 4

ETAPA 3

OBJECTIVES

- Order food
- Request the check
- Talk about food
- Express extremes
- Say where you went

Diego

UNIDAD

5

ETAPA 1

OBJECTIVES

- Describe daily routine
- Talk about grooming
- Tell others to do something
- Discuss daily chores

BARCELONA
ESPAÑA

PREPARACIONES ESPECIALES

Have fun *organizing a surprise* birthday party for Luis.

UNIDAD 5

ETAPA 2

OBJECTIVES

- Say what people are doing
- Persuade others
- Describe a house
- Negotiate responsibilities

UNIDAD 5

ETAPA 3

OBJECTIVES

- Plan a party
- Describe past activities
- Express extremes
- Purchase food

QUITO
ECUADOR

LA CIUDAD Y EL CAMPO

Compare life in the city to life in the countryside with Patricia and Miguel and his family.

ETAPA
1

OBJECTIVES

- **Tell what happened**
- **Make suggestions to a group**
- **Describe city buildings**
- **Talk about professions**

ETAPA
2

OBJECTIVES

- Point out specific people and things
- Tell where things are located
- Talk about the past

UNIDAD 6

ETAPA 3

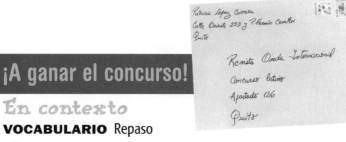

¡A ganar el concurso! 308

OBJECTIVES

- Talk about the present and future
- Give instructions to someone
- Discuss the past

About the Authors

Estella Gahala holds a Ph.D. in Educational Administration and Curriculum from Northwestern University. A career teacher of Spanish and French, she has worked with a wide range of students at the secondary level. She has also served as foreign language department chair and district director of curriculum and instruction. Her workshops at national, regional, and state conferences as well as numerous published articles draw upon the current research in language learning, learning strategies, articulation of foreign language sequences, and implications of the national Standards for Foreign Language Learning upon curriculum, instruction, and assessment. She has coauthored nine basal textbooks.

Patricia Hamilton Carlin completed her M.A. in Spanish at the University of California, Davis, where she also taught as a lecturer. Previously she had earned a Master of Secondary Education with specialization in foreign languages from the University of Arkansas and had taught Spanish and French at levels K–12. Her secondary programs in Arkansas received national recognition. A coauthor of the *¡DIME! UNO* and *¡DIME! DOS* secondary textbooks, Patricia currently teaches Spanish and foreign language/ESL methodology at the University of Central Arkansas, where she coordinates the second language teacher education program. In addition, Patricia is a frequent presenter at local, regional, and national foreign language conferences.

Audrey L. Heining-Boynton received her Ph.D. in Curriculum and Instruction from Michigan State University. She is a Professor of Education and Romance Languages at The University of North Carolina at Chapel Hill, where she is a second language teacher educator and Professor of Spanish. She has also taught Spanish, French, and ESL at the K–12 level. Dr. Heining-Boynton was the president of the National Network for Early Language Learning, has been on the Executive Council of ACTFL, and involved with AATSP, Phi Delta Kappa, and state foreign language associations. She has presented both nationally and internationally, and has published over forty books, articles, and curricula.

Ricardo Otheguy received his Ph.D. in Linguistics from the City University of New York, where he is currently Professor of Linguistics at the Graduate School and University Center. He has written extensively on topics related to Spanish grammar as well as on bilingual education, and the Spanish of the United States. He is coauthor of *Tu mundo: Curso para hispanohablantes,* a Spanish high school textbook for Spanish speakers, and of *Prueba de ubicación para hispanohablantes,* a high school Spanish placement test.

Barbara J. Rupert has taught Level 1 through A.P. Spanish and has implemented a FLES program in her district. She completed her M.A. at Pacific Lutheran University. Barbara is the author of CD-ROM activities for the *¡Bravo!* series and has presented at local, regional, and national foreign language conferences. She is the president of the Washington Association for Language Teaching. In 1996, Barbara received the Christa McAuliffe Award for Excellence in Education, and in 1999, she was selected Washington's "Spanish Teacher of the Year" by the Juan de Fuca Chapter of the AATSP.

Culture Consultant

Jorge A. Capetillo-Ponce is currently Assistant Professor of Sociology at University of Massachusetts, Boston, and Researcher at the Mauricio Gastón Institute for Latino Community Development and Public Policy. His graduate studies include an M.A. and a Ph.D. in Sociology from the New School for Social Research in New York City, and an M.A. in Area Studies at El Colegio de México in Mexico City. He is the editor of the book *Images of Mexico in the U.S. News Media,* and has published essays on a wide range of subjects such as media, art, politics, religion, international relations, and cultural theory. Dr. Capetillo's geographical areas of expertise are Latin America, the United States, and the Middle East. During the years 2000 and 2001 he was the Executive Director of the Mexican Cultural Institute of New York. He has also worked as an advisor to politicians and public figures, as a researcher and an editor, and as a university professor and television producer in Mexico, the United States, and Central America.

Consulting Authors

Dan Battisti
Dr. Teresa Carrera-Hanley
Bill Lionetti
Patty Murguía Bohannan
Lorena Richins Layser

Regional Language Reviewers

Dolores Acosta (Mexico)
Jaime M. Fatás Cabeza (Spain)
Grisel Lozano-Garcini (Puerto Rico)
Isabel Picado (Costa Rica)
Juan Pablo Rovayo (Ecuador)

Contributing Writers

Ronni L. Gordon
Christa Harris
Debra Lowry
Sylvia Madrigal Velasco
Sandra Rosenstiel
David M. Stillman
Jill K. Welch

Ad hoc Representatives

Vicki Armstrong
Jane Asano
Kathy Cavers
Dan Griffith
Rita McGuire
Gretchen Toole

Senior Reviewers

O. Lynn Bolton
Dr. Jane Govoni
Elías G. Rodríguez
Ann Tollefson

Middle School Reviewers

Mary Jo Aronica
Springman School
Glenview, IL

Laura Bertrand
Explorer Middle School
Phoenix, AZ

Amy Brewer
Stonewall Jackson Middle School
Mechanicsville, VA

María Corcoran
Sacred Heart Model School
Louisville, KY

Diane Drear
Brown Middle School
Hillsboro, OR

Beverly Fessenden
Carwise Middle School
Palm Harbor, FL

Alma Hernández
Alamo Junior High School
Midland, TX

Robert Hughes
Martha Brown Middle School
Fairport, NY

Nancy Lawrence
Cross Cultural Education Unit
Albuquerque, NM

Lucille Madrid
Taylor Junior High School
Mesa, AZ

Barbara Mortanian
Tenaya Middle School
Fresno, CA

Sally Nickerson
Broadview Middle School
Burlington City, NC

Lynn Perdue
Fuller Junior High School
Little Rock, AR

Leela Scanlon
West Middle School
Andover, MA

Kathleen Solórzano
Homestead High School
Mequon, WI

Carol Sparks
Foothill Middle School
Walnut Creek, CA

Elizabeth Torosian
Doherty Middle School
Andover, MA

Jaya Vijayasekar
Griswold Middle School
Rocky Hill, CT

Janet Wohlers
Weston Middle School
Weston, MA

Colleen Yarbrough
Canon McMillan Middle School
Canonsburg, PA

Teacher Reviewers

Linda Amour
Highland High School
Bakersfield, CA

Susan Arbuckle
Mahomet-Seymour High School
Mahomet, IL

Dawne Ashton
Sequoia High School
Redwood City, CA

Sheila Bayles
Rogers High School
Rogers, AR

Warren Bender
Duluth East High School
Duluth, MN

Gail Block
Daly City, CA

Amy Brewer
Stonewall Jackson Middle School
Mechanicsville, VA

William Brill
Hollidaysburg Area Junior
   High School
Hollidaysburg, PA

Adrienne Chamberlain-Parris
Mariner High School
Everett, WA

Norma Coto
Bishop Moore High School
Orlando, FL

Roberto del Valle
Shorecrest High School
Shoreline, WA

Art Edwards
Canyon High School
Santa Clarita, CA

Rubén D. Elías
Roosevelt High School
Fresno, CA

José Esparza
Curie Metropolitan High School
Chicago, IL

Lorraine A. Estrada
Cabarrus County Schools
Concord, NC

Vincent Fazzolari
East Boston High School
East Boston, MA

Alberto Ferreiro
Harrisburg High School
Harrisburg, PA

Judith C. Floyd
Henry Foss High School
Tacoma, WA

Valarie L. Forster
Jefferson Davis High School
Montgomery, AL

Michael Garber
Boston Latin Academy
Boston, MA

Becky Hay de García
James Madison Memorial
   High School
Madison, WI

Lucy H. García
Pueblo East High School
Pueblo, CO

Marco García
Lincoln Park High School
Chicago, IL

Raquel R. González
Odessa High School
Odessa, TX

Linda Grau
Shorecrest Preparatory School
St. Petersburg, FL

Myriam Gutiérrez
John O'Bryant School
Roxbury, MA

Deborah Hagen
Ionia High School
Ionia, MI

Sandra Hammond
St. Petersburg High School
St. Petersburg, FL

Bill Heller
Perry Junior/Senior High School
Perry, NY

Joan Heller
Lake Braddock Secondary School
Burke, VA

Paula Hirsch
Windward School
Los Angeles, CA

Ann Hively
Orangevale, CA

Robert Hughes
Martha Brown Middle School
Fairport, NY

Janet King
Long Beach Polytechnic
   High School
Long Beach, CA

Jody Klopp
Oklahoma State Department
   of Education
Edmond, OK

Richard Ladd
Ipswich High School
Ipswich, MA

Carol Leach
Francis Scott Key High School
Union Bridge, MD

Maria Lienenweber
Cresenta Valley High School
La Cresenta, CA

Sandra Martín
Palisades Charter High School
Pacific Palisades, CA

Laura McCormick
East Seneca Senior High School
West Seneca, NY

Karen McDowell
Aptos, CA

Sue McKee
Tustin, CA

Rafaela McLeod
Southeast Raleigh High School
Raleigh, NC

Kathleen L. Michaels
Palm Harbor University
   High School
Palm Harbor, FL

Vickie A. Mike
Horseheads High School
Horseheads, NY

Robert Miller
Woodcreek High School
Roseville, CA

Barbara Mortanian
Tenaya Middle School
Fresno, CA

Patty Murray
Cretin-Derham Hall High School
St. Paul, MN

Linda Nanos
West Roxbury High School
West Roxbury, MA

Terri Nies
Mannford High School
Mannford, OK

María Emma Nunn
John Tyler High School
Tyler, TX

Leslie Ogden
Nordhoff High School
Ojai, CA

Teri Olsen
Alameda High School
Alameda, CA

Lewis Olvera
Hiram Johnson West Campus
   High School
Sacramento, CA

Judith Pasco
Sequim High School
Sequim, WA

Anne-Marie Quihuis
Paradise Valley High School
Phoenix, AZ

Rita Risco
Palm Harbor University
   High School
Palm Harbor, FL

James J. Rudy, Jr.
Glen Este High School
Cincinnati, OH

Kathleen Solórzano
Homestead High School
Mequon, WI

Margery Sotomayor
Ferndale, CA

Carol Sparks
Foothill Middle School
Walnut Creek, CA

Sarah Spiesman
Whitmer High School
Toledo, OH

M. Mercedes Stephenson
Hazelwood Central High School
Florissant, MO

Carol Thorp
East Mecklenburg High School
Charlotte, NC

Elizabeth Torosian
Doherty Middle School
Andover, MA

Pamela Urdal Silva
East Lake High School
Tarpon Springs, FL

Dana Valverde
Arroyo Grande High School
Arroyo Grande, CA

Connie Vargas
Granite Hills High School
Apple Valley, CA

Wendy Villanueva
Lakeville High School
Lakeville, MN

Helen Webb
Arkadelphia High School
Arkadelphia, AR

Jena Williams
Jonesboro High School
Jonesboro, AR

Janet Wohlers
Weston Middle School
Weston, MA

Teacher Panel

Linda Amour
Highland High School
Bakersfield, CA

Jeanne Aréchiga
Northbrook High School
Houston, TX

Dena Bachman
Lafayette Senior High School
St. Joseph, MO

Sharon Barnes
J. C. Harmon High School
Kansas City, KS

Ben Barrientos
Calvin Simmons Junior
   High School
Oakland, CA

Paula Biggar
Sumner Academy of Arts &
   Science
Kansas City, KS

Hercilia Breton
Highlands High School
San Antonio, TX

Gwen Cannell
Cajon High School
San Bernardino, CA

Edda Cárdenas
Blue Valley North High School
Leawood, KS

Joyce Chow
Crespi Junior High School
Richmond, CA

Laura Cook
Evans Junior High School
Lubbock, TX

Mike Cooperider
Truman High School
Independence, MO

Judy Dozier
Shawnee Mission South
   High School
Shawnee Mission, KS

Maggie Elliott
Bell Junior High School
San Diego, CA

Dana Galloway-Grey
Ontario High School
Ontario, CA

Nieves Gerber
Chatsworth Senior High School
Chatsworth, CA

April Hansen
Livermore High School
Livermore, CA

Janet King
Long Beach Polytechnic
   High School
Long Beach, CA

Susanne Kissane
Shawnee Mission Northwest
   High School
Shawnee Mission, KS

Ann López
Pala Middle School
San Jose, CA

Anna Marxson
Laguna Creek High School
Elk Grove, CA

Beatrice Marino
Palos Verdes Peninsula
   High School
Rolling Hills, CA

Rudy Molina
McAllen Memorial High School
McAllen, TX

Barbara Mortanian
Tenaya Middle School
Fresno, CA

Vickie Musni
Pioneer High School
San Jose, CA

Teri Olsen
Alameda High School
Alameda, CA

Rodolfo Orihuela
C. K. McClatchy High School
Sacramento, CA

Montserrat Rey
Hightower High School
Fort Bend, TX

Terrie Rynard
Olathe South High School
Olathe, KS

Beth Slinkard
Lee's Summit High School
Lee's Summit, MO

Rosa Stein
Park Hill High School
Kansas City, MO

Melanie Tate
McLean Middle School
Fort Worth, TX

Marianne Villalobos
Modesto High School
Modesto, CA

Shannon Zerby
North Garland High School
Garland, TX

Urban Panel

Rebecca Carr
William G. Enloe High School
Raleigh, NC

Norha Franco
East Side High School
Newark, NJ

Kathryn Gardner
Riverside University High School
Milwaukee, WI

Eula Glenn
Remtec Center
Detroit, MI

Jeana Harper
Detroit Fine Arts High School
Detroit, MI

Guillermina Jauregui
Los Angeles Senior High School
Los Angeles, CA

Lula Lewis
Hyde Park Career Academy
   High School
Chicago, IL

Florence Meyers
Overbrook High School
Philadelphia, PA

Vivian Selenikas
Long Island City High School
Long Island City, NY

Sadia White
Spingarn Stay Senior High School
Washington, DC

Block Scheduling Panel

Barbara Baker
Wichita Northwest High School
Wichita, KS

Patty Banker
Lexington High School
Lexington, NC

Beverly Blackburn
Reynoldsburg Senior High School
Reynoldsburg, OH

Henry Foust
Northwood High School
Pittsboro, NC

Gloria Hawks
A. L. Brown High School
Kannapolis, NC

Lois Hillman
North Kitsap High School
Poulsbo, WA

Nick Patterson
Central High School
Davenport, IA

Sharyn Petkus
Grafton Memorial High School
Grafton, MA

Cynthia Prieto
Mount Vernon High School
Alexandria, VA

Julie Sanchez
Western High School
Fort Lauderdale, FL

Marilyn Settlemyer
Freedom High School
Morganton, NC

Student Review Board

Andrea Avila
Fannin Middle School
Amarillo, TX

Maya Beynishes
Edward R. Murrow High School
Brooklyn, NY

James Dock
Guilford High School
Rockford, IL

Richard Elkins
Nevin Platt Middle School
Boulder, CO

Kathryn Finn
Charles S. Pierce Middle School
Milton, MA

Robert Foulis
Stratford High School
Houston, TX

Lorrain García
Luther Burbank High School
Sacramento, CA

Katie Hagen
Ionia High School
Ionia, MI

Steven Hailey
Davis Drive School
Apex, NC

Eli Harel
Thomas Edison Intermediate
  School
Westfield, NJ

Cheryl Kim
Dr. Leo Cigarroa High School
Laredo, TX

Jennifer Kim
Kellogg Middle School
Seattle, WA

Jordan Leitner
Scripps Ranch High School
San Diego, CA

Courtney McPherson
Miramar High School
Miramar, FL

Zachary Nelson
Warsaw Community High School
Warsaw, IN

Diana Parrish
Oak Crest Junior High School
Encinitas, CA

Kimberly Robinson
Perryville Senior High School
Perryville, AR

John Roland
Mountain Pointe High School
Phoenix, AZ

Nichole Ryan
Bermudian Springs High School
York Springs, PA

Ryan Shore
West Miami Middle School
Miami, FL

Tiffany Stadler
Titusville High School
Titusville, FL

Michael Szymanski
West Seneca East High School
West Seneca, NY

Anela Talic
Soldan International Studies
  High School
St. Louis, MO

Gary Thompson
Fort Dorchester High School
Charleston, SC

Bethany Traynor
Glen Este High School
Cincinnati, OH

Gerard White
Paramount High School
Paramount, CA

Nichols Wilson
Waubonsie Valley High School
Aurora, IL

Amy Wyron
Robert Frost Intermediate School
Rockville, MD

Karina Zepeda
West Mecklenburg High School
Charlotte, NC

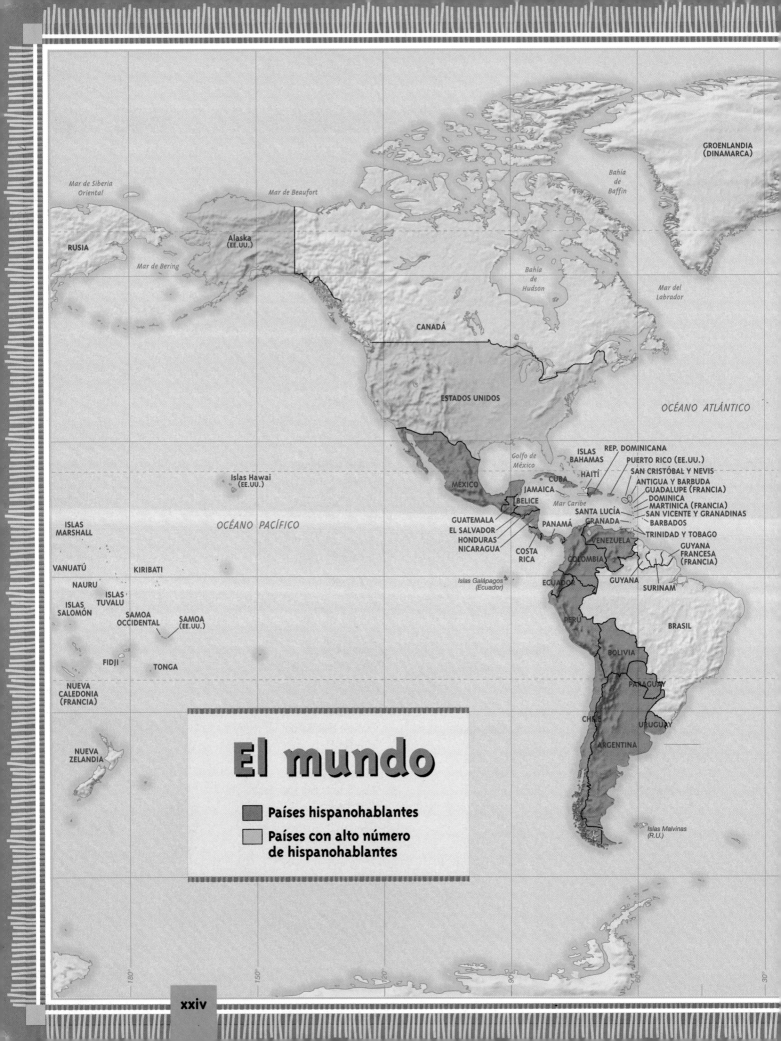

El mundo

■ Países hispanohablantes
□ Países con alto número de hispanohablantes

GROENLANDIA (DINAMARCA)

Mar de Siberia Oriental

Mar de Beaufort

RUSIA

Alaska (EE.UU.)

Mar de Bering

Bahía de Baffin

Mar del Labrador

Bahía de Hudson

CANADÁ

ESTADOS UNIDOS

OCÉANO ATLÁNTICO

Golfo de México

Islas Hawai (EE.UU.)

MÉXICO

CUBA

ISLAS BAHAMAS

REP. DOMINICANA
PUERTO RICO (EE.UU.)
HAITÍ
SAN CRISTÓBAL Y NEVIS
ANTIGUA Y BARBUDA
GUADALUPE (FRANCIA)
DOMINICA
MARTINICA (FRANCIA)
SAN VICENTE Y GRANADINAS
BARBADOS
TRINIDAD Y TOBAGO

JAMAICA

BELICE

Mar Caribe

SANTA LUCÍA
GRANADA

OCÉANO PACÍFICO

GUATEMALA
EL SALVADOR
HONDURAS
NICARAGUA

PANAMÁ

COSTA RICA

VENEZUELA

GUYANA FRANCESA (FRANCIA)

ISLAS MARSHALL

COLOMBIA

GUYANA

SURINAM

VANUATÚ

KIRIBATI

Islas Galápagos (Ecuador)

ECUADOR

NAURU

ISLAS TUVALU

ISLAS SALOMÓN

SAMOA OCCIDENTAL

SAMOA (EE.UU.)

PERÚ

BRASIL

BOLIVIA

FIDJI

TONGA

NUEVA CALEDONIA (FRANCIA)

PARAGUAY

CHILE

URUGUAY

NUEVA ZELANDIA

ARGENTINA

Islas Malvinas (R.U.)

180° 150° 120° 90° 60° 30°

OCÉANO ÁRTICO

Mar de Laptev

Mar de Kara

Mar de Barents

Mar de
Noruega

ISLANDIA

SUECIA   FINLANDIA   1 DINAMARCA   9   ESLOVENIA   RUSIA   Mar de
                                   2 HOLANDA   10 CROACIA   Ojotsk
NORUEGA   3 BÉLGICA   11 BOSNIA Y HERZEGOVINA
                ESTONIA   4 LUXEMBURGO   12 YUGOSLAVIA
REINO   Mar del LETONIA   5 SUIZA   13 ALBANIA
UNIDO   Norte   LITUANIA   6 REPÚBLICA CHECA   14 MACEDONIA
                                   7 ESLOVAQUIA   15 BULGARIA
IRLANDA   ALEMANIA POLONIA   8 HUNGRÍA   16 MALTA
                                                                      Lago
FRANCIA   AUSTRIA UCRANIA   Baikal   MONGOLIA   COREA
                        MOLDAVIA   DEL NORTE   Mar de
ANDORRA   Mar de   Japón
                                                 Aral   KAZAKSTÁN   COREA
ESPAÑA   ITALIA   RUMANIA   DEL SUR   JAPÓN
PORTUGAL   Mar Negro   GEORGIA   UZBEKISTÁN KIRGUISTÁN   CHINA
                               GRECIA   TURQUÍA   ARMENIA   TURKMENISTÁN TADJIKISTÁN
GIBRALTAR   AZERBAIYÁN
(R.U.)   Mar Mediterráneo CHIPRE   SIRIA   IRÁN   TAIWÁN
Islas   LÍBANO   IRAQ   AFGANISTÁN   BHUTÁN
Canarias   MARRUECOS   ISRAEL   KUWAIT   PAQUISTÁN   NEPAL   GUAM
(Esp.)   JORDANIA   QATAR   MYANMAR   (EE.UU.)
SAHARA   ARGELIA   LIBIA   EGIPTO   BAHREIN   INDIA   Trópico de Cáncer
OCCIDENTAL   E.A.U.   LAOS
CABO   ARABIA   OMÁN   TAILANDIA VIETNAM
VERDE MAURITANIA MALÍ   NÍGER SUDÁN   SAUDITA   CAMBOYA   Mar de
SENEGAL   CHAD   ERITREA   YEMEN   Mar   China   FILIPINAS
GAMBIA BURKINA BENIN   SUDÁN   JIBUTI   Arábigo   Golfo   BRUNEI
GUINEA FASO NIGERIA   de   SRI   MALAYSIA   PALAU MICRONESIA
GUINEA COSTA TOGO REP. CENTRO- ETIOPÍA   Bengala   LANKA   Ecuador
BISSAU DE MARFIL AFRICANA   INDONESIA
LIBERIA GHANA CAMERÚN   SOMALIA   ISLAS   PAPUASIA
SIERRA   GUINEA CONGO UGANDA   MALDIVAS   SINGAPUR   NUEVA GUINEA
LEONA   ECUATORIAL GABÓN REP. DEL KENIA   TIMOR
                                 CONGO   RUANDA   ORIENTAL
CABINDA   BURUNDI
(ANGOLA)   ANGOLA   MALAWI TANZANIA   SEYCHELLES
               ZAMBIA   COMORES
                        MOZAMBIQUE   MAURICIO   OCÉANO
NAMIBIA ZIMBABWE   MADAGASCAR ÍNDICO   AUSTRALIA
         BOTSWANA   Trópico de Capricornio

SUAZILANDIA
SUDÁFRICA LESOTHO

N

0   1000   2000 kilómetros
0   1000   2000 millas

ANTÁRTIDA

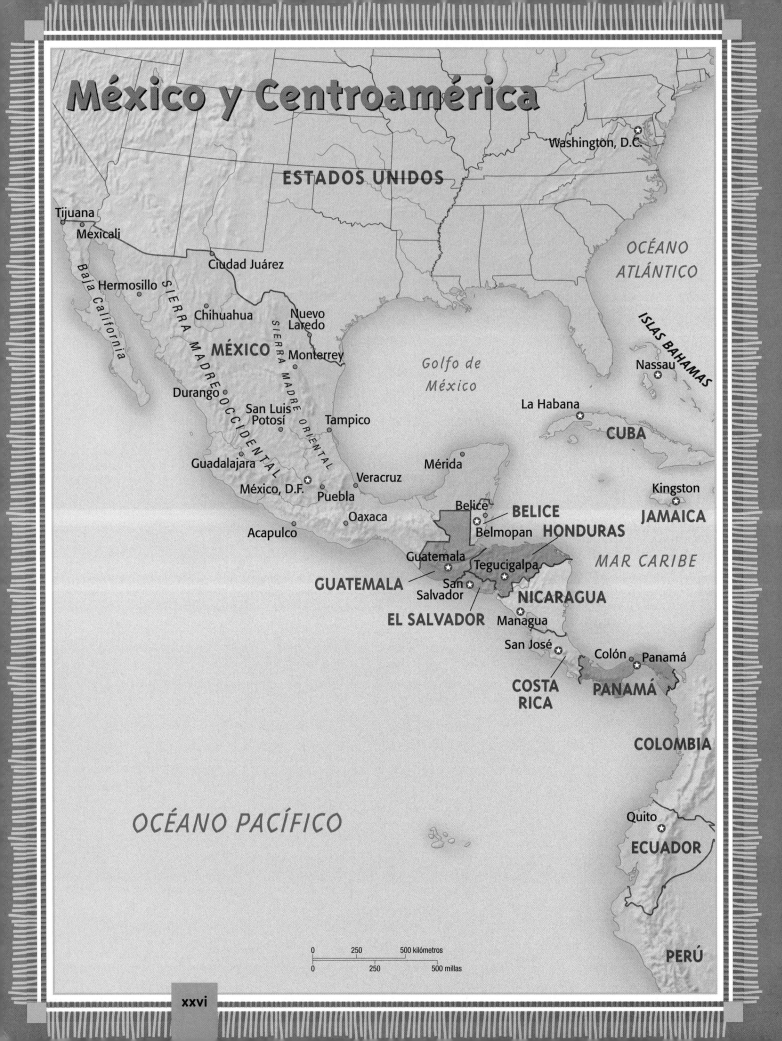

México y Centroamérica

ESTADOS UNIDOS

Washington, D.C.

Tijuana
Mexicali
Ciudad Juárez
Hermosillo
Chihuahua
Nuevo Laredo
SIERRA MADRE OCCIDENTAL
Baja California
MÉXICO
Monterrey
SIERRA MADRE ORIENTAL
Durango
San Luis Potosí
Tampico
Guadalajara
México, D.F.
Puebla
Veracruz
Mérida
Oaxaca
Acapulco

Golfo de México

OCÉANO ATLÁNTICO

ISLAS BAHAMAS
Nassau

La Habana
CUBA

Kingston
JAMAICA

Belice
BELICE
Belmopan
HONDURAS
MAR CARIBE
Guatemala
Tegucigalpa
GUATEMALA
San Salvador
NICARAGUA
EL SALVADOR
Managua
San José
Colón
Panamá
COSTA RICA
PANAMÁ

COLOMBIA

OCÉANO PACÍFICO

Quito
ECUADOR

PERÚ

0   250   500 kilómetros
0   250   500 millas

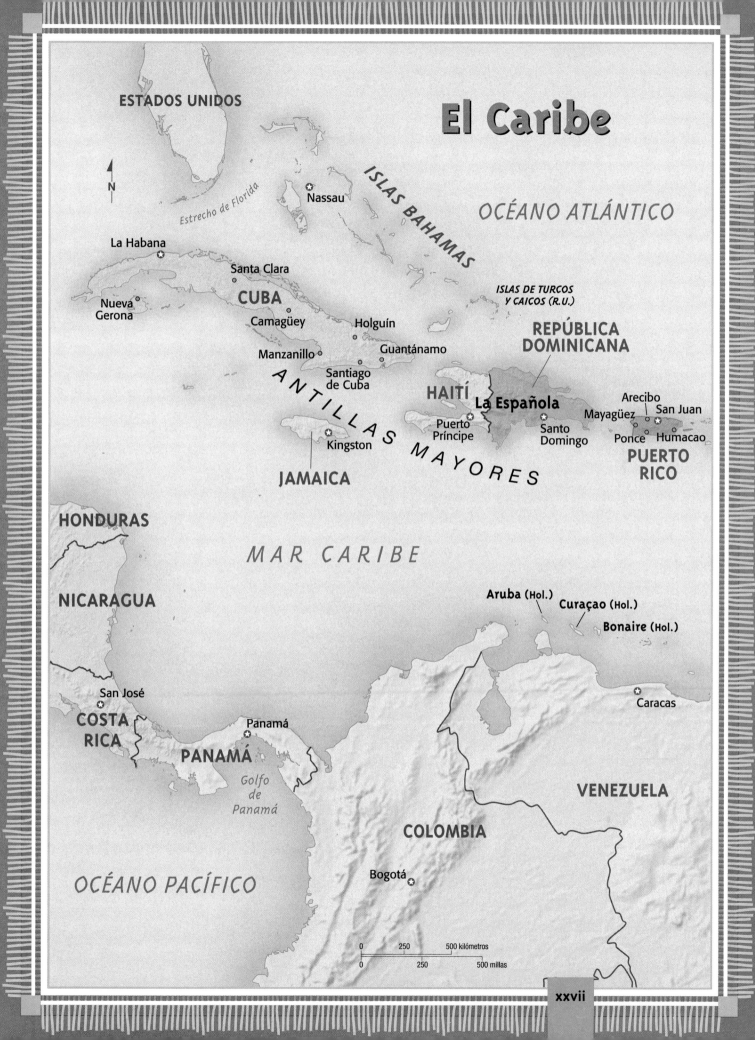

El Caribe

ESTADOS UNIDOS

N

Estrecho de Florida

Nassau

ISLAS BAHAMAS

OCÉANO ATLÁNTICO

La Habana

Santa Clara

CUBA

Nueva Gerona

Camagüey

Holguín

Manzanillo

Guantánamo

Santiago de Cuba

ISLAS DE TURCOS Y CAICOS (R.U.)

REPÚBLICA DOMINICANA

HAITÍ

La Española

Arecibo

San Juan

Mayagüez

Puerto Príncipe

Santo Domingo

Ponce

Humacao

ANTILLAS MAYORES

Kingston

JAMAICA

PUERTO RICO

HONDURAS

MAR CARIBE

NICARAGUA

Aruba (Hol.)

Curaçao (Hol.)

Bonaire (Hol.)

San José

Caracas

COSTA RICA

Panamá

PANAMÁ

Golfo de Panamá

VENEZUELA

COLOMBIA

OCÉANO PACÍFICO

Bogotá

| 0 | 250 | 500 kilómetros |
| 0 | 250 | 500 millas |

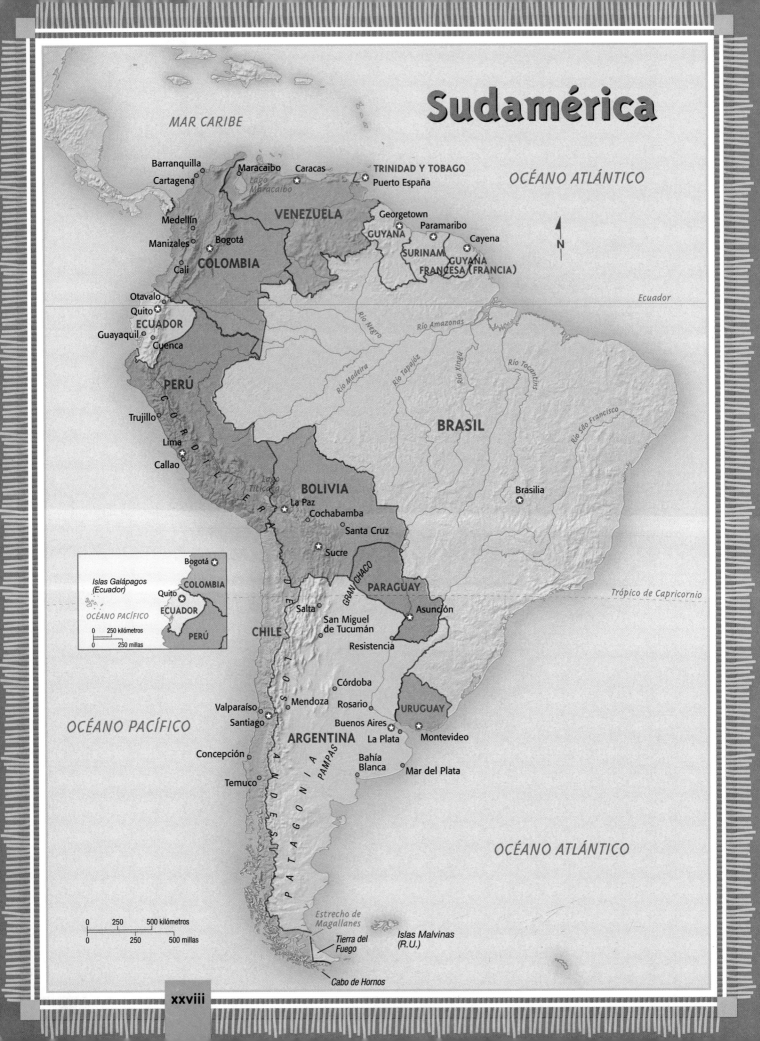

Sudamérica

MAR CARIBE

OCÉANO ATLÁNTICO

Barranquilla
Cartagena
Maracaibo
Caracas
TRINIDAD Y TOBAGO
Puerto España

Medellín
Manizales
Bogotá
Lago Maracaibo
VENEZUELA
Georgetown
Paramaribo
GUYANA
Cayena
SURINAM
GUYANA FRANCESA (FRANCIA)

Cali
COLOMBIA

Otavalo
Quito
ECUADOR
Guayaquil
Cuenca

Ecuador

Río Negro
Río Amazonas

PERÚ
Trujillo
Lima
Callao

Río Madeira
Río Tapajós
Río Xingú
Río Tocantins

BRASIL
Río São Francisco

Lago Titicaca
BOLIVIA
La Paz
Cochabamba
Santa Cruz
Sucre

Brasilia

Bogotá
COLOMBIA
Islas Galápagos
(Ecuador)
Quito
ECUADOR
OCÉANO PACÍFICO
PERÚ
0   250 kilómetros
0   250 millas

GRAN CHACO
PARAGUAY
Asunción
Trópico de Capricornio

Salta
San Miguel de Tucumán
Resistencia

CHILE

Córdoba
Mendoza
Rosario
Valparaíso
Santiago
ARGENTINA
URUGUAY
Buenos Aires
La Plata
Montevideo

OCÉANO PACÍFICO

Concepción
PAMPAS
Bahía Blanca
Mar del Plata

Temuco

PATAGONIA

N

OCÉANO ATLÁNTICO

0   250   500 kilómetros
0   250   500 millas

Estrecho de Magallanes
Islas Malvinas (R.U.)
Tierra del Fuego

Cabo de Hornos

ANDES
CORDILLERA DE LOS ANDES

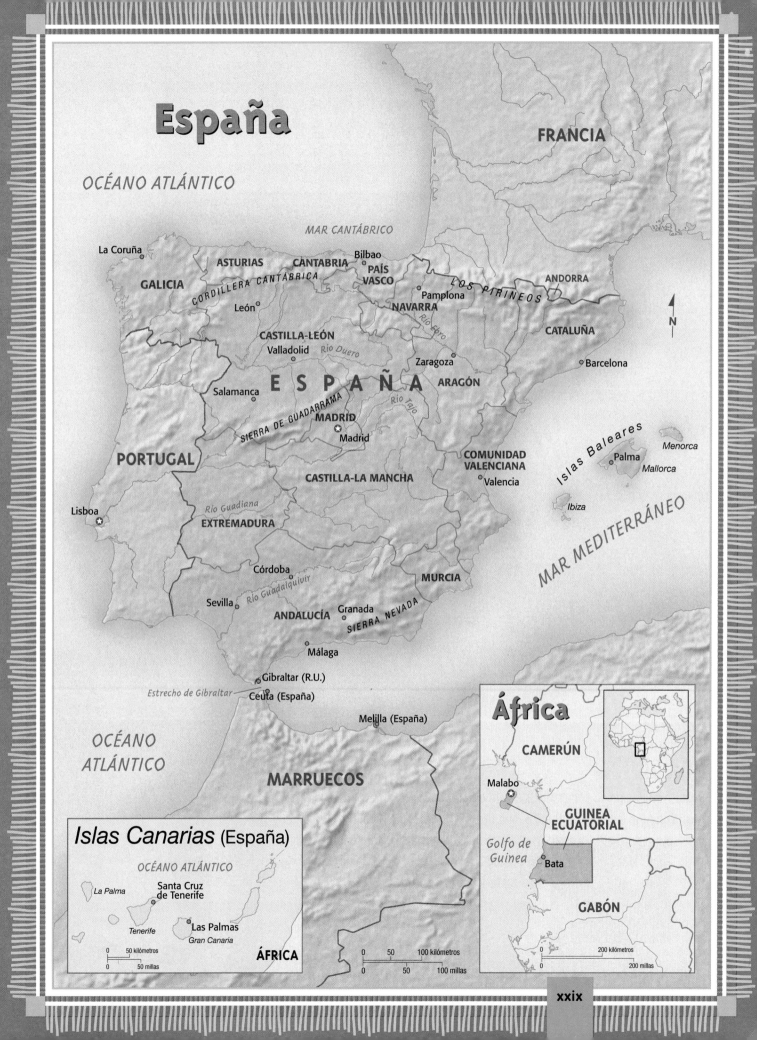

España

OCÉANO ATLÁNTICO

FRANCIA

MAR CANTÁBRICO

La Coruña

GALICIA

ASTURIAS CANTABRIA Bilbao
PAÍS VASCO

CORDILLERA CANTÁBRICA

León

NAVARRA Pamplona

LOS PIRINEOS

ANDORRA

Río Ebro

CATALUÑA

CASTILLA-LEÓN

Valladolid Río Duero

Zaragoza

Barcelona

E S P A Ñ A

ARAGÓN

Salamanca

SIERRA DE GUADARRAMA MADRID

Río Tajo

N

Madrid

PORTUGAL

COMUNIDAD VALENCIANA

Islas Baleares

Menorca

Palma

Mallorca

CASTILLA-LA MANCHA

Valencia

Lisboa

Río Guadiana

EXTREMADURA

Ibiza

MAR MEDITERRÁNEO

Córdoba

Río Guadalquivir

MURCIA

Sevilla

ANDALUCÍA Granada

SIERRA NEVADA

Málaga

OCÉANO
ATLÁNTICO

Gibraltar (R.U.)

Estrecho de Gibraltar Ceuta (España)

Melilla (España)

MARRUECOS

Islas Canarias (España)

OCÉANO ATLÁNTICO

La Palma

Santa Cruz
de Tenerife

Tenerife

Las Palmas
Gran Canaria

ÁFRICA

0   50 kilómetros

0   50 millas

0   50   100 kilómetros

0   50   100 millas

África

CAMERÚN

Malabo

GUINEA
ECUATORIAL

Golfo de
Guinea

Bata

GABÓN

0   200 kilómetros

0   200 millas

Why Learn Spanish?

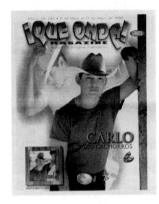

To Appreciate the Importance of Spanish in the U.S.

The influence of Spanish is everywhere. Spanish words like **plaza** and **tornado** have become part of the English language. Just think of U.S. place names that come from Spanish: **Colorado, Florida, Nevada, Los Angeles, San Antonio, La Villita,** etc. You can see Spanish on signs. There are Spanish radio and television stations. Singers such as Jon Secada perform in Spanish as well as English.

To Connect

Spanish will help you **communicate** with other people. Spanish is the second most common language in the U.S. and the third most common in the world. You will be able do things like **ask someone for directions, bargain at a market,** and **order in a restaurant** in Spanish.

To Have Fun

Taking Spanish is a new experience that will expose you to the **food,** the **music,** the **celebrations,** and other aspects of Spanish-speaking cultures. It will make travel to other countries as well as to different places in the United States much more enjoyable and more meaningful.

To Be Challenged

Studying Spanish is a challenge. There is a lot to learn, but it's not just vocabulary and grammar in a textbook. In the future you **will be able to read** Spanish-language **newspapers, magazines,** and **books.** Imagine reading *Don Quijote de la Mancha* by Miguel de Cervantes in the original Spanish someday!

To Help You in the Future

Taking a foreign language like Spanish is an accomplishment to be emphasized on college and job applications. It can also help you fulfill college language requirements. Spanish can be **useful in many careers,** from doctor, bank teller, and social worker to teacher, tour guide, and translator.

How to Study Spanish

Use Strategies

Listening strategies provide a starting point to help you understand.

Speaking strategies will help you express yourself in Spanish.

Reading strategies will show you different ways to approach reading.

Writing strategies help you out with your writing skills.

Cultural strategies help you compare Spanish-speaking cultures of the world to your own culture.

PARA CONVERSAR
STRATEGY: SPEAKING
Saying what is the best and worst After Activity 8, decide which is the best **(el mejor)** or the worst **(el peor)** of these categories: **equipo de baloncesto, grupo musical, película del año.**

Use Study Hints

The **Apoyo para estudiar** feature provides study hints that will help you learn Spanish.

APOYO PARA ESTUDIAR

Preterite Tense

Since the **nosotros** form of an **-ar** verb is the same in the preterite and the present tenses, how can you determine the tense? Use context clues. Look for time indicators, like those in the vocabulary box, and the tense of other verbs.

Build Your Confidence

Everyone learns differently, and there are different ways to achieve a goal. Find out what works for you. Grammar boxes are set up with an explanation, a visual representation, and examples from real-life contexts. Use this combination of words and graphics to help you learn Spanish. Focus on whatever helps you most.

The Verb decir

To talk about what someone says, use the verb **decir**. The verb **decir** means *to say* or *to tell*. It has several irregular forms in the present tense.

d**i**go	decimos
d**i**ces	decís
d**i**ce	d**i**cen

Only the **nosotros(as)** and **vosotros(as)** forms are regular.

Sofía says:
—Yo **digo** **que** el mercado tiene las cosas más bonitas.
I say that the market has the prettiest things.

Note that **decir** **que** means *to say **that**…*

Have Fun

Taking a foreign language does not have to be all serious work. The dialogs in this book present the Spanish language in **entertaining, real-life contexts.**

- Pair and group activities give you a chance to **interact with your classmates.**
- Vocabulary and grammar puzzles will test your knowledge, but will also be **fun to do.**

Listen to Spanish
Inside and Outside of Class

Listening to Spanish will help you understand it. Pay attention to the **dialogs** and the **listening activities** in class.

Take advantage of opportunities to **hear Spanish outside of class** as well.

- Do you know someone who speaks Spanish?
- Are there any Spanish-language radio and/or television stations in your area?
- Does your video store have any Spanish-language movies?

Take Risks

The goal of studying a foreign language like Spanish is to **communicate.**

Don't be afraid to **speak.**

Everyone makes mistakes, so don't worry if you make a few. When you do make a mistake, **pause and then try again.**

BRIDGE
UNIT

ETAPA
1 Mi mundo

ETAPA
2 Una semana típica

ETAPA
3 El fin de semana

ESTADOS UNIDOS

CIUDAD DE MÉXICO

SAN JOSÉ

PUERTO RICO

Océano
Pacífico   **LOS ÁNGELES** • **SAN DIEGO**

EL PASO
CIUDAD
JUÁREZ

ISLAS
HAWAI

MÉXICO

ALASKA

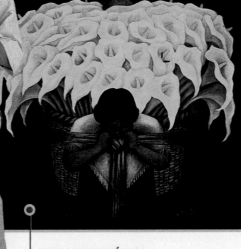

CIUDAD DE MÉXICO
DIEGO RIVERA (1886–1957) painted
La vendedora de flores (1942) as well as
many other paintings and murals. What
paintings by Mexican artists have you seen?

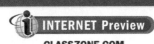

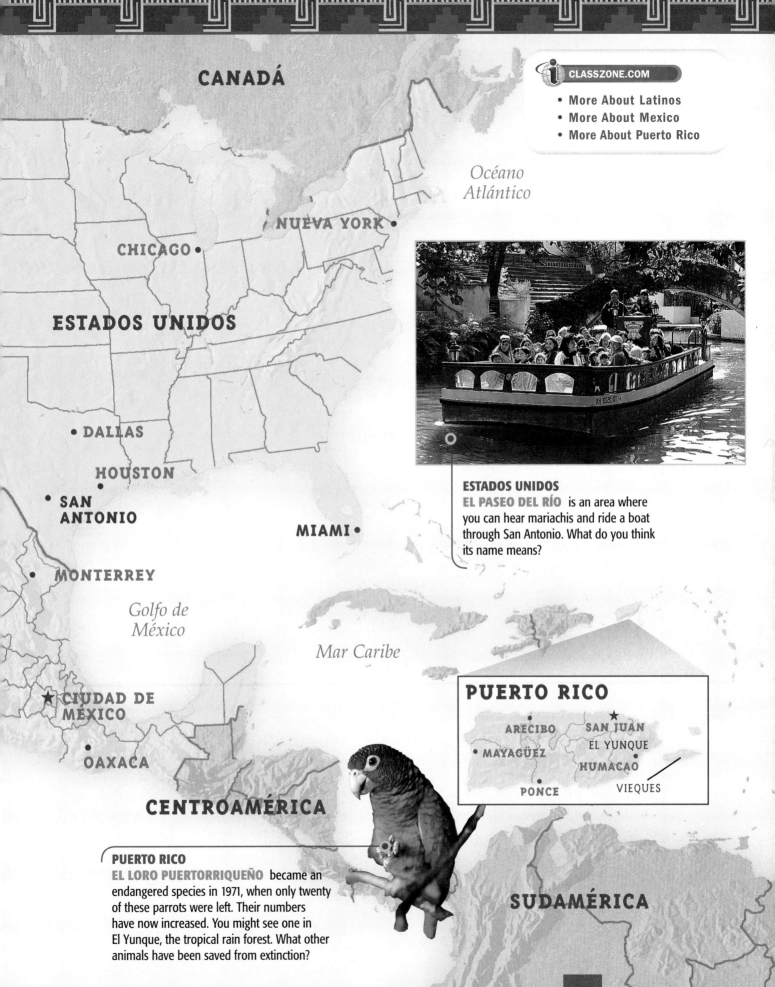

CANADÁ

CLASSZONE.COM
- More About Latinos
- More About Mexico
- More About Puerto Rico

Océano
Atlántico

NUEVA YORK •

CHICAGO •

ESTADOS UNIDOS

• DALLAS

HOUSTON •

• SAN
ANTONIO

MIAMI •

ESTADOS UNIDOS
EL PASEO DEL RÍO is an area where
you can hear mariachis and ride a boat
through San Antonio. What do you think
its name means?

• MONTERREY

Golfo de
México

Mar Caribe

★ CIUDAD DE
MÉXICO

PUERTO RICO

ARECIBO   ★
SAN JUAN
• MAYAGÜEZ   EL YUNQUE

HUMACAO

• OAXACA

PONCE   VIEQUES

CENTROAMÉRICA

PUERTO RICO
EL LORO PUERTORRIQUEÑO became an
endangered species in 1971, when only twenty
of these parrots were left. Their numbers
have now increased. You might see one in
El Yunque, the tropical rain forest. What other
animals have been saved from extinction?

SUDAMÉRICA

1

ETAPA 1

Mi mundo

OBJECTIVES

- Greet and introduce others

- Say where people are from

- Express likes and dislikes

- Describe friends and family

- Talk about dates and ages

- Express possession

SAN ANTONIO

LOS CASCARONES

LOS ÁNGELES

LA QUINCEAÑERA

Feliz Quince Años

En contexto

🎧 VOCABULARIO

Francisco García Flores has just moved into his new community in Miami. He is getting to know the people there. Look at the illustrations. They will help you understand the meanings of the words in blue.

un chico

una chica

A **El chico** es Francisco García.
La chica es Alma Cifuentes.

Alma: ¿Cómo estás?
Francisco: Estoy bien, ¿y tú?
Alma: Regular.

un policía

B **El policía** vive en el apartamento.

una mujer

C **La mujer** vive en un apartamento también. Ella es **una amiga** de Francisco.

una estudiante   una maestra

D La mujer es **maestra**. La muchacha es **estudiante**.

una familia

un señor

una señora

una señorita

un muchacho

E La familia García vive en **una casa. La señora**
García es **doctora.**

Alma: Bienvenido a la comunidad, Francisco.
Francisco: Gracias, Alma.
Alma: De nada.
Francisco: Te presento a mi familia.
Señor García: Encantado. ¿Cómo estás?
Alma: Muy bien, gracias, ¿y usted?
Señor García: Bien, gracias.

una muchacha

un hombre

F El hombre es el señor Estrada.

Señor Estrada: Hola, muchacha. ¿Qué tal?
Alma: Le presento a mi amigo Francisco.
Francisco: Mucho gusto. ¿Cómo está usted?
Señor Estrada: No muy bien hoy.
Francisco: ¿No muy bien?
Señor Estrada: ¡Es lunes! Estoy terrible.

ACTIVIDAD
1 ¿Dónde viven?

Hablar Tell where each of these people lives.

modelo

la maestra / casa

La maestra *vive en una* ***casa.***

1. el policía / casa
2. la muchacha / apartamento
3. la doctora / casa
4. mi familia / ¿?

ACTIVIDAD
2 Saludos

Hablar/Escribir Complete the conversations. Then
work with two classmates to act them out.

Chica: Hola, ¿qué __1__?
Chico: Muy bien. Y tú, ¿ __2__ estás?
Chica: ¡__3__ terrible!

Señor: Le __4__ a mi amiga, la señora García.
Señorita: Encantada. ¿Cómo __5__ usted?
Señora: Muy __6__, gracias. ¿Y __7__?

ACTIVIDAD
3 ¡Mucho gusto!

Hablar Find out the name of the student
next to you and introduce him or her to
another classmate.

En acción

VOCABULARIO Y GRAMÁTICA

Gramática en vivo

Sr. Estrada: ¡Alma! **¿Cómo estás** hoy?

Alma: Muy bien, señor Estrada, **¿y usted?**

◆ ▮ Familiar and Formal Greetings

Familiar:	Formal:
¿Cómo estás?	**¿Cómo está usted?**
is a familiar greeting.	is a formal greeting.
Use with:	Use with:
• a friend	• a person you don't know
• a family member	• someone older
• someone younger	• someone for whom you want to show respect
Another familiar greeting: **¿Qué tal?**	

Tú is a familiar way to say *you*.   **Usted** is a formal way to say *you*.

Online Workbook CLASSZONE.COM

ACTIVIDAD 4

¿Qué tal?

Hablar/Escribir How would you greet the following people?

1. una amiga
2. un maestro
3. un policía
4. tu mamá
5. un muchacho
6. una señora

ACTIVIDAD 5

¡Saludos!

Hablar Imagine you run into the following people at the store. Take turns greeting each person and giving a response.

modelo

tu maestro(a) / muy bien

Estudiante A: *¿Cómo está usted?*

Estudiante B: *Estoy muy bien, gracias.*

1. tu doctor(a) / bien
2. un(a) estudiante / regular
3. un(a) amigo(a) / terrible
4. un(a) policía / muy bien
5. tu maestro(a) / regular
6. un(a) señor(a) / bien

ACTIVIDAD 6

¿Cómo está usted?

Hablar Imagine your partner is a teacher at your school. Greet him or her and tell each other how you are. Change roles.

Gramática en vivo

Alma: Arturo, te presento a Francisco García. **Él es** mi vecino.

Subject Pronouns and the Verb ser

To discuss people in Spanish, you will often use **subject pronouns**. When you want to describe a person or explain who he or she is, use the verb **ser**.

Singular	Plural
yo soy	**nosotros(as) somos**
I am	*we are*
tú eres *familiar*	**vosotros(as) sois**
you are *formal*	*you are*
usted es	**ustedes son**
you are	*you are*
él, ella es	**ellos(as) son**
he, she is	*they are*

Vosotros(as) is only used in Spain.
Ustedes is formal in Spain; formal and familiar in Latin America.

If Alma were to say that someone is a neighbor, she would say:
　—**Él es un** vecino.

However, if she were to say that someone is a policeman, she would say:
　—**Él es** policía.

> The word **un** or **una** does not appear before a profession.

Online Workbook
CLASSZONE.COM

¿Quiénes son?

Leer/Escribir Use subject pronouns to complete the sentences. There may be more than one right answer.

modelo

　Ella *es una muchacha.*

1. _____ es un señor.
2. _____ soy estudiante.
3. _____ somos amigos.
4. _____ son hermanos.
5. _____ eres mi amiga.
6. _____ es una mujer.

Mi comunidad

Hablar/Escribir Point out the people in your community by telling who everyone is.

modelo

ella / doctora **Ella es doctora.**

1. yo / estudiante
2. tú / amiga
3. nosotros / familia
4. él / maestro
5. ellas / muchachas

ACTIVIDAD 9

Presentaciones

Escribir Complete the conversation between Rosa and her teacher.

Rosa: ¿Usted __1__ la señora Mendoza?

Señora M: Sí, yo __2__ la señora Mendoza. Y tú __3__ Rosa.

Rosa: Sí. Le presento a María. Ella __4__ mi amiga.

Señora M: Encantada. ¿Ustedes __5__ mis estudiantes?

Rosa: Sí, nosotras __6__ sus estudiantes. Estos muchachos también __7__ sus estudiantes.

Señora M: Muy bien. ¡Bienvenidos!

ACTIVIDAD 10

¿Quién?

Hablar Take turns telling your partner about three people you know. Include their profession.

modelo

La señora Garza es una mujer. Es policía.

Gramática en vivo

Alma: Pues, ¿**de** dónde **son** ustedes?

Francisco: Nosotros **somos de** muchos lugares. Mamá **es de** Puerto Rico. Papá **es de** México. Yo **soy de** Puerto Rico y David **es de** San Antonio.

◆ Using ser de to Express Origin

▶ To say where a person is from, use: **ser** + **de** + **place**

Online Workbook
CLASSZONE.COM

ACTIVIDAD 11

¿De dónde son?

Escribir Write sentences describing where everyone is from.

modelo

Luisa / Perú

Luisa es de Perú.

1. Pedro y Adrián / Miami
2. yo / Estados Unidos
3. Juan / Costa Rica
4. nosotros / Texas
5. ella / Nicaragua
6. tú / Guatemala
7. ustedes / Argentina
8. Mercedes / Chile
9. usted / Bolivia
10. Marta / España

ACTIVIDAD 12

¿De dónde eres?

Hablar/Escribir Conduct a survey among your classmates. Ask five people where they are from. Fill out a chart like the one below. Write your results as a sentence.

Estudiante	Es de...
Trina	Trina es de Denver.
Luis	Luis es de Springfield.

Gramática en vivo

Alma: A Arturo le gusta mucho **correr**. A mí me gusta también. ¿Te gusta **correr**, Francisco?

Francisco: No, **no** me gusta mucho **correr**.

Using Verbs to Talk About What You Like to Do

When you want to talk about what you like to do, use the phrase:

Me gusta + **_infinitive_**

The **_infinitive_** is the basic form of a verb.

Other helpful phrases to talk about what people like:

Te gusta correr. *You like to run.*

Le gusta correr. *He/She likes to run.*

To say someone doesn't like something, use **no** before the phrase.

No me gusta **correr**.
*I **don't like** to run.*

Vocabulario

Infinitives ♻ **Ya sabes**

bailar

cantar

comer

escribir

leer

nadar

patinar

trabajar

¿Qué te gusta?

ACTIVIDAD 13

¿Qué le gusta?

Escuchar Listen as Francisco tells you what his friends like to do. Match each of Francisco's friends' names with the correct picture.

1. Jorge
2. Diego
3. Nina
4. Carmen
5. Marta

ACTIVIDAD 14

¿Te gusta?

Hablar Ask your partner if he or she likes to do the following things.

modelo

cantar

Estudiante A: *¿Te gusta **cantar**?*

Estudiante B: *Sí, me gusta **cantar**.*
*o: No, no me gusta **cantar**.*

1. nadar
2. leer
3. bailar
4. comer
5. patinar
6. trabajar
7. escribir
8. hablar español

ACTIVIDAD 15

Me gusta...

Escribir Write a paragraph naming two things you like and two things you don't like to do. Then tell two things your friend likes and two things he or she doesn't like to do.

En resumen

YA SABES ♻

SAYING WHERE PEOPLE ARE FROM

¿De dónde + ser...?	Where is... from?
ser de...	to be from...

People

el (la) amigo(a)	friend
la chica	girl
el chico	boy
la familia	family
el hombre	man
la muchacha	girl
el muchacho	boy
la mujer	woman
el señor	Mr.
la señora	Mrs.
la señorita	Miss

Professions

el (la) doctor(a)	doctor
el (la) estudiante	student
el (la) maestro(a)	teacher
el (la) policía	police officer

Subject Pronouns

yo	I
tú	you (familiar singular)
él	he
ella	she
usted	you (formal singular)
ustedes	you (plural)
nosotros(as)	we
vosotros(as)	you (familiar plural)
ellos(as)	they

Places

la comunidad	community
el mundo	world
el país	country

GREETING OTHERS

¿Cómo está usted?	How are you? (formal)
¿Cómo estás?	How are you? (familiar)
¿Qué tal?	How is it going?
Estoy...	I am...
(No muy) Bien, ¿y tú/usted?	(Not very) Well, and you (familiar/formal)?
Regular.	So-so.
Terrible.	Terrible./Awful.
Gracias.	Thank you.
De nada.	You're welcome.

INTRODUCING OTHERS

Te/Le presento a...	Let me introduce you (familiar/formal) to...

SAYING WHERE YOU LIVE

Vivo en...	I live in...
Vive en...	He/She lives in...
el apartamento	apartment
la casa	house

EXPRESSING LIKES

¿Te gusta...?	Do you like...?
¿Le gusta...?	Does he/she like...?
Me gusta...	I like...
Te gusta...	You like...
Le gusta...	He/She likes...

Activities

bailar	to dance
cantar	to sing
comer	to eat
correr	to run
escribir	to write
leer	to read
nadar	to swim
patinar	to skate
trabajar	to work

OTHER WORDS AND PHRASES

bienvenido(a)	welcome
el concurso	contest
el lugar	place
mucho/s(a/s)	much, many
no	not
o	or
pero	but
también	also, too
y	and

Juego

Le gusta bailar pero no le gusta correr. Le gusta leer pero no le gusta cantar. Le gusta nadar pero no le gusta comer mucho. ¿Qué actividades no le gusta hacer a Marisol?

Marisol

correr   **cantar**   **comer**

En contexto

VOCABULARIO

Francisco's friends back in San Antonio are waiting to go to a Tejano music concert. Look at the illustrations. They will help you understand the meanings of the words in blue.

A Francisco tiene amigos **simpáticos**. ¿Cómo son?

el pelo — castaño

morena

el pelo corto — rubio

pelirroja

la camiseta — los ojos

la blusa blanca

el pelo largo — delgado

la falda morada

el gato

el perro

gordo

la bolsa

alto — baja

Raúl no es muy **serio**. ¡Es **cómico**!

Rosalinda es **inteligente** y **bonita**.

Bill tiene **un perro** que se llama Bud. Bud es **gordo**.

Graciela es **guapa**, **alta** y **pelirroja**.

Al final, la chica es **paciente**. Ella es guapa, pero **el gato** es **feo**.

los zapatos

los pantalones

B ¿Llevan los mariachis sombreros **grandes**? ¡Claro que sí! Ellos llevan **pantalones** y chaquetas **negros** también.

trabajador

C El hombre no es **perezoso**. Es muy **trabajador**. Trabaja en el bote.

verde

azul

D Los cascarones **pequeños** son **azules** y **verdes**. El sombrero es grande.

ACTIVIDAD 16 Los amigos

Leer Match a description to each of Francisco's friends.

1. Graciela
2. Bill
3. Raúl
4. Rosalinda
5. Bud

a. cómico y alto
b. inteligente y baja
c. pelirroja y guapa
d. gordo
e. rubio y delgado

ACTIVIDAD 17 Soy yo

Hablar/Escribir Describe yourself and what you're wearing. Also include one activity you like to do.

Me llamo ___1___ . Soy alto(a)/bajo(a). Tengo el pelo ___2___ . Tengo los ojos ___3___ . Hoy llevo ___4___ y ___5___ . Mi color favorito es ___6___ . Describo mi personalidad con esta palabra: ¡ ___7___ !

ACTIVIDAD 18 Mi mejor amigo(a)

Escribir Write a description of your best friend. What does he or she look like? What kind of personality does he or she have?

En acción

VOCABULARIO Y GRAMÁTICA

Gramática en vivo

Alma: Y la chica que lleva la blusa morada, ¿cómo se llama?

Francisco: Ella es mi amiga Rosalinda.

Alma: ¡Tiene el pelo largo!

Using Definite Articles with Specific Things

▶ In Spanish, the **definite article** that accompanies a noun will match its gender and number.

		Definite Article	Noun
Masculine	Singular	**el** *the*	chic**o** *boy*
	Plural	**los** *the*	chic**os** *boys*
Feminine	Singular	**la** *the*	chic**a** *girl*
	Plural	**las** *the*	chic**as** *girls*

matches gender

matches number

▶ Usually

* nouns ending with **-o** are masculine.
* nouns ending with **-a** are feminine.

Online Workbook
CLASSZONE.COM

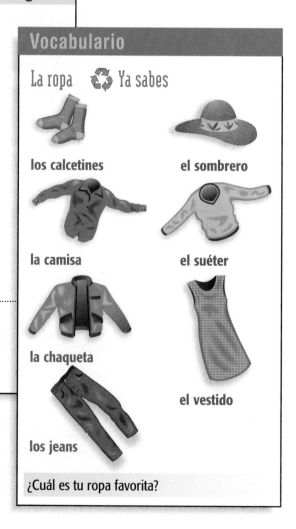

Vocabulario

La ropa ♻ Ya sabes

los calcetines

el sombrero

la camisa

el suéter

la chaqueta

el vestido

los jeans

¿Cuál es tu ropa favorita?

ACTIVIDAD 19

Mi ropa

Escribir Write a list of the clothes Alma needs this week.

modelo

los pantalones

1. 2. 3.

4. 5. 6.

7. 8. 9.

ACTIVIDAD 20

¡No me gusta!

Hablar Imagine you are shopping with a friend. Take turns asking your friend if he or she likes the clothes listed below.

modelo

camisa

Estudiante A: *¿Te gusta la camisa?*

Estudiante B: *No, no me gusta la camisa.*

1. falda
2. chaqueta
3. vestido
4. blusa
5. sombrero
6. suéter
7. camiseta
8. bolsa

Gramática en vivo

Francisco: Tengo **un** vide**o** de mis amigos. ¿Te interesa?

Alma: ¡Claro que sí, cómo no!

Using Indefinite Articles with Unspecified Things

▶ The **indefinite article** that accompanies a noun will also match its gender and number.

		Indefinite Article	Noun
Masculine	Singular	un *a*	chico *boy*
	Plural	unos *some*	chicos *boys*
Feminine	Singular	una *a*	chica *girl*
	Plural	unas *some*	chicas *girls*

matches gender / *matches number*

▶ To make a noun plural, add **-s** if it ends in a vowel, **-es** if it ends in a consonant.

amiga**s**   doctor**es**

Online Workbook
CLASSZONE.COM

ACTIVIDAD 21

¿Qué tiene Carolina?

Leer/Escribir Carolina is describing what she has in her closet. Fill in her description with **un, una, unos,** or **unas**.

Tengo __1__ zapatos, __2__ suéter, __3__ vestidos, __4__ camisas, __5__ chaqueta, __6__ sombrero, __7__ blusa y __8__ faldas.

ACTIVIDAD 22

Tu ropa favorita

Hablar/Escribir Ask three people what their favorite clothes are. Record their answers.

modelo

Estudiante A: *¿Cuál es tu ropa favorita?*

Estudiante B: *Son unos jeans y una camisa.*

ACTIVIDAD 23

¿Qué es?

Hablar You and your partner can't agree on anything. Take turns correcting one another.

modelo

zapatos / calcetines

Estudiante A: *¿Qué son?*

Estudiante B: *Son unos **zapatos**.*

Estudiante A: *No, son unos **calcetines**.*

1. pantalones / jeans
2. chaqueta / suéter
3. camisas / blusas
4. gato / perro
5. doctora / maestra
6. apartamento / casa
7. camiseta / chaqueta
8. maestro / estudiante

Gramática en vivo

Alma: Es muy **bonit**a.

Francisco: También es muy **inteligent** e.
En el colegio, es **seri**a y **trabajador**a.

Using Adjectives to Describe: Gender

▶ **Adjectives** match the gender of the nouns they describe. In Spanish, adjectives usually follow the noun.

Masculine adjectives
often end in **-o**.

Feminine adjectives
often end in **-a**.

....

Most adjectives that end with
-e match both genders.

el chic**o** **pacient** e ◀ *same word* ▶ la chic**a** **pacient** e

....

Many adjectives that end with a
consonant match both genders.

el chic**o** **fenomenal** ◀ *same word* ▶ la chic**a** **fenomenal**

....

Some add **-a** to become feminine.
These adjectives must be learned.

becomes

el chic**o** **trabajador** ➡ la chic**a** **trabajador**a
the hard-working boy   *the hard-working girl*

Online Workbook
CLASSZONE.COM

Vocabulario

Adjectives ♻ **Ya sabes**

aburrido(a)	fuerte
bueno(a)	interesante
divertido(a)	malo(a)
¿Cómo eres?	

¿Cómo son?

Leer/Escribir Describe Francisco's friends. Use two adjectives for each person.

guapo(a)   trabajador(a)

interesante   bueno(a)

fuerte   simpático(a)

alto(a)   moreno(a)

1. Graciela es...
2. Raúl es...
3. Rosalinda es...
4. Bill es...

¡Cuéntame!

Hablar Describe the following people to a partner. Then change roles.

1. El (La) maestro(a) es...
2. Mi amiga es...
3. Mi amigo es...
4. Tú eres...
5. Yo soy...
6. Un(a) buen(a) estudiante es...

Gramática en vivo

Alma: ¡Qué buen amigo eres!
¡Y qué **buen**os amigos tienes! Pues, ahora tienes una nueva amiga.

Francisco: ¡Sí! ¡A los **nuev**os amigos!

Using Adjectives to Describe: Number

▶ Adjectives must also match the number of the nouns they describe. To make an adjective plural, add **-s** if it ends with a vowel, **-es** if it ends with a consonant.

▶ When an adjective describes a group with both genders, the masculine form of the adjective is used.

El chic**o** y la chic**a** son **guap**os.

Online Workbook
CLASSZONE.COM

ACTIVIDAD 26

¡Escríbelo!

Escribir Write these sentences using the correct form of one of the words in parentheses.

modelo

Mis zapatos son (azul / trabajador).   *Mis zapatos son **azules**.*

1. Graciela tiene tres vestidos (rojo / inteligente).
2. Mis amigas son (simpático / verde).
3. Los maestros son muy (paciente / rojo).
4. Me gusta leer libros (cómico / trabajador) y (largo / negro).
5. La chica tiene dos perros (inteligente / azul).
6. Laura y Marisa son muy (trabajador / largo).
7. Mis pantalones son (verde / simpático).
8. La mujer tiene unos sombreros (negro / fuerte).

ACTIVIDAD 27

¿Qué tienes?

Escribir Think about the clothes that you have in your closet or dresser at home. Using the words you have learned, make a list of at least five different items that you have in your closet.

modelo

cinco camisas blancas

dos pantalones marrones

…

Vocabulario

Los colores ♻ Ya sabes

To ask what color something is, ask **¿De qué color es…?**

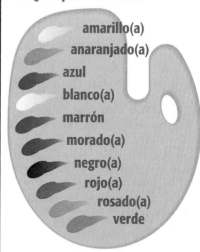

amarillo(a)
anaranjado(a)
azul
blanco(a)
marrón
morado(a)
negro(a)
rojo(a)
rosado(a)
verde

The plural form of **marrón** is **marrones**. Other words for *brown* are **café** and **pardo(a)**.

¿Cuál es tu color favorito?

En resumen

YA SABES ♻

DESCRIBING OTHERS

¿Cómo es?	What is he/she like?

Appearance

alto(a)	tall
bajo(a)	short (height)
bonito(a)	pretty
castaño(a)	brown hair
corto(a)	short (length)
delgado(a)	thin
feo(a)	ugly
fuerte	strong
gordo(a)	fat
grande	big, large; great
guapo(a)	good-looking
largo(a)	long
moreno(a)	dark hair and skin
pelirrojo(a)	redhead
pequeño(a)	small
rubio(a)	blond

Features

Tiene…	He/She has…
los ojos (verdes, azules)	(green, blue) eyes
el pelo (rubio, castaño)	(blond, brown) hair

Personality

aburrido(a)	boring
bueno(a)	good
cómico(a)	funny, comical
divertido(a)	enjoyable, fun
inteligente	intelligent
interesante	interesting
malo(a)	bad
paciente	patient
perezoso(a)	lazy
serio(a)	serious
simpático(a)	nice
trabajador(a)	hard-working

DESCRIBING CLOTHING

What one is wearing

¿De qué color…?	What color…?
Llevo…/Lleva…	I wear…He/She wears…
¿Qué lleva?	What is he/she wearing?

Clothing

la blusa	blouse
el calcetín	sock
la camisa	shirt
la camiseta	T-shirt
la chaqueta	jacket
la falda	skirt
los jeans	jeans
los pantalones	pants
la ropa	clothing
el sombrero	hat
el suéter	sweater
el vestido	dress
el zapato	shoe

Colors

amarillo(a)	yellow
anaranjado(a)	orange
azul	blue
blanco(a)	white
marrón	brown
morado(a)	purple
negro(a)	black
rojo(a)	red
rosado(a)	pink
verde	green

OTHER WORDS AND PHRASES

la bolsa	bag
el (la) gato(a)	cat
el (la) perro(a)	dog
nuevo(a)	new
otro(a)	other, another
pues	well
¡No digas eso!	Don't say that!
¡Qué (divertido)!	How (fun)!
Es verdad.	It's true.

Juego

La mujer alta tiene el pelo corto y negro. Lleva una chaqueta azul y una falda larga. ¿Quién es?

a.

b.

c.

En contexto

AUDIO

VOCABULARIO

Francisco's cousin Verónica is having a party for her fifteenth birthday. Look at the illustrations. They will help you understand the meanings of the words in blue.

¡FELICIDADES!

el abuelo   la abuela

A **Francisco:** Hoy es **una fecha** especial. Es **el cumpleaños** de mi **prima** Verónica.
Alma: ¿**Cuántos años tiene**?
Francisco: Ella tiene **quince años** de **edad**.
Alma: ¿Tiene una fiesta quinceañera?
Francisco: Sí. Está muy **feliz**.

B Los señores **viejos** son los García, **los abuelos** de Verónica. Javier y Juan García son sus **hijos**.

¡FELICIDADES!

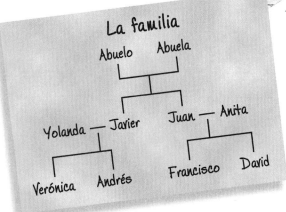

La familia

Abuelo — Abuela

Yolanda — Javier   Juan — Anita

Verónica   Andrés   Francisco   David

Verónica
Yolanda
la madre

el padre
la hermana
el hermano

Javier García

Andrés

C Verónica es **la hija** y Andrés es **el hijo** de Yolanda y Javier García. Verónica es **la hermana mayor** de Andrés.

Juan García   Anita

el tío

la tía

el primo

el primo

David   Francisco

D Juan y Anita son **los padres** de **los hermanos** David y Francisco. También son **los tíos** de Verónica y Andrés. David es muy **joven**. Es **el hermano menor** de Francisco.

Otras palabras para hablar de la familia:

el (la) esposo(a) husband (wife)
el (la) hermanastro(a) stepbrother (stepsister)
la madrastra stepmother
el (la) medio(a) hermano(a) half-brother (half-sister)
el (la) nieto(a) grandson (granddaughter)
el padrastro stepfather

ACTIVIDAD
28 ¿Quién es?

Hablar Tell who the members of Verónica's family are.

modelo

Francisco

Francisco es el primo.

1. Yolanda   4. Andrés
2. David   5. Javier
3. Juan   6. Anita

ACTIVIDAD

29 El cumpleaños

Hablar/Escribir Fill in the following conversation between Francisco and Alma. Then act it out with a partner.

Francisco: Hoy es el ___1___ de Verónica. Está muy ___2___ .

Alma: Verónica es tu hermana, ¿no?

Francisco: No, es mi ___3___ .

Alma: ¿___4___ años tiene?

Francisco: Tiene quince años de ___5___ .

Alma: No es muy vieja. Es ___6___ .

ACTIVIDAD
30 La familia

Escribir Create a family tree of a real or an imagined family. Name and label each family member in Spanish. Don't forget to include grandparents, aunts, uncles, and cousins!

En acción

VOCABULARIO Y GRAMÁTICA

Gramática en vivo

Alma: ¿Qué edad tiene Verónica?

Francisco: Pues, su cumpleaños es en octubre. Así que ahora **tiene** quince **años.**

Saying What You Have: The Verb tener

yo	tengo	nosotros(as)	tenemos
tú	tienes	vosotros(as)	tenéis
usted, él, ella	tiene	ustedes, ellos(as)	tienen

▶ Tener is also used to talk about how old a person is.

¿Cuántos **años** tiene?
*How **old is she**?*

Tiene quince **años.**
***She is** fifteen years old.*

Online Workbook
CLASSZONE.COM

ACTIVIDAD 31

¿Cuántos años tienen?

Hablar/Escribir Help Alma tell her sister how old everyone is in their family.

modelo

mis primos: 22

***Mis primos** tienen veintidós años.*

1. yo: 15
2. mamá: 36
3. papá: 40
4. los abuelos: 71
5. tú: 13
6. Juanita y yo: 15

ACTIVIDAD 32

¿Cuántos tienes?

Escribir Fill in the blanks with the correct form of **tener** or with a number to solve each riddle.

1. Ella _____ once camisas.
   Yo tengo _____ camisas.
   Nosotros _____ veinticuatro camisas.

2. Javier tiene _____ libros.
   Tú _____ catorce libros.
   Ustedes _____ ochenta y cuatro libros.

3. Usted _____ dieciocho zapatos. Ellos tienen _____ zapatos. Ustedes _____ cuarenta y ocho zapatos.

4. Mi primo tiene _____ amigos. Yo _____ veinte amigos. Nosotros _____ cuarenta y dos amigos.

5. Yo _____ cuatro plumas.
   Tú _____ treinta plumas.
   Nosotros tenemos _____ plumas.

6. Yo tengo _____ maestros.
   Mis amigos _____ siete maestros. Nosotros _____ dieciséis maestros.

Gramática en vivo

Francisco: Ellos son los hijos **de** mi tío Javier y mi tía Yolanda.

Expressing Possession Using de

In Spanish, you use the preposition **de** to refer to the possessor.

el hermano **de** papá
Dad's brother

los hijos **de** Javier
Javier's children

> **Online Workbook**
> CLASSZONE.COM

ACTIVIDAD 33

La familia de Lucía

Escribir Explain how the following people are related to Lucía.

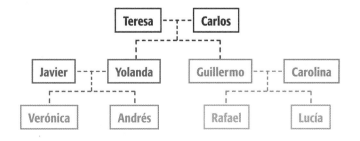

| Teresa | — | Carlos |

| Javier | — | Yolanda | | Guillermo | — | Carolina |

| Verónica | | Andrés | | Rafael | | Lucía |

modelo

Rafael

Rafael es el hermano de Lucía.

1. Javier y Yolanda
2. Guillermo
3. Teresa y Carlos
4. Verónica
5. Andrés

ACTIVIDAD **34**

¡No sé!

Hablar Your partner is confused about who and what belong to whom. Take turns figuring it out.

modelo

Estudiante A: *¿Son los libros de Carla? (Juan)*

Estudiante B: *No, **los libros** no son **de Carla**. Son de **Juan**.*

1. ¿Son las primas de Paco? (Jaime)
2. ¿Son las camisas de Andrea? (Carmen)
3. ¿Es el abuelo de Alma? (Francisco)
4. ¿Son los zapatos de ustedes? (ellos)
5. ¿Son las frutas de nosotras? (la muchacha)
6. ¿Son los amigos del hombre? (la mujer)
7. ¿Es la chaqueta de ustedes? (Laura)
8. ¿Es la calculadora de Sara? (Tomás)
9. ¿Es el sombrero de Magdalena? (Roberto)
10. ¿Son los hermanos de tu amigo(a)? (ella)

Gramática en vivo

Alma: Y **tu** abuela, ¿cómo es?

Francisco: **Mi** abuela es muy paciente, especialmente con **sus** queridos nietos. Ella adora a **sus** nietos.

Expressing Possession: Possessive Adjectives

Singular Possessive Adjectives

mi *my*	**nuestro(a)** *our*
tu *your (familiar)*	**vuestro(a)** *your (familiar)*
su *your*	**su** *your*
su *his, her, its*	**su** *their*

Plural Possessive Adjectives

mis *my*	**nuestros(as)** *our*
tus *your (familiar)*	**vuestros(as)** *your (familiar)*
sus *your*	**sus** *your*
sus *his, her, its*	**sus** *their*

▶ The adjectives **nuestro(a)** and **vuestro(a)** must agree in gender with the nouns they describe.

▶ If you need to emphasize, substitute the adjective with:

de + **pronoun** or the person's name

This also helps to clarify the meaning of **su** and **sus.**

becomes

Es **su** tío. → Es el tío **de él.**

	de nosotros(as)
	de vosotros(as)
de usted, él, ella	**de ustedes, ellos(as)**

Online Workbook
CLASSZONE.COM

ACTIVIDAD 35

¿Cómo es la familia?

Hablar Take turns asking a partner about family members.

modelo

prima / inteligente, bonito

Estudiante A: *¿Cómo es tu **prima**?*

Estudiante B: *Mi prima es **inteligente** y **bonita**.*

1. abuelos / viejo, simpático
2. mamá / cómico, joven
3. tíos / alto, moreno
4. hermano / rubio, bajo
5. papá / interesante, pelirrojo
6. hermanas / bueno, delgado

ACTIVIDAD 36

¡La misma cosa!

Hablar/Escribir Read the sentences below. Rewrite them using a possessive adjective.

modelo

Ella es la mamá de Rosa.

***Ella es** su **mamá**.*

1. Son los tíos de Ana.
2. Lucía es la abuela de Pedro.
3. Las camisas son de Alma y Corina.
4. La casa es de nosotros.
5. La ropa es de ustedes.

ACTIVIDAD 37

¿Dónde está mi ropa?

Escribir There was a mix-up at the laundromat. Everyone is looking for his or her clothes! Write sentences that show who owns which article of clothing.

modelo

la blusa / de Ana

*Es **la blusa** de **Ana**. Es su **blusa**.*

1. el suéter / de Paula
2. las chaquetas / de nosotros
3. la falda / de la abuela
4. la blusa / de usted
5. los pantalones / de Marcos
6. las camisetas / de las chicas
7. el sombrero / de mi padre
8. los zapatos / de la señora

Gramática en vivo

Francisco: Oye, ¿cuál es la fecha de hoy?
Alma: Es el **once** de noviembre.

Giving Dates: Day and Month

▶ When you want to give the date, use the following phrase:

Es el + **number** + **de** + month.

▶ In Spanish, the only date that does not follow this pattern is the first of the month.

Es el primero de noviembre.
*It is November **first**.*

Online Workbook
CLASSZONE.COM

Los cumpleaños

Escuchar Listen as Francisco tells you when his family members have birthdays. Then match the correct birthday with each person.

1. abuela
2. Verónica
3. Andrés
4. mi mamá
5. abuelo
6. mi papá
7. David
8. Javier

a. el primero de julio
b. el 14 de diciembre
c. el 25 de abril
d. el 30 de septiembre
e. el primero de agosto
f. el 11 de junio
g. el 12 de marzo
h. el 4 de noviembre

Vocabulario

Los meses del año ♻ Ya sabes

enero	febrero	marzo	abril
mayo	junio	julio	agosto
septiembre	octubre	noviembre	diciembre

¿Cuál es tu mes favorito?

¡Escribe la fecha!

Escribir Read the dates that are expressed in numbers. Then write the dates using words. Don't forget that the day comes first, followed by the month.

modelo

13/6
Es el **trece** de **junio**.

1. 4/10
2. 12/7
3. 17/11
4. 1/5
5. 22/9
6. 25/12
7. 30/3
8. 9/1

Tu cumpleaños

Hablar/Escribir Ask ten classmates when their birthdays are. List the students you talk with and record their birthdays next to their names.

modelo

Estudiante A: *¿Cuándo es tu cumpleaños?*

Estudiante B: *Es el 12 de octubre.*

En resumen

YA SABES

DESCRIBING FAMILY

Family Members

la abuela	grandmother
el abuelo	grandfather
los abuelos	grandparents
la hermana	sister
el hermano	brother
los hermanos	brother(s) and sister(s)
la hija	daughter
el hijo	son
los hijos	son(s) and daughter(s), children
la madre	mother
el padre	father
los padres	parents
el (la) primo(a)	cousin
la tía	aunt
el tío	uncle
los tíos	uncle(s) and aunt(s)

Descriptions

joven	young
mayor	older
menor	younger
viejo(a)	old

EXPRESSING POSSESSION

¿De quién es…?	Whose is…?
el (la)… de…	(someone)'s…
Es de…	It's…
mi	my
tu	your (familiar)
su	your, his, her, its, their
nuestro(a)	our
vuestro(a)	your (plural familiar)

ASKING AND TELLING AGES

Asking About Age

la edad	age
¿Cuántos años tiene…?	How old is…?
Tiene… años.	He/She is…years old.

Numbers from 11 to 100

once	eleven
doce	twelve
trece	thirteen
catorce	fourteen
quince	fifteen
dieciséis	sixteen
diecisiete	seventeen
dieciocho	eighteen
diecinueve	nineteen
veinte	twenty
veintiuno	twenty-one
treinta	thirty
cuarenta	forty
cincuenta	fifty
sesenta	sixty
setenta	seventy
ochenta	eighty
noventa	ninety
cien	one hundred

Juego

El abuelo tiene 24 años más que su hijo Carlos. Carlos tiene 35 años más que su hijo Antonio. Los tres combinados tienen 100 años. ¿Cuántos años tiene…

1. el abuelo?
2. Carlos?
3. Antonio?

GIVING DATES

Asking the Date

el año	year
la fecha	date
¿Cuál es la fecha?	What is the date?
Es el… de…	It's the…of…

Months

el mes	month
enero	January
febrero	February
marzo	March
abril	April
mayo	May
junio	June
julio	July
agosto	August
septiembre	September
octubre	October
noviembre	November
diciembre	December

TALKING ABOUT BIRTHDAYS

el cumpleaños	birthday
felicidades	congratulations
feliz	happy

OTHER WORDS AND PHRASES

ahora	now
la ciudad	city
con	with
dentro	inside
fuera	outside
hay	there is, there are
más	more
muy	very
¡Qué chévere!	How awesome!
¿Quién es?	Who is it?
¿Quiénes son?	Who are they?
sólo	only
tener	to have
todo(a)	all

BRIDGE UNIT

ETAPA **2**

Una semana típica

OBJECTIVES

- Talk about school

- Discuss obligations and plans

- Talk about schedules and time

- Ask questions

- Say where you are going

- Request food

- Sequence events

CIUDAD DE MÉXICO

LA COMIDA

EL TACO
AL PASTOR

TORTA

PAPAYA

En contexto

VOCABULARIO

Isabel spends most of the week in school. Here Isabel describes the things she uses there.

A

¿Te gusta mi **escritorio**? Vengo a **la escuela** todos los días porque me gusta **estudiar**. Yo uso mi **cuaderno** mucho, y **un lápiz** y **una pluma** para escribir. **El libro** grande es mi **diccionario**.

el diccionario

el lápiz

el papel

el escritorio

el cuaderno

una buena nota

la mochila

la pluma

la calculadora

el libro

CIENCIAS 6º LUIS REY

B

Llevo **una mochila** todos los días también. Siempre necesito **papel** y mi **calculadora** en **la clase**.

el pizarrón

LA TIZA—CHALK

el borrador

C Mi profesor usa **el pizarrón** y **la tiza** mucho cuando **habla**. Escucho con atención porque es difícil **sacar una buena nota**.

la computadora

la pantalla

la impresora

el teclado

el ratón

D Uso **la computadora** en la clase de **ciencias**. La computadora tiene **una pantalla, un ratón** y **una impresora**. Uso **el teclado** para escribir.

ACTIVIDAD 1 La clase de español

Leer/Escribir Tell whether these statements are true (**sí**) or false (**no**) for your Spanish class. If a statement is false, correct it.

1. El (La) profesor(a) usa el pizarrón.
2. Los estudiantes escuchan al (a la) profesor(a).
3. Hay una computadora e impresora.
4. Hay treinta escritorios.
5. La clase es grande.
6. Hay tiza en el cuaderno.
7. Los estudiantes hablan mucho.
8. Necesitas usar la calculadora.
9. La clase es difícil.
10. Hay un diccionario español-inglés.

ACTIVIDAD 2  Para las clases

Hablar Ask your partner about what people have, need, and use at school.

1. ¿Qué tienes en tu mochila?
2. ¿Qué necesitas para las clases?
3. ¿Qué tienes en tu escritorio?
4. ¿Qué usas para escribir?
5. ¿Qué usa el (la) profesor(a) en la clase?
6. ¿Qué necesitan los estudiantes en la clase de ciencias?
7. ¿Qué son las cosas que no necesitas todos los días?
8. ¿Qué necesitas en la clase de español?

En acción

VOCABULARIO Y GRAMÁTICA

Gramática en vivo

Isabel: Necesito sacar una buena nota en esta clase.

Ricardo: Yo también. Estudio todos los días, pero la clase es difícil.

Saying What You Do: Present of -ar Verbs

To form the present tense of a regular verb that ends in -ar, drop the -ar and add the appropriate ending.

estudiar *to study*

yo	estudio	nosotros(as)	estudiamos
tú	estudias	vosotros(as)	estudiáis
usted, él, ella	estudia	ustedes, ellos(as)	estudian

Vocabulario

Verbs Ending in -ar ♻ Ya sabes

ayudar (a)	esperar	pasar
buscar	llegar	preparar
contestar	llevar	usar
enseñar	mirar	
entrar (a, en)	necesitar	

¿Qué pasa cada día?

Online Workbook
CLASSZONE.COM

ACTIVIDAD 3

En la escuela

Escribir What are these people doing? Use the verbs in the vocabulary box. In some cases, there is more than one right way to answer.

1. Los maestros _____ a los estudiantes.
2. Los estudiantes _____ las preguntas.
3. Juan _____ pantalones negros.
4. Julio _____ la tarea.
5. Yo _____ el pizarrón.
6. Nosotros _____ un lápiz para escribir.
7. Tú _____ tarde a la clase.
8. Yo _____ un libro en la mochila.
9. Nosotros _____ usar el ratón con la computadora.
10. Ana _____ en la clase.

¿Quién enseña o estudia...?

Hablar Work with a partner to identify who studies and who teaches these subjects. Change roles.

modelo

arte

Estudiante A: *¿Quién estudia arte?*

Estudiante B: *Arturo y Catalina estudian arte.*

Estudiante A: *¿Quién enseña arte?*

Estudiante B: *El señor Clark enseña arte.*

1. ciencias
2. español
3. estudios sociales
4. matemáticas
5. música
6. educación física
7. computación
8. historia
9. inglés
10. literatura

¡Todas las materias!

Hablar/Escribir Write a sentence describing each of your classes. Then switch papers with a friend and compare your opinions.

modelo

La clase de historia es muy difícil pero interesante. Necesito estudiar para el examen de literatura. La lección en la clase de música…

Vocabulario

Las materias Ya sabes

el arte

la historia

las ciencias

el inglés Good morning.

la computación

la literatura

la educación física

las matemáticas
$x + y = z$

el español Buenos días.

la música

los estudios sociales

For more class subjects, see p. R13.

Here are other words to use to talk about classes.

fácil	**el examen**	**la prueba**
difícil	**la lección**	

Remember that you can use these adjectives you've learned, too.

aburrido(a)	**bueno(a)**
interesante	**malo(a)**

¿Qué clase tiene mucha tarea?

Gramática en vivo

Isabel: ¡Qué vergüenza! **Siempre** escucho con atención en la clase de inglés.

Expressing Frequency with Adverbs

siempre	*always*
todos los días	*every day*
mucho	*often*
a veces	*sometimes*
de vez en cuando	*once in a while*
poco	*a little*
rara vez	*rarely*
nunca	*never*

These expressions are usually placed before the **verb**:

siempre
rara vez
nunca

These expressions are usually placed after the **verb**:

mucho
poco

Longer phrases can be placed at the beginning or the end of the **sentence**:

todos los días
a veces
de vez en cuando

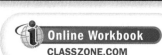

Online Workbook
CLASSZONE.COM

ACTIVIDAD 6

¿Cierto o falso?

Escribir Tell whether the statements are true or false. If false, make them true.

modelo

A veces contestas en la clase.

Sí, a veces contesto en la clase.
o: *Yo siempre contesto en la clase.*

1. Tus amigos llegan tarde de vez en cuando.
2. La maestra enseña mucho en la clase.
3. Tú y tus hermanos nunca preparan la tarea.
4. Tu papá rara vez ayuda a tu hermano(a) con la tarea.
5. Te gusta llevar vestidos de vez en cuando.
6. Tú siempre bailas en casa.
7. Te gusta leer todos los días.
8. Tus padres patinan poco.
9. Hablas con tus amigos(as) en clase de vez en cuando.
10. Tus maestros(as) usan mucho la computadora.

¿Siempre o nunca?

Hablar/Escribir Tell how often you do these things.

modelo

trabajar en casa

Trabajo en casa *todos los días.*

1. estudiar
2. bailar
3. nadar
4. patinar
5. llegar tarde
6. contestar en la clase
7. ayudar a los amigos
8. llevar sombrero
9. hablar por teléfono
10. usar la computadora

¿Con qué frecuencia?

Hablar/Escribir Ask three students how often they do the activities listed in the chart. Prepare a summary for the class.

Actividad	Clara	Javier	Tina
llevar zapatos rojos	rara vez	nunca	a veces
usar el diccionario	mucho	de vez en cuando	siempre
tomar un refresco	todos los días	poco	todos los días
usar el teléfono	siempre	mucho	rara vez

modelo

Resumen: *Clara rara vez lleva zapatos rojos pero usa el diccionario mucho. Toma un refresco todos los días y siempre usa el teléfono. Javier nunca lleva zapatos rojos…*

Gramática en vivo

Isabel: Tengo que **sacar** una buena nota. ¡Es muy importante!

Expressing Obligation with hay que and tener que

- Use the impersonal phrase

  hay que + *infinitive*

  if there is no specific subject.

- Use a form of **tener** in the phrase

  tener que + *infinitive*

  if there is a specific subject.

Online Workbook
CLASSZONE.COM

¡Tienes que decidir!

Leer/Escribir Read the two sentences. Decide in which sentence to use **hay que** and in which to use a form of **tener que**.

modelo

Hay que *ayudar en casa.*

Ana tiene que *ayudar a su hermana en la escuela.*

1. _____ escuchar muy bien a los maestros.

   Yo _____ escuchar la radio por la noche.

2. Paula _____ llevar una falda todos los días.

   En diciembre _____ llevar una chaqueta.

3. Para sacar buenas notas _____ estudiar.

   Por las tardes las hermanas _____ estudiar.

4. _____ usar el ratón con la computadora.

   Nosotros _____ usar el diccionario en la clase de inglés.

5. Isabel _____ ayudar a su mamá después de la clase.

   _____ contestar las preguntas del (de la) maestro(a).

¿Qué tienen que hacer?

Hablar With a partner, say what the people need to do. Then ask and tell whether you do the activities. Choose from the following activities.

correr   estudiar   ayudar a su abuela

usar la computadora   esperar a su amiga

Juan

modelo

Juan

Estudiante A: *Juan* tiene que estudiar. ¿Tienes que estudiar también?

Estudiante B: *Sí, yo tengo que estudiar también.*

1. Marta

2. Ana

3. mis amigos

4. Jorge y yo

En resumen

YA SABES ♻

DESCRIBING CLASSES

At School

la clase	class, classroom
la escuela	school
el examen	test
la lección	lesson
la prueba	quiz
la tarea	homework

School Subjects

el arte	art
las ciencias	science
la computación	computer science
la educación física	physical education
el español	Spanish
los estudios sociales	social studies
la historia	history
el inglés	English
la literatura	literature
las matemáticas	mathematics
la materia	subject
la música	music

Classroom Activities

enseñar	to teach
escuchar	to listen (to)
estudiar	to study
hablar	to talk, to speak
mirar	to watch, to look at
preparar	to prepare
sacar una buena nota	to get a good grade

DESCRIBING CLASS OBJECTS

el borrador	eraser
la calculadora	calculator
el cuaderno	notebook
el diccionario	dictionary
el escritorio	desk
el lápiz	pencil
el libro	book
la mochila	backpack
el papel	paper
el pizarrón	chalkboard
la pluma	pen
la tiza	chalk

At the Computer

la computadora	computer
la impresora	printer
la pantalla	screen
el ratón	mouse
el teclado	keyboard

SAYING HOW OFTEN

a veces	sometimes
de vez en cuando	once in a while
mucho	often
nunca	never
poco	a little
rara vez	rarely
siempre	always
todos los días	every day

DISCUSSING OBLIGATIONS

hay que	one has to, one must
tener que	to have to

Actions

ayudar (a)	to help
buscar	to look for, to search
contestar	to answer
entrar (a, en)	to enter
esperar	to wait for, to expect
llegar	to arrive
llevar	to wear, to carry
necesitar	to need
pasar	to happen, to pass, to pass by
usar	to use

OTHER WORDS AND PHRASES

¡Ahora mismo!	Right now!
Con razón.	That's why.
difícil	difficult, hard
fácil	easy
mismo(a)	same
pronto	soon
la razón	reason
tarde	late

Juego

Jorge tiene que preparar la tarea de cada clase. ¿En qué materias tiene tarea?

1. Usa una calculadora.

2. Estudia un libro sobre computadoras.

3. Busca una palabra en inglés en su diccionario.

4. Canta.

En contexto

 AUDIO

VOCABULARIO

Isabel and Ricardo have a lot to do at school today. Let's see where they go at different times during the day.

 A **Isabel:** ¿**A qué hora** está la maestra en **la oficina**?
Ricardo: A la una. **Son las diez** ahora. ¿**Quieres tomar un refresco**?
Isabel: No. **Quiero beber agua**.

 B

¿**Qué hora es**? **Es la una**. Ricardo está en **la biblioteca**. ¡**Necesita un receso**!

OFICINA

Horario para hoy
10:00 – oficina
1:00 – biblioteca
1:30 – cafetería
4:00 – gimnasio
5:00 – auditorio

las papas fritas

la fruta

el refresco

la hamburguesa

un vaso de agua

la torta

 **C**

Ricardo: **Es la una y media**. Quiero **comer una hamburguesa** y **unas papas fritas** en **la cafetería**.

Isabel: Y yo quiero comer **una torta** y tomar **un vaso de agua**.

38 treinta y ocho
Bridge Unit

D

Son las cuatro, y a Ricardo le gusta jugar con sus amigos en **el gimnasio**.

 **11** **La merienda**

Hablar/Escribir Given a choice, what do you want to eat or drink for a snack?

modelo

fruta / una torta

*Quiero comer **fruta.***

1. unas papas fritas / una fruta
2. un refresco / un vaso de agua
3. una hamburguesa / una torta
4. un taco / una torta

 **12** **¿Dónde estás?**

Hablar Tell your partner where you are at the following times.

modelo

9:00 / la clase de español

Estudiante A: *¿Dónde estás a **las nueve**?*

Estudiante B: *Estoy en **la clase de español.***

1. 10:30 / el auditorio
2. 1:00 / la biblioteca
3. 5:00 / el gimnasio
4. 12:00 / la cafetería
5. 3:30 / la oficina
6. 7:00 / en casa

 E

A las cinco Ricardo e Isabel están en **el auditorio**. Toman **una merienda** después de practicar.

13 **Tu horario**

Hablar Write five sentences telling where you are at five different times during the day.

modelo

A las ocho estoy en la oficina de la escuela.

En acción

VOCABULARIO Y GRAMÁTICA

Gramática en vivo

Isabel: ¿Adónde **vas**, Ricardo?

Ricardo: **Voy** a la cafetería.
¿Me acompañas?

Isabel: Sí, **vamos**. Tengo tiempo.

Saying Where You Are Going: The Verb ir

▶ When you talk about where someone is going, use the verb **ir**.

> As a question, **vamos** can mean *Shall we...?* But if stated definitely it means *Let's go!*

The verb **ir** means *to go*.

yo	voy	nosotros(as)	vamos
tú	vas	vosotros(as)	vais
usted, él, ella	va	ustedes, ellos(as)	van

• Use **adónde** to mean *where* when there is a verb indicating motion, such as **ir**.

> **¿Adónde va** Ricardo?
> *(To) Where is Ricardo going?*

• Use **dónde** to ask where someone or something is.

> **¿Dónde** está Ricardo?
> *Where is Ricardo?*

Vocabulario

La vida diaria	♻ Ya sabes
el almuerzo	terminar
la cita	tomar
comprar	visitar
descansar	

¿Qué te gusta hacer cada día?

Online Workbook
CLASSZONE.COM

ACTIVIDAD
14

Vamos a...

Escribir Where do people go to do these things?

la casa

la cafetería

la biblioteca

el gimnasio

la oficina

el auditorio

modelo

ella / correr con sus amigos
Ella va al gimnasio.

1. mis abuelos / preparar el almuerzo
2. usted / hablar con la maestra
3. tú / comprar el almuerzo
4. nosotros / escuchar un concierto
5. yo / buscar libros

40 cuarenta
Bridge Unit

ACTIVIDAD 15

¿Adónde van?

Hablar Imagine where everyone is going. Use the correct form of **ir.**

a la escuela
a la ciudad
al gimnasio
a la casa
a la biblioteca
al apartamento
al auditorio
a la cafetería

modelo

los estudiantes

Estudiante A: *¿Adónde van **los estudiantes**?*

Estudiante B: ***Los estudiantes** van a la escuela.*

1. tu amiga
2. tus hermanos
3. tú
4. la maestra
5. tú y tus amigos
6. los estudiantes
7. ustedes
8. Esteban

Gramática en vivo

Isabel: Profesora, ¿qué hora es?
Maestra: **Son las once** menos cuarto.

▰ Telling Time

▶ Use:

¿Qué hora es?	to ask what time it is.
Son las + *hour*.	to give the time for every hour except one o'clock.
Es la una.	to say it is one o'clock.

• Use **y** + *minutes* for the number of minutes **after** the hour.
• Use **menos** + *minutes* for the number of minutes **before** the hour.
• Use **cuarto** for a quarter of an hour.
• Use **media** for half an hour.

▶ To talk about when something will happen, use:

¿A qué hora + *verb* + *event*?
  ¿A qué hora es la clase?

A las + *hour*
  A las (dos, tres).

A la + *one o'clock*
  A la una.

Online Workbook
CLASSZONE.COM

¡Qué horario!

Escuchar/Escribir Listen to Pablo and Ricardo talk about Pablo's schedule. Tell whether the statements are true or false. Correct the false statements.

1. La clase de matemáticas es a las siete.
2. Las matemáticas y la literatura son fáciles para Pablo.
3. La clase de inglés es a las nueve.
4. El receso es a las diez y cuarto.
5. Pablo tiene tres clases después del receso.
6. Pablo descansa al mediodía.

Vocabulario

Para hablar de la hora

 Ya sabes

Use these phrases when telling time.

A la una de la mañana/tarde/noche

la medianoche

el mediodía

por la mañana/tarde/noche   **el reloj**

¿Cuándo estudias?

¿Qué dice el reloj?

Escribir Write the following times in words, and tell whether it is morning, afternoon, or evening.

modelo

10:30 A.M.

Son las diez y media de la mañana.

1. 9:15 A.M.
2. 8:00 P.M.
3. 3:15 P.M.
4. 7:30 A.M.
5. 12:30 P.M.

6. 2:00 A.M.
7. 4:00 P.M.
8. 6:00 P.M.
9. 11:00 A.M.
10. 9:30 P.M.

¿Qué hora es cuando...?

Hablar Ask a classmate what time it is when he or she is in the following places or does the following things. Change roles.

modelo

Tomas el almuerzo.

Estudiante A: *¿Qué hora es cuando **tomas el almuerzo**?*

Estudiante B: *Son las once y media.*

1. Estás en la clase de español.
2. Estás en el gimnasio.
3. Llegas a casa por la tarde.
4. Estudias.
5. Vas a la escuela por la mañana.

6. Estás en la clase de inglés.
7. Terminas la tarea por la noche.
8. Tomas una merienda en la cafetería de la escuela.
9. ¿?

Gramática en vivo

Maestra: A veces la profesora Díaz **está** en su oficina durante el almuerzo, y a las tres.

Describing Location with the Verb estar

To say where people or things are located, use the verb **estar**.

yo	**estoy**	nosotros(as)	**estamos**
tú	**estás**	vosotros(as)	**estáis**
usted, él, ella	**está**	ustedes, ellos(as)	**están**

Online Workbook
CLASSZONE.COM

ACTIVIDAD
19

¿Dónde están?

Escribir Write six sentences to tell where these people are. Choose one element from each column.

modelo

Los estudiantes están en la cafetería.

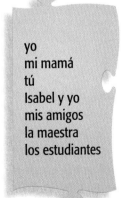

yo	están	en la clase
mi mamá	está	en casa
tú	estoy	en una fiesta
Isabel y yo	estamos	en la oficina
mis amigos	estás	en el gimnasio
la maestra		en el auditorio
los estudiantes		en la cafetería

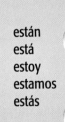
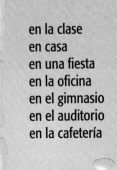

ACTIVIDAD
20

¿Están en...?

Leer/Escribir Tell where the people are, based on what they're doing.

1. Ana busca libros. Ella…

2. Los chicos juegan al baloncesto. Ellos…

3. Tomo el almuerzo. Yo…

4. Escuchamos un concierto de la banda de la escuela. Nosotros…

5. Visito a mis amigos. Yo…

6. La secretaria habla con el director de la escuela. Ella…

7. Tenemos un examen de matemáticas. Nosotros…

Gramática en vivo

Ricardo: ¿**Por qué** no vamos a la cafetería para hablar más tranquilos?

Isabel: ¿**Cuándo**?

Ricardo: A las cinco y veinte.

Asking Questions: Interrogative Words

To signify a yes/no question, use rising intonation

or

switch the position of the **subject** and **verb**.

cómo *how*	**por qué** *why*
cuál(es) *which or what*	**qué** *what*
cuándo *when*	**quién(es)** *who*

Each interrogative word has an **accent** on the appropriate vowel.

Online Workbook
CLASSZONE.COM

ACTIVIDAD 21

Entrevista

Escribir You are working on the Spanish Club's newsletter. You want to print the following interview with a student from Mexico, but somehow all the questions have disappeared! Fill in the questions.

1. ¿_____?
   Me llamo Antonio Solís Guerra.

2. ¿_____?
   Soy de Guadalajara, México.

3. ¿_____?
   Vivo con la familia Jones.

4. ¿_____?
   Mi clase favorita es ciencias naturales.

5. ¿_____?
   Mi maestro favorito es el señor Scott.

6. ¿_____?
   Me gusta patinar, bailar, cantar y ¡practicar el inglés!

ACTIVIDAD 22

Preguntas

Leer/Escribir Read the paragraph. Then write four questions about it. Trade papers with a classmate and answer the questions. Share your responses.

Después de las clases, Enrique va a la cafetería porque tiene hambre. Su amigo Daniel va con él. Enrique come una hamburguesa y toma un refresco. ¡La hamburguesa está deliciosa! Daniel toma un agua de fruta.

modelo

Estudiante A: *¿Cuándo va Enrique a la cafetería?*

Estudiante B: *Enrique va a la cafetería después de las clases.*

En resumen

YA SABES ♻

Flashcards CLASSZONE.COM

TALKING ABOUT SCHEDULES

el almuerzo	lunch
la cita	appointment
el horario	schedule
el receso	break
el semestre	semester

Activities

comprar	to buy
descansar	to rest
estar	to be
terminar	to finish
tomar	to take, to eat or drink
visitar	to visit

ASKING AND TELLING TIME

¿A qué hora es…?	(At)What time is…?
¿Qué hora es?	What time is it?
A la(s)…	At… o'clock.
Es la…/Son las…	It is… o'clock.
de la mañana	in the morning
de la noche	at night
de la tarde	in the afternoon
la medianoche	midnight
el mediodía	noon
menos	to, before
por la mañana	during the morning
por la noche	during the evening
por la tarde	during the afternoon
el reloj	clock, watch
y cuarto	quarter past
y media	half past

ASKING QUESTIONS

adónde	(to) where
cómo	how
cuál(es)	which (ones), what
cuándo	when
dónde	where
por qué	why
qué	what
quién(es)	who

REQUESTING FOOD

¿Quieres beber…?	Do you want to drink…?
¿Quieres comer…?	Do you want to eat…?
Quiero beber…	I want to drink…
Quiero comer…	I want to eat…

Snacks

el agua (fem.)	water
la fruta	fruit
la hamburguesa	hamburger
la merienda	snack
las papas fritas	french fries
el refresco	soft drink
la torta	sandwich
el vaso de	glass of

SAYING WHERE YOU ARE GOING

ir	to go
al	to the

Places

el auditorio	auditorium
la biblioteca	library
la cafetería	cafeteria, coffee shop
el gimnasio	gymnasium
la oficina	office

OTHER WORDS AND PHRASES

durante	during
por favor	please
la verdad	truth

Juego

¿Adónde van?

Marco: Me gusta escuchar música.

Maricarmen: Necesito buscar unos libros.

Josefina: Voy a hablar con la maestra. Ella no está en clase.

¿Adónde va Marco? ¿Maricarmen? ¿Josefina?

Buenos días.

Good morning.

x + y = z

En contexto

VOCABULARIO

Ricardo is taking a walk through a park where he and his friends spend a lot of time after school.

¡Hola! Por fin, ¡voy al **parque**! **Voy a** visitar a mis amigos y **hacer** muchas cosas.

A Cuando voy al parque, **paso un rato con mis amigos**. Ellos **tocan la guitarra** y yo canto.

la guitarra

B También me gusta **andar en bicicleta** o **caminar con el perro**.

la bicicleta

la revista

el periódico

C A veces nos gusta leer **una revista** o leemos **el periódico**. Nos gusta ver qué pasa en **el museo** o **el teatro**.

la tienda

los chicharrones

D Cuando mi amiga tiene que **cuidar a su hermano, pasean por el parque.**

E Cuando **tenemos hambre** y **sed,** vamos a **la tienda** para comprar y **beber** un refresco. También nos gusta **comer chicharrones.**

ACTIVIDAD 23 Actividades

Leer Match the following things with an appropriate verb.

1. la guitarra   **a.** leer
2. el periódico   **b.** beber
3. el perro   **c.** comer
4. la bicicleta   **d.** tocar
5. un refresco   **e.** andar en
6. los chicharrones **f.** caminar con

ACTIVIDAD 24  ¡Vamos!

Hablar/Escribir Complete the conversations. Then work with a partner to act them out.

Ricardo: ¿Qué quieres hacer en el parque hoy?

Isabel: Quiero __1__ . Y tú, ¿qué quieres hacer?

Ricardo: Quiero __2__ porque no tengo mucho tiempo hoy. Tengo que __3__ .

Ricardo: Tengo hambre. Quiero __4__ algo.

Isabel: ¿Por qué no compramos __5__ , entonces?

Ricardo: Sí, y vamos a beber __6__ .

Isabel: Muy __7__ idea. ¡Vamos!

ACTIVIDAD 25 ¿A quién le gusta?

Hablar/Escribir Who likes what?

1 Write down six activities from these pages.

2 Ask different classmates if they like to do these activities. When classmates answer **sí,** have them sign their name next to the activity. Get at least six signatures.

En acción

VOCABULARIO Y GRAMÁTICA

Gramática en vivo

Isabel: ¡Voy a **participar** en el concurso!

Saying What You Are Going to Do: ir a...

To talk about activities you are going to do, use the phrase:

ir + a + *infinitive*

yo	voy a...	nosotros(as)	vamos a...
tú	vas a...	vosotros(as)	vais a...
usted, él, ella	va a...	ustedes, ellos(as)	van a...

Online Workbook
CLASSZONE.COM

ACTIVIDAD **26**

Después de las clases

Escribir Imagine what people are going to do after school. Use the vocabulary box.

modelo

mi amiga	***Mi amiga*** *va a cuidar el perro.*

1. los maestros
2. mi amigo(a) y yo
3. tú
4. mi amigo(a)
5. yo
6. las muchachas

Vocabulario

Más cosas que hacer después de clases
♻ **Ya sabes**

cuidar (a)
  un animal

pintar

el pájaro

tocar el piano

el pez

ver la televisión

See words for more pets on p. R12.

cenar
hacer ejercicio
ir al supermercado
leer
  una novela
  un poema
  (la) poesía

mandar una carta
preparar
  la cena
  (la) comida

¿Qué te gusta hacer?

¿Qué vas a hacer?

Hablar/Escribir Ask three classmates what they and their family or friends are going to do on Saturday (these can be real or imaginary plans). Write a summary of their answers.

modelo

Estudiante A: *¿Qué vas a hacer el sábado?*

Estudiante B: *Voy a hacer ejercicio con mi amiga.*

Estudiante A: *¿Qué van a hacer tú y tu familia?*

Estudiante B: *Vamos a ir al cine.*

Resumen: *Susana va a hacer ejercicio con su amiga. Susana y su familia van a ir al cine. Pablo va a andar en bicicleta con sus amigos.*

Gramática en vivo

Ricardo: ¿Com**emos** unos chicharrones? Esa señora vend**e** unos chicharrones deliciosos.

Present Tense of Regular -er and -ir Verbs

Regular **-er** verbs have the same endings as **-ir** verbs except in the **nosotros(as)** and **vosotros(as)** forms. Notice that the letter change matches the verb ending.

-er verbs = **emos, éis**
-ir verbs = **imos, ís**

com**er** *to eat*		viv**ir** *to live*	
com**o**	com**emos**	viv**o**	viv**imos**
com**es**	com**éis**	viv**es**	viv**ís**
com**e**	com**en**	viv**e**	viv**en**

Vocabulario

Verbs Ending in -er and -ir ♻ Ya sabes

You have seen the verbs **beber, comer, correr, escribir,** and **leer** before. Here are some others.

Verbs: **-er**

aprender	vender
comprender	ver (yo: **veo**)

Verbs: **-ir**

abrir	recibir
compartir	vivir

¿Qué pasa después de las clases?

Online Workbook
CLASSZONE.COM

ACTIVIDAD 28

¿Qué hacen?

Hablar/Escribir Choose the correct form of a verb from the list to tell what these people are doing.

comer	compartir	aprender
correr	abrir	beber
vivir	ver	escribir

modelo

Yo __escribo__ una carta.

1. Mamá _____ un refresco.
2. Los estudiantes _____ en el parque.
3. Yo _____ español.
4. Mi amigo y yo _____ la televisión.
5. Tú _____ en la ciudad.
6. Papá _____ un libro.
7. Mi hermana y yo _____ una merienda.
8. Mis amigos _____ hamburguesas.

Vocabulario

Sequencing Events Ya sabes

To sequence events, use these words.

primero	luego	antes
entonces	por fin	después

When a **noun** or an **infinitive** follows **antes** or **después**, use the preposition **de**.

¿Qué haces **después de las clases** y **antes de cenar**?

*What do you do **after** classes and **before** eating dinner?*

¿Qué pasa cada día?

ACTIVIDAD 29

Por la tarde

Escuchar Listen and indicate the order (1–5) in which Alicia plans to do these things.

a. Va a jugar al voleibol.

b. Va a cenar.

c. Va a comprar fruta.

d. Va a pasar un rato con los amigos.

e. Va a hablar con la profesora de inglés.

ACTIVIDAD 30

Una tarde típica

Escribir Amelia is describing a typical afternoon at school. Use the correct form of the words to fill in the blanks.

por fin   comer   comprender
beber   compartir
después   entonces   escribir   ir
luego   primero   recibir

Me llamo Amelia. Por la tarde tengo que hacer mucho. __1__, yo __2__ un refresco y __3__ una hamburguesa. Es mi almuerzo. A veces mis amigos y yo __4__ papas fritas. __5__, nosotros __6__ a la clase de matemáticas. __7__, la maestra __8__ en el pizarrón. ¡__9__ los estudiantes __10__ la lección! __11__ yo __12__ una buena nota.

Gramática en vivo

Ricardo: No toco el piano muy bien.

Isabel: ¡Conozco a alguien muy modesto!

Regular Present Tense Verbs with Irregular yo Forms

conocer *to know, to be familiar with (a person or a place)*

cono**zco**	conocemos
conoces	conocéis
conoce	conocen

hacer *to do, to make*

ha**go**	hacemos
haces	hacéis
hace	hacen

Online Workbook
CLASSZONE.COM

ACTIVIDAD 31

¿Quién conoce a...?

Hablar/Escribir Tell who knows these people or places. Choose from the two columns and use the verb **conocer**.

modelo

Mi maestra conoce a mi mamá.

1. nosotros	a tu papá
2. Juan y Elena	a la madre de Paco
3. yo	a mi familia
4. Marco	la biblioteca
5. tú	a su tío
6. tus padres	la ciudad

ACTIVIDAD 32

¿Qué hacen todos?

Hablar/Escribir Tell what the following people are doing. Choose words from the list or think of your own activities.

la tarea   un proyecto para una clase
   ejercicio   una torta
la cena   el almuerzo   ¿?

modelo

mi hermano   ***Mi hermano*** *hace la tarea.*

1. tú	4. mi amigo(a)
2. mi abuela	5. mi amigo(a) y yo
3. yo	6. los estudiantes

Gramática en vivo

Ricardo: ¡O y e, Isabel!

◆ Using the Verb oír

The verb **oír** *(to hear)* has an irregular **yo** form in the present tense. Some of its forms also require a spelling change. When Ricardo uses **o y e** as he does above, it means *Hey!*

oi go	oímos
oyes	oís
oye	oyen

Online Workbook
CLASSZONE.COM

ACTIVIDAD
33

¿Qué oyen?

Hablar/Escribir Indicate what or whom these people hear in the places indicated.

tú (en la escuela)
Oyes a los estudiantes.

1. yo (en el parque)
2. mi amigo (en casa)
3. mis padres (en la ciudad)
4. mis amigos y yo (en la cafetería)
5. tú (en el gimnasio)
6. mi hermano(a) (en el auditorio)
7. yo (en la clase de música)
8. los estudiantes (en la clase de computación)
9. los chicos (en el apartamento)
10. la abuela (en la tienda)

ACTIVIDAD
34

Ellos oyen...

Hablar/Escribir Decide what each of these people is hearing, based on the picture. Then write a sentence using the verb **oír**.

modelo

nosotros
Nosotros oímos **el pájaro**.

1. Susana y Jorge

2. mi abuelo

3. yo

4. tú

En resumen

YA SABES ♻

DISCUSSING PLANS

ir a…	to be going to…

After-school Plans

andar en bicicleta	to ride a bike
caminar con el perro	to walk the dog
cenar	to have dinner, supper
comer chicharrones	to eat pork rinds
cuidar (a)	to take care of
el animal	animal
mi hermano(a)	my brother (sister)
el pájaro	bird
el pez	fish
hacer ejercicio	to exercise
ir al supermercado	to go to the supermarket
leer	to read
la novela	novel
el periódico	newspaper
el poema	poem
la poesía	poetry
la revista	magazine
mandar una carta	to send a letter
pasar un rato con los amigos	to spend time with friends
pasear	to go for a walk
pintar	to paint
preparar	to prepare
la cena	supper, dinner
la comida	food, a meal
tocar el piano	to play the piano
tocar la guitarra	to play the guitar
ver la televisión	to watch television

SEQUENCING EVENTS

antes (de)	before
después (de)	after, afterward
entonces	then, so
luego	later
por fin	finally
primero	first

ACTIVITIES

abrir	to open
aprender	to learn
beber	to drink
compartir	to share
comprender	to understand
hacer	to make, to do
oír	to hear
recibir	to receive
tener hambre	to be hungry
tener sed	to be thirsty
vender	to sell
ver	to see
vivir	to live

PLACES AND PEOPLE YOU KNOW

conocer a alguien	to know, to be familiar with someone

Places

el museo	museum
el parque	park
el teatro	theater
la tienda	store

OTHER WORDS AND PHRASES

cada	each, every
el corazón	heart
la gente	people
el problema	problem
la vida	life

Juego

¿Qué actividades hacen las personas?

Adriana: Le gusta hacer ejercicio y tiene un perro.

José: Le gusta tocar un instrumento. Jakob Dylan, Mary Chapin Carpenter y Melissa Etheridge tocan este instrumento.

Jorge: Es un hermano muy responsable. Tiene una familia grande.

ETAPA

3

El fin de semana

OBJECTIVES

- Extend invitations

- Talk on the phone

- Express feelings and preferences

- Say what just happened and what is happening

- Talk about sports

- Say what you know

- Make comparisons

- Describe the weather

EL YUNQUE

EL COQUÍ

EL LORO PUERTORRIQUEÑO

BÉISBOL

Sandy Alomar, Jr.

MÁS SOBRE PUERTO RICO

PUERTO RICO

En contexto

VOCABULARIO

Look at the illustrations to see what Diana and Ignacio do in their free time.

A

Ignacio y Diana están **contentos** porque tienen **tiempo libre**.

Diana: **¿Quieres acompañarme a** comprar unas cosas?
Ignacio: **¡Claro que sí!** Me gusta mucho **ir de compras**.

B

Ignacio: ¿Quieres **alquilar un video**?
Diana: **Sí, me encantaría.**

ocupado

DEPORTES RAMIREZ

VIDEO DE ESTRELLAS

FOTO

CINE BORINQUEN

alegre   triste

enojada   tranquilo

contenta
preocupado

el cine

cansada

C

Ellos toman fotos. ¿Qué emociones expresan?

D

Ellos **van al cine** para ver **una película**. ¡Qué lástima! Diana está **cansada**.

nervioso

enfermo

E En la tienda Ignacio y Diana ven a un hombre **nervioso** y una madre **preocupada**. Su hijo está **enfermo**.

emocionada

deprimido

F A los chicos les gusta **practicar deportes**. Siempre están **emocionados**, no **deprimidos**. **¿Te gustaría** practicar con los chicos?

G Ignacio: **Te invito** al **concierto** esta noche. Diana: ¡Ay! ¡Qué lástima! Estoy **ocupada**. Tengo que estudiar.

ACTIVIDAD 1 Las emociones

Hablar/Escribir Tell how you feel in the following situations.

modelo

Cuando voy a un concierto…

Cuando voy a un concierto, estoy emocionado(a).

1. Cuando veo un video cómico…
2. Cuando veo una película triste…
3. Cuando tengo un examen…
4. Cuando saco una buena nota…
5. Cuando practico deportes…
6. Cuando estoy enfermo(a)…
7. Cuando no es posible ir a una fiesta…
8. Cuando trabajo mucho…
9. Cuando mi mamá está enferma…
10. Cuando tengo mucho tiempo libre…

ACTIVIDAD 2  ¿Te gustaría…?

Hablar Invite a classmate to do two activities shown on these pages. Change roles.

modelo

Estudiante A: *¿Te gustaría ir de compras?*

Estudiante B: *Sí, me encantaría.*

   o: Gracias, pero no puedo.

En acción

VOCABULARIO Y GRAMÁTICA

Gramática en vivo

Diana: Estás contento, ¿no?
Ignacio: Sí, pero también estoy nervioso.

Expressing Feelings with estar and Adjectives

▶ **Estar** is used with adjectives to describe how someone feels at a given moment.

agrees

Diana **está** preocupada por Ignacio.
Diana is worried about Ignacio.

agrees

Ignacio **está** preocupado por Roberto.
Ignacio is worried about Roberto.

> Remember that adjectives must **agree** in gender and number with the nouns they describe.

Online Workbook
CLASSZONE.COM

ACTIVIDAD 3

¿Cómo estás?

Escribir Write about how you feel in these situations.

modelo

después de la clase de educación física

Después de la clase de educación física, *estoy cansado(a).*

1. antes de una prueba
2. si saco una buena nota
3. si tengo mucha tarea
4. después de una prueba
5. si saco una mala nota
6. cuando hablo por teléfono

ACTIVIDAD 4

¿Quieres...?

Hablar Work with a partner to create a dialog in which one invites the other to do something. You can accept or not accept, but you need to explain why.

modelo

Estudiante A: *¿Quieres ir al cine mañana?*

Estudiante B: *Gracias, pero no puedo. Estoy muy ocupado.*

Estudiante A: *¡Qué lástima! Tal vez otro día.*

Estudiante B: *Me gustaría ir el sábado. ¿Quieres acompañarme?*

Estudiante A: *Sí, me encantaría. Me gusta mucho ir al cine.*

Vocabulario

Para aceptar o no una invitación
♻ Ya sabes

Gracias, pero no puedo.	**porque**
Me gustaría…	**solo(a)**
¡Qué lástima!	**temprano**
Tal vez otro día.	

¿Cuándo usas estas frases?

Gramática en vivo

Diana: Acabo **de comprar** unos zapatos.

◆ Saying What Just Happened with acabar de

▶ When you want to say that something just happened, use the present tense of

acabar + **de** + *infinitive*

acabo de comer *I just ate*	**acabamos de comer** *we just ate*
acabas de comer *you just ate*	**acabáis de comer** *you just ate*
acaba de comer *he, she, you just ate*	**acaban de comer** *they, you just ate*

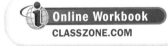
Online Workbook
CLASSZONE.COM

ACTIVIDAD 5

¿Qué acabas de hacer?

Hablar/Escribir Tell what has just happened in each case.

modelo

Llego a casa con muchos libros y revistas.

Acabo de visitar la biblioteca.

1. Llegan a casa con mucha comida.

2. Llegamos a casa con ropa nueva.

3. Llega a casa muy contento(a).

4. Llego a casa con el perro.

5. Llegamos a casa muy tarde.

6. Llegas a casa muy cansado(a).

ACTIVIDAD 6

¿Por qué?

Hablar Take turns with a partner asking why these people feel as they do. Answer that it is because they have just done the following things. (Pay attention to the agreement of adjectives and nouns.)

modelo

ustedes / alegre

(ver una película divertida)

Estudiante A: *¿Por qué están **ustedes alegres**?*

Estudiante B: *Acabamos de **ver una película divertida.***

1. Raúl / cansado(a)
   (andar en bicicleta)

2. Dora / contento(a)
   (leer la poesía de García Lorca)

3. mi madre / emocionado(a)
   (recibir una carta de mi abuela)

4. tú / deprimido(a)
   (leer una novela muy triste)

5. ustedes / preocupado(a)
   (tener una prueba muy difícil)

6. tú / tranquilo(a)
   (descansar un rato y escuchar música)

Gramática en vivo

Ignacio: Roberto y su familia vienen de Minnesota.

Saying Where You Are Coming From with venir

Venir (*to come*) is similar to **tener**, except that the **nosotros(as)** and **vosotros(as)** forms have **-ir** endings, while **tener** uses **-er** endings.

vengo	ven**imos**
vienes	ven**ís**
viene	vienen

Online Workbook
CLASSZONE.COM

ACTIVIDAD 7

¿De dónde vienen?

Escribir Write down where the following people are coming from.

cine	supermercado
tienda	clase de inglés
parque	teatro
escuela	oficina
museo	cafetería

modelo

estudiantes Los **estudiantes** vienen de la **tienda**.

1. Jorge
2. la maestra
3. mis padres
4. yo
5. ustedes
6. tú
7. Marta y Luis
8. nosotros
9. mis amigos

¿A qué hora?

Hablar Tell at what time these people come from the following places.

modelo

mi padre / trabajo

Mi padre viene del **trabajo** a las seis.

I. mi madre / tienda   **3.** yo / escuela   **5.** el doctor / oficina

2. los estudiantes / clase   **4.** tú / estadio   **6.** Juan y yo / cine

Gramática en vivo

Ignacio: **A las muchachas** sólo les gusta **ver** las películas de romance, ¿no es verdad?

Diana: ¡No! ¡También nos gusta **ver** otras!

Saying What Someone Likes to Do Using gustar + infinitive

▶ Here are more phrases to use to talk about what people like to do.

nos gusta **correr**	*we like to run*
os gusta **correr**	*you (familiar plural) like to run*
les gusta **correr**	*they/you like to run*

▶ When you want to emphasize or identify the person that you are talking about, use:

a + name / noun / pronoun

These are the **pronouns** that follow **a**.

a mí	me gusta	**a nosotros(as)**	nos gusta
a ti	te gusta	**a vosotros(as)**	os gusta
a usted, él, ella	le gusta	**a ustedes, ellos(as)**	les gusta

Online Workbook
CLASSZONE.COM

ACTIVIDAD 9

Hablando por teléfono

Hablar Your partner "calls" you on the phone to invite you to do something. Act out different conversations.

modelo

Estudiante A: *¿Te gustaría ir al cine el sábado?*

Estudiante B: *Sí, me gustaría mucho. ¿A qué hora?*

Estudiante A: *La película empieza a las dos.*

Estudiante B: *A las dos tengo que ayudar a mi padre.*

Estudiante A: *Ay, qué lástima. Tal vez otro día.*

ACTIVIDAD 10

¿Qué les gusta hacer?

Hablar Take turns with a partner commenting on people's likes and dislikes.

modelo

Ignacio / nunca comer en la cafetería

Estudiante A: *Ignacio nunca come en la cafetería porque a él no le gusta.*

Ana / siempre llegar temprano a clase

Estudiante B: *Ana siempre llega temprano a clase porque a ella le gusta.*

1. yo / siempre hablar por teléfono
2. mis amigos / nunca dejar un mensaje
3. mi hermano(a) / siempre llamar a un amigo
4. tú / nunca ver la televisión
5. nosotros / siempre beber agua
6. mis padres / nunca practicar deportes
7. la maestra / siempre escuchar la máquina contestadora
8. el maestro / nunca ir al cine

Vocabulario

El teléfono ♻ Ya sabes

contestar	llamar
dejar un mensaje	la máquina contestadora
la guía telefónica	marcar
la llamada	

Speaking on the phone:

¿Puedo hablar con...?	Dile/Dígale que me llame.
Un momento.	Quiero dejar un mensaje para...
Regresa más tarde.	Deje un mensaje después del tono.

¿Qué dices cuando hablas por teléfono?

En resumen

YA SABES ♻

EXTENDING INVITATIONS

¿Quieres acompañarme a...?	Would you like to come with me to...?
Te invito.	I'll treat you. I invite you.
¿Te gustaría...?	Would you like...?

Accepting

¡Claro que sí!	Of course.
Me gustaría...	I would like...
Sí, me encantaría.	Yes, I would love to.

Declining

Gracias, pero no puedo.	Thanks, but I can't.
¡Qué lástima!	What a shame!
Tal vez otro día.	Maybe another day.

Activities

alquilar un video	to rent a video
el concierto	concert
ir al cine	to go to a movie theater
ir de compras	to go shopping
la película	movie
practicar deportes	to play sports
el tiempo libre	free time

EXPRESSING FEELINGS

alegre	happy
cansado(a)	tired
contento(a)	content, happy, pleased
deprimido(a)	depressed
emocionado(a)	excited
enfermo(a)	sick
enojado(a)	angry
nervioso(a)	nervous
ocupado(a)	busy
preocupado(a)	worried
tranquilo(a)	calm
triste	sad

TALKING ON THE PHONE

contestar	to answer
dejar un mensaje	to leave a message
la guía telefónica	phone book
la llamada	call
llamar	to call
la máquina contestadora	answering machine
marcar	to dial
el teléfono	telephone

Phrases for talking on the phone

Deje un mensaje después del tono.	Leave a message after the tone.
Dile/Dígale que me llame.	Tell (familiar/formal) him or her to call me.
¿Puedo hablar con...?	May I speak with...?
Quiero dejar un mensaje para...	I want to leave a message for...
Regresa más tarde.	He/She will return later.
Un momento.	One moment.

WHERE YOU ARE COMING FROM

del	from the
venir	to come

SAYING WHAT JUST HAPPENED

acabar de...	to have just...

OTHER WORDS AND PHRASES

conmigo	with me
contigo	with you
cuando	when, whenever
¡No te preocupes!	Don't worry!
porque	because
solo(a)	alone
temprano	early
ya no	no longer

Juego

¿Adónde van en su tiempo libre?

1. A Miguel le gusta escuchar música.

2. A Mariela le gusta ver las películas de Antonio Banderas.

3. A Martina y a Martín les gusta comprar ropa.

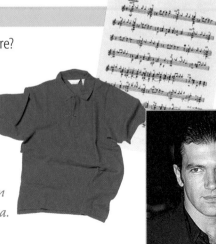

En contexto

🎧 VOCABULARIO

Diana and Ignacio are looking at equipment in a sporting goods store.

¡Hola! Ignacio y yo estamos en **la tienda de deportes**. ¡Vamos a ver qué hay!

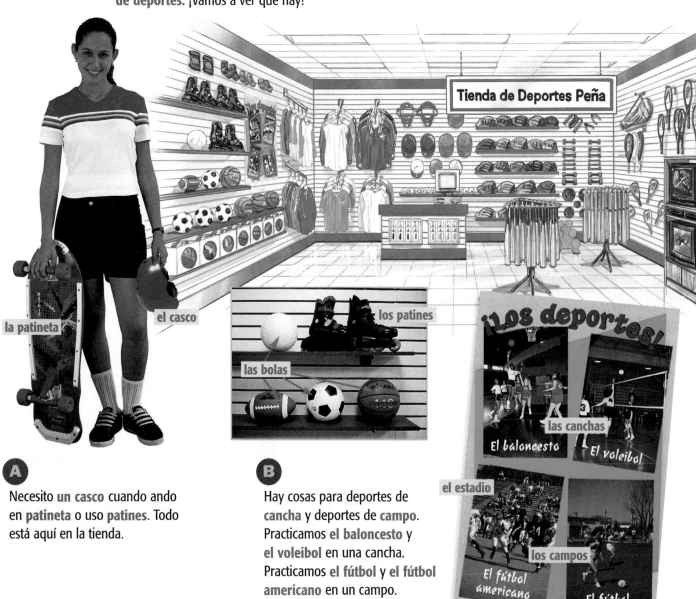

la patineta

el casco

los patines

las bolas

Tienda de Deportes Peña

¡los deportes!

las canchas

El baloncesto   El voleibol

el estadio

los campos

El fútbol americano   El fútbol

A

Necesito **un casco** cuando ando en **patineta** o uso **patines**. Todo está aquí en la tienda.

B

Hay cosas para deportes de **cancha** y deportes de **campo**. Practicamos **el baloncesto** y **el voleibol** en una cancha. Practicamos **el fútbol** y **el fútbol americano** en un campo.

la pesa

la raqueta

C Sé **levantar pesas.**

Ignacio usa **una raqueta** y **una bola.** Su deporte favorito es **el tenis.**

el guante

la pelota

el bate

D Ignacio usa **un guante, un bate** y **una pelota** cuando juega al **béisbol.** **¡El equipo** practica en **un estadio!**

el equipo

E En Puerto Rico, a mucha gente le gusta **esquiar** en el agua y practicar **el surfing.**

esquiar

el surfing

ACTIVIDAD **11**  **¡Practicamos!**

Hablar Take turns asking what you need to play the sports listed below.

modelo

jugar al fútbol americano

Estudiante A: *Quiero **jugar al fútbol americano.** ¿Qué necesito?*

Estudiante B: *Necesitas una bola y un casco.*

1. jugar al tenis
2. patinar
3. jugar al fútbol
4. andar en patineta
5. jugar al baloncesto
6. levantar pesas

ACTIVIDAD **12** **¿Qué practicas?**

Hablar/Escribir Ask five classmates which sports they play. Record their names and answers.

modelo

Estudiante A: *¿Qué deportes practicas?*

Estudiante B: *Juego al tenis y levanto pesas.*

Resumen: *Tina juega al tenis y levanta pesas. Marco…*

ACTIVIDAD **13**  **Deportes**

Hablar/Escribir Who knows how to play certain sports?

❶ Work in a group of four students.

❷ On paper, write the sports that are listed on these pages. (There are ten!)

❸ Ask group members if they know how to play each one. When classmates answer **sí,** have them sign their name next to the sport.

En acción

VOCABULARIO Y GRAMÁTICA

Gramática en vivo

Ignacio: ¿**Juegas al** béisbol en Minneapolis?

◆ Talking About Playing a Sport: The Verb jugar

▶ When you talk about playing a sport, you use the verb **jugar**. The forms of **jugar** are unique. In some of them, the **u** changes to **ue**.

jugar *to play*

juego	**jug**amos
juegas	**jug**áis
juega	**jueg**an

▶ When you use **jugar** with the name of a sport, use

jugar a + *sport*

Vocabulario

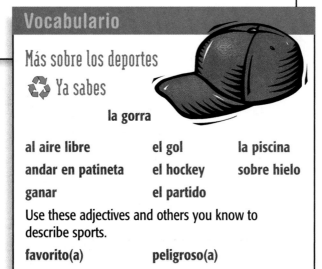

Más sobre los deportes

♻ Ya sabes

la gorra

al aire libre	el gol	la piscina
andar en patineta	el hockey	sobre hielo
ganar	el partido	

Use these adjectives and others you know to describe sports.

favorito(a)　　　　peligroso(a)

¿Qué frase usas para hablar de tu deporte favorito?

ACTIVIDAD 14

¿Qué hacen?

Escribir Guess which activity the following people are doing. Then write a sentence.

modelo

Víctor hace un gol en el estadio.

Víctor juega al fútbol.

1. Julio usa patines.
2. Ana y yo usamos una raqueta.
3. Yo uso un guante y una pelota y llevo una gorra.
4. Ganamos porque somos rápidos y altos.
5. José usa un casco y una bola y juega en un campo.
6. Mi equipo juega sobre hielo.
7. Raúl usa una bola y juega en una cancha.
8. Jugamos al aire libre en el campo.

Online Workbook
CLASSZONE.COM

ACTIVIDAD 15

¿Quién juega?

Hablar/Escribir Take turns with a partner asking each other who plays the following sports. Then ask and answer where.

modelo

jugar al béisbol

Estudiante A: *¿Quién **juega al béisbol**?*

Estudiante B: *Yo juego al béisbol.*

Estudiante A: *¿Dónde juegas?*

Estudiante B: *Juego al aire libre.*

1. jugar al hockey
2. jugar al fútbol americano
3. jugar al baloncesto
4. jugar al tenis
5. jugar al voleibol
6. jugar al fútbol

Gramática en vivo

Roberto: Mucha gente en los Estados Unidos **piensa** que el fútbol americano es más interesante que el fútbol.

◆ Stem-Changing Verbs: e → ie

When you use the verb **pensar** (*to think, to plan*), the **e** in its **stem** sometimes changes to **ie**. **Pensar** means *to plan* only when followed by an infinitive.

stem changes to

p**e**nsar → p**ie**nso

pensar *to think, to plan*

pienso	**pens**amos
piensas	**pens**áis
piensa	**pie**nsan

Vocabulario

Stem-Changing Verbs: **e → ie**
 Ya sabes

cerrar	perder
empezar	preferir
entender	querer
merendar	

¿Cuándo usas una de estas palabras?

Online Workbook
CLASSZONE.COM

ACTIVIDAD 16

¿Por qué no?

Hablar Take turns asking why the following people don't want to play the sport shown. Answer that it is because they prefer to play something else.

modelo

ellos

Estudiante A: *¿Por qué no quieren jugar al fútbol?*

Estudiante B: *No quieren jugar al fútbol porque prefieren el béisbol.*

I. los chicos

2. él

3. nosotros

4. tú

5. Antonia

ACTIVIDAD 17

La rutina de Roberto

Escribir Use the verbs shown to rewrite Ignacio's paragraph, filling in the blanks.

En mi colegio las clases siempre __1__ (pensar / empezar) a las siete y media de la mañana. Yo __2__ (pensar / merendar) que es muy temprano. Muchos estudiantes __3__ (querer / entender) dormir por la mañana. Pero también nosotros __4__ (cerrar / entender) que es necesario estudiar mucho. Mi amigo Roberto __5__ (perder / preferir) estudiar en casa por la tarde. A él le gusta estudiar conmigo porque de vez en cuando __6__ (perder / empezar) su libro. Cuando termina de estudiar, siempre __7__ (querer / cerrar) los libros y escucha música. A veces, yo hago lo mismo. Luego él y yo __8__ (merendar / preferir). Comemos fruta o yogur.

Gramática en vivo

Claudio: ¡Ah! ¿Sabe él a qué hora empieza la práctica?
Ignacio: Sí.

◆ Saying What You Know: The Verb saber

▶ **Saber** is another verb that has an irregular **yo** form. You use **saber** when you talk about factual information you know.

saber *to know*	
sé	sabemos
sabes	sabéis
sabe	saben

▶ To say that someone knows how to do something, use: **saber** + ***infinitive***.

Sé patinar muy bien.
I know how to skate very well.

Online Workbook
CLASSZONE.COM

¿Sabe o no sabe?

Hablar Take turns asking a partner if the following people know how to do the activities listed below. Add an additional comment to each response.

modelo

tu tía / jugar al voleibol

Estudiante A: *Tu tía sabe **jugar al voleibol**, ¿no?*

Estudiante B: *Sí, sabe jugar muy bien. **o:** No, no sabe, pero quiere aprender.*

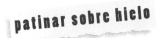

patinar sobre hielo

esquiar

hablar español   *cantar*

bailar el tango

nadar   **pintar**

tocar el piano

1. tu amigo(a)
2. tus padres
3. tú
4. tú y tu hermano(a)
5. el (la) maestro(a)
6. tu madre
7. tus primos(as)
8. ustedes

¿Qué sabes hacer?

Hablar/Escribir Work in groups of four. Tell each other what you know how to do well (and not so well). Then choose one person to report to the class.

modelo

Estudiante A: *Sé nadar muy bien.*

Estudiante B: *Yo sé nadar también.*

Estudiante C (a la clase): *Carla y Sara saben nadar...*

Gramática en vivo

Roberto: Me gusta jugar al baloncesto y al tenis. Pienso que el tenis es menos divertido que el baloncesto. También me gusta nadar.

Ignacio: Me gusta correr más que nadar.

Phrases for Making Comparisons

▶ Several phrases are used when making comparisons and using adjectives.

más… que	menos… que	tan… como
more… than	less… than	as… as

▶ These phrases are used when you don't include adjectives.

más que…	menos que…	tanto como…
more than…	less than…	as much as…

▶ When you talk about numbers, you must use:

más **de**	or menos **de**
más **de** dos o tres minutos	en menos **de** cinco minutos
more than two or three minutes	in **less than** five minutes

▶ There are a few irregular comparative words.

mayor	menor	mejor	peor
older	younger	better	worse

Online Workbook
CLASSZONE.COM

Gimnasia mental

Escuchar Listen to the following numbers being added or subtracted. In the chart, indicate whether the number is more than, less than, or the same as the number listed in each case.

menos de	tanto como	más de
	once	
	veinte	
	seis	
	cuarenta y cinco	
	treinta	
	sesenta	
	cien	

Famosos o familiares

Escribir Make a list of pairs of people you know—famous or familiar. Then compare them using one of the suggested characteristics below.

alto(a)	simpático(a)
cómico(a)	serio(a)
inteligente	trabajador(a)
paciente	

modelo

mi hermano / mi hermana

alto(a)

Mi hermano es más **alto** que **mi hermana**.

¿Qué piensas?

Hablar With a partner, compare the following sports in terms of the words indicated. Take turns asking and giving opinions.

modelo

Estudiante A: *¿Qué es más divertido, el tenis o el béisbol?*

Estudiante B: *Para mí, el tenis es más divertido que el béisbol.* **o:** *Para mí, el tenis es tan divertido como el béisbol.*

divertido

I. **difícil**

2. **malo**

3. **aburrido**

4. **interesante**

5. **bueno**

6. **peligroso**

mi amiga María

las gafas de sol

con rayas

D Mi amiga María lleva **las gafas de sol**. Las lleva cuando **hay sol**. No las lleva cuando llueve. También lleva una camisa **con rayas**.

EL TIEMPO

el sol

Temperaturas
9 de marzo

	Alta	Baja
San Juan	87°	73°
Minneapolis	30°	15°

el bosque

la planta

EL YUNQUE

la flor

el árbol

E Saco fotos en **el bosque** tropical El Yunque. Me gusta ver **los árboles** grandes, **las flores** bonitas y **las plantas** interesantes.

ACTIVIDAD 23 Las fotos de Roberto

Hablar/Leer Say if the following statements are true (**sí**) or false (**no**).

1. María lleva una camisa de cuadros.
2. El primo de Roberto está en la playa.
3. Hay árboles y plantas en el bosque.
4. Roberto lleva una bufanda y un gorro cuando hace calor.
5. María lleva gafas de sol cuando hace mal tiempo.
6. La mamá de Roberto lleva un paraguas cuando va a llover.
7. Nieva en los veranos de Minnesota.
8. Hace frío en los inviernos de Minnesota.

ACTIVIDAD 24 ¿Cuándo?

Hablar Tell which season, winter or summer, you associate with the following words. Be careful. Some words may be appropriate to both seasons.

1. la nieve
2. el calor
3. la playa
4. el sol
5. la bufanda
6. las gafas de sol
7. el abrigo
8. la lluvia

ACTIVIDAD 25 Una tarjeta postal

Escribir Write a postcard to a pen pal in another country. Tell him or her what the weather is like in the winter and summer where you live. Also include what your pen pal should wear while visiting during those seasons.

En acción

VOCABULARIO Y GRAMÁTICA

Gramática en vivo

Diana: ¿Nieva mucho?

Roberto: Bueno, en el invierno, nieva casi todas las semanas. Pero en el verano, es como aquí. Hace mucho calor.

◆ Describing the Weather

▶ To talk about weather, you will often use the verb hacer.

¿Qué tiempo hace?
What's it like out?

Hace… *It's…*	
(mucho) calor. *(very) hot.*	**(mucho) viento.** *(very) windy.*
(mucho) fresco. *(very) cool.*	**(muy) buen tiempo.** *(very) nice outside.*
(mucho) frío. *(very) cold*	**(muy) mal tiempo.** *(very) bad outside.*
(mucho) sol. *(very) sunny.*	

▶ When you talk about wind or sun, you can also use hay.

Hay… *It's…*	
(mucho) sol. *(very) sunny.*	
(mucho) viento. *(very) windy.*	

▶ Use the verbs llover and nevar to say it is raining (llueve) or it is snowing (nieva). They are verbs with stem changes, just like jugar and pensar.

▶ To say that it's cloudy, use the expression está nublado.

ACTIVIDAD 26

¡Para hoy y mañana!

Hablar/Escribir Prepare and deliver the weather report for your area, including the forecast for today and for tomorrow.

modelo

Hoy está nublado. La temperatura está a sesenta grados. Por la tarde va a llover. Mañana va a hacer más frío y…

Vocabulario

Las estaciones	♻ Ya sabes
el invierno	**la primavera**
el otoño	**el verano**

Otras palabras

el bronceador	**el río**
el desierto	**los shorts**
el grado	**tomar el sol**
el impermeable	**la tormenta**
el lago	**el viento**
la montaña	

¿Qué actividad te gusta hacer en cada estación?

Online Workbook
CLASSZONE.COM

ACTIVIDAD 27

¿Qué tiempo hace?

Hablar Describe what the weather might be like from the hints given.

modelo

Necesitas llevar paraguas.

Llueve mucho. No hay sol.

1. Necesitas usar bronceador.
2. Piensas esquiar en la montaña.
3. Llevas abrigo y bufanda.
4. Buscas tu traje de baño.
5. No es posible sacar fotos.
6. Quieres jugar al tenis.
7. Vas a patinar sobre hielo.
8. Llevas un suéter para caminar con el perro.
9. No quieres ir al parque.
10. No necesitas gafas de sol.

Gramática en vivo

Diana: Creo que **tienes** mucha **suerte**.

Ignacio: **Tengo prisa.** Es buena hora para sacar fotos porque hay sol.

Special Expressions Using tener

You can use the verb **tener** in many expressions.

tener...	calor	prisa	tener ganas de...	bailar
to be...	*hot*	*in a hurry*	*to feel like...*	*dancing*
	cuidado	razón		cantar
	careful	*right*		*singing*
	frío	sueño		
	cold	*sleepy*		
	miedo	suerte		
	afraid	*lucky*		

Online Workbook
CLASSZONE.COM

ACTIVIDAD 28

¿Y tú?

Hablar Describe situations to your partner where you might feel cold, hot, afraid, lucky, or sleepy. Then ask about his or her experiences.

modelo

Cuando nieva, yo tengo frío. ¿Y tú?

ACTIVIDAD 29

Cuéntame

Hablar Ask a classmate questions using the words below. Change roles.

modelo

cuándo / tener sueño

Estudiante A: ¿Cuándo tienes sueño?

Estudiante B: Tengo sueño por la mañana.

1. dónde / tener cuidado
2. cuándo / tener calor
3. quién / tener suerte
4. por qué / tener prisa
5. quién / tener ¿?

ACTIVIDAD 30

Tengo ganas de...

Escribir Tell what these people do and don't feel like doing in certain weather.

modelo

Hace calor. / yo

Cuando **hace calor**, tengo ganas de ir a la playa. No tengo ganas de correr.

1. Llueve. / nosotros
2. Hace frío. / Juanita
3. Hace buen tiempo. / tú
4. Hace mal tiempo. / ellas
5. Hace fresco. / Daniel
6. Nieva. / Cristina y Ana

Gramática en vivo

Diana: ¡Ay! Pues, ya **tienes** ropa de verano.
Roberto: Claro que **la tengo**.

Direct Object Pronouns

The **direct object** in a sentence receives the action of the verb. Nouns used as **direct objects** can be replaced by pronouns.

Singular	Plural
me	**nos**
me	us
te	**os**
you (familiar)	you (familiar)
lo *masculine*	**los** *masculine*
you (formal), him, it	you, them
la *feminine*	**las** *feminine*
you (formal), her, it	you, them

The **direct object noun** is placed after the **conjugated verb**.

replaced by

—Pues, ya **tienes** ropa de verano.
*You already have **summer clothing.***

—Claro que **la tengo**.
*Of course I have **it.***

The **direct object** pronoun is placed directly before the **conjugated verb**.

When an infinitive follows the conjugated verb, the **direct object** pronoun can be placed:

before the **conjugated verb** or attached to the **infinitive**

Online Workbook
CLASSZONE.COM

¿Qué objeto?

Escribir Rewrite the sentence by replacing the highlighted words with a direct object pronoun.

modelo

Yo quiero comprar **el gorro.**   Yo **lo** quiero comprar.

1. Lilia escribe **las cartas.**
2. Pablo come **la torta.**
3. Yo veo a **mis abuelos.**
4. Ustedes leen **libros.**
5. Tú tomas **el examen.**
6. Ana prepara **la comida.**

¡Tantas preguntas!

Escuchar/Leer Someone is asking you the following questions. Listen and select the most appropriate answer.

1. a. Sí, la compro.
   b. Sí, los compro.
   c. Sí, lo compro.

2. a. Mamá lo prepara.
   b. Mamá la prepara.
   c. Mamá las prepara.

3. a. Sí, los necesito.
   b. Sí, las necesito.
   c. Sí, la necesito.

4. a. Marta los usa.
   b. Marta lo usa.
   c. Marta las usa.

5. a. La entiendo un poco.
   b. Los entiendo un poco.
   c. Las entiendo un poco.

¿Quién los usa?

Hablar Take turns with a classmate asking who uses these items. Answer and then change roles. (Pay attention to the direct object pronouns!)

modelo

Estudiante A: ¿Quién usa el guante?

Estudiante B: Mi hermano lo usa.

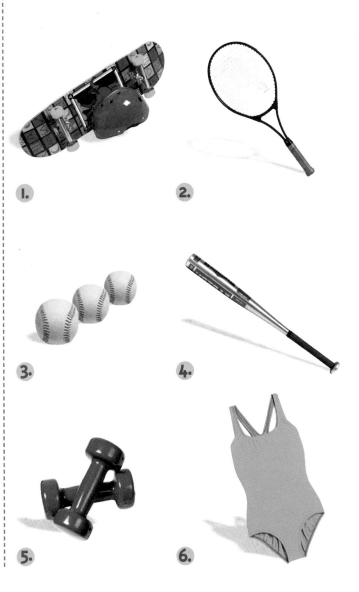

1.

2.

3.

4.

5.

6.

Gramática en vivo

Ignacio: ¡Está **lloviendo**! ¡Y no tengo paraguas!

Roberto: Te **estamos esperando**, hombre.

▰ Saying What Is Happening: Present Progressive

▶ When you want to say that an action is happening now, use the present progressive.

estoy **esperando**	estamos **esperando**
estás **esperando**	estáis **esperando**
está **esperando**	están **esperando**

▶ To form this tense, use:

the present tense of estar + *present participle*

▶ To form the **present participle** of a verb, drop the **ending** of the infinitive and add **-ando** or **-iendo**.

-ar verbs	esperar ̶a̶r̶	←	**ando**	esperando
-er verbs	comer ̶e̶r̶	←	**iendo**	comiendo
-ir verbs	escribir ̶i̶r̶	←	**iendo**	escribiendo

▶ When the **stem** of an **-er** or **-ir** verb ends in a vowel, change the **-iendo** to **-yendo**.

leer ⟶ le**y**endo

Online Workbook
CLASSZONE.COM

Llama la abuela

Hablar/Escribir Your house is full of friends and relatives. Your grandmother calls to find out what everyone is doing. Mention five people.

modelo

Papá está hablando con el tío Alberto. Mi hermana está comiendo…

¿Qué?

Hablar Work in pairs. Act out an activity that you have learned to say in Spanish, and have your partner guess what you are doing. Then change roles. Or turn this activity into "charades" for the class.

modelo

Estudiante A: *¿Qué estoy haciendo?*

Estudiante B: *¡Estás nadando!*

En resumen

YA SABES ♻

DESCRIBING THE WEATHER

¿Qué tiempo hace?	What is the weather like?
Está nublado.	It is cloudy.
Hace…	It is…
buen tiempo	nice outside
calor	hot
fresco	cool
frío	cold
mal tiempo	bad outside
sol	sunny
viento	windy
Hay…	It's…
sol	sunny
viento	windy
el grado	degree
llover (ue)	to rain
la lluvia	rain
nevar (ie)	to snow
la nieve	snow
el sol	sun
la temperatura	temperature
el tiempo	weather
la tormenta	storm
el viento	wind

Seasons

las estaciones	seasons
el invierno	winter
el otoño	fall
la primavera	spring
el verano	summer

DESCRIBING HOW YOU FEEL

tener…	to be…
calor	hot
cuidado	careful
frío	cold
miedo	afraid
prisa	in a hurry
razón	right
sueño	sleepy
suerte	lucky
tener ganas de…	to feel like…

STATING AN OPINION

creer	to think, to believe
Creo que sí/no.	I think so. / I don't think so.

CLOTHING AND ACCESSORIES

Clothing

el abrigo	coat
la bufanda	scarf
el gorro	cap
el impermeable	raincoat
los shorts	shorts
el traje de baño	bathing suit

Styles

con rayas	striped
de cuadros	plaid, checked

Accessories

el bronceador	suntan lotion
las gafas de sol	sunglasses
el paraguas	umbrella

OTHER WORDS AND PHRASES

sacar fotos	to take pictures
tomar el sol	to sunbathe

Places

el bosque	forest
el desierto	desert
el lago	lake
el mar	sea
la montaña	mountain
la playa	beach
el río	river

Vegetation

el árbol	tree
la flor	flower
la planta	plant

Juego

Es julio. Hace frío y nieva mucho. Mucha gente esquía en las montañas. ¿En qué país están?

a. **México**

b. **Estados Unidos**

c. **Chile**

4

 STANDARDS

Communication
- Asking for and giving directions
- Identifying places to visit in the city
- Choosing means of transportation
- Talking about shopping
- Making purchases and bargaining
- Discussing gift ideas
- Ordering food
- Saying where you went

Cultures
- The history of Oaxaca and its surroundings
- Traditional arts, crafts, and architecture in Oaxaca
- Regional foods
- Bargaining in a marketplace

Connections
- Physical Education: Mexican folk dancing
- Mathematics: Calculating prices in a Mexican **mercado**

Comparisons
- Shopping in Mexico and the U.S.
- Modes of transportation
- City/town structure

Communities
- Using Spanish in the workplace
- Using Spanish in volunteer activities

INTERNET Preview
CLASSZONE.COM

- More About Mexico
- Webquest
- Self-Check Quizzes
- Flashcards
- Writing Center
- Online Workbook
- eEdition Plus Onlne

80

OAXACA
MÉXICO

¡DE VISITA!

ESTADOS UNIDOS

CIUDAD JUÁREZ

CHIHUAHUA

GOLFO DE CALIFORNIA

BAJA CALIFORNIA

MONTERREY

GOLFO DE MÉXICO

OCÉANO PACÍFICO

MÉXICO
GUADALAJARA

BAHÍA DE CAMPECHE

PENÍNSULA DE YUCATÁN

★ MÉXICO, D.F.

ESTADO DE OAXACA

BELICE

OAXACA

HONDURAS

GUATEMALA

EL SALVADOR

NICARAGUA

ANIMALITOS are popular forms for Oaxacan wood carvings. Notice the colorful painting. What other Oaxacan carving is on this page?

POBLACIÓN: 256.130

ALTURA: 1.550 metros (5.084 pies)

CLIMA: 21° C (69,1° F)

COMIDA TÍPICA: mole negro, tasajo

GENTE FAMOSA DE OAXACA: Francisco Toledo (pintor), Benito Juárez (político), Rufino Tamayo (pintor)

¿VAS A OAXACA? La gente de México usa la palabra *Oaxaca* para referirse al estado de Oaxaca, la ciudad de Oaxaca y el valle de Oaxaca. Cuando escuches «Oaxaca», pregunta a qué parte se refiere.

More About Mexico
CLASSZONE.COM

MONTE ALBÁN

BENITO JUÁREZ was one of Mexico's presidents. From the clothing in this picture, can you guess when he lived? Check your idea on p. 286.

MONTE ALBÁN This city was built by the Zapotecs around 600 B.C. high upon a hill. What do you think the word **monte** means?

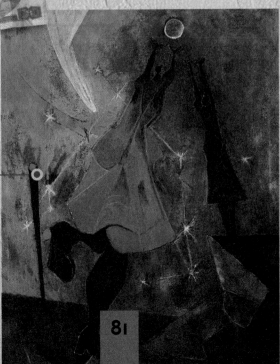

PESOS are Mexican money. How are they different from dollars?

RUFINO TAMAYO (1899–1991), Oaxacan artist, completed *Mujer tendiendo la mano a la luna* in 1946. Can you guess what that means?

MOLE NEGRO Many ingredients, including chiles and chocolate, make up black **mole** sauce. What have you eaten that is made from chocolate?

¡DE VISITA!

- Comunicación

- Culturas

- **Conexiones**

- Comparaciones

- Comunidades

CASA LINDA

ENSALADAS Y SOPAS

| Ensalada mixta | $25 |
| Sopa de pollo | $20 |

COMIDAS

Servidas con arroz y frijoles

Arroz con pollo	$45
Bistec asado	$60
Enchiladas	$40
Pollo	$50
Tacos	$35
Tamales	$40
Tortas	$35

Conexiones

Calculations are usually done in a math class, not in a Spanish class. However, when you learn Spanish, you can use it with skills you already know to get new information. Connect your math skills with your new language skills to change dollars into pesos, to pay your restaurant bill, or to bargain for prices in a market in Oaxaca. In this unit you will learn how to bargain and how to request a check.

Conexiones en acción **Imagínate que trabajas en el restaurante Casa Linda. Una turista tiene noventa pesos. ¿Puede comprar una ensalada mixta y dos tacos?**

Comunicación

When traveling, you need to understand and interpret spoken and written Spanish. You also need to ask for help politely. Remembering useful phrases will help you obtain information while observing customs of politeness.

Señora, por favor, ¿dónde queda...?

Repita, por favor.

Perdone, señorita, ¿cómo llego a...?

Perdone, señor, ¿puede usted decirme...?

Culturas

Oaxaca and Mexico City are as different as San Antonio and New York City. Near Oaxaca mysterious ruins hold the secrets of ancient peoples. Their customs, traditions, arts, and crafts continue in the lives of their modern descendants who are residents of that region.

En Oaxaca puedes visitar los mercados, el museo arqueológico y las pirámides de Monte Albán.

Comparaciones

Do you ever bargain in your community? It is important to know when it is appropriate to bargain. It is also important to be able to read prices.

¿Cuál es el símbolo de dólares? ¿De pesos? ¿Cuánto cuestan las jarras de la foto?

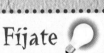

¿Qué hay en los museos de tu comunidad? ¿De dónde viene?

Comunidades

Does your local newspaper have an arts or cultural section? There you might be able to find out about exhibits and performances in your own community of the art, crafts, music, and dance of other cultures.

Fíjate 💡

Each of the following statements relates to one or more of the areas described (**Conexiones, Comunicación, Culturas, Comparaciones, Comunidades**). Determine which one each statement best represents.

1. El Ballet Folklórico viene a nuestro auditorio el sábado.

2. Los mercados al aire libre son más comunes en México que en Estados Unidos.

3. Si hay aproximadamente diez pesos en un dólar, ¿cuántos pesos recibo por veinte dólares?

4. Perdone, ¿puede usted decirme dónde queda la calle Alcalá?

5. Las pirámides zapotecas tienen una forma diferente de las pirámides de Egipto.

UNIDAD 4

ETAPA 1

¡A visitar a mi prima!

OBJECTIVES

- Identify places
- Give addresses
- Choose transportation
- Request directions
- Give instructions

¿Qué ves?

Mira la foto del Zócalo de Oaxaca.

1. ¿La chica vive en Oaxaca o está visitando Oaxaca?

2. ¿Qué tiempo hace?

3. ¿Cuántos museos ves en el mapa?

OAXACA

Museo Rufino Tamayo

Av. Morelos

Museo de Arte Contemporáneo

Av. Independencia

Catedral de Oaxaca

Tinoco y Palacios

5 de Mayo

Av. Juárez

Zócalo

Palacio de Gobierno

Las Casas

Mercado Juárez

a Monte Albán

En contexto

VOCABULARIO

Rosa is taking a walk through the city of Oaxaca. She looks at a map in order to find her way around.

el correo

la iglesia

B Allí está **el correo**, de donde mando cartas. **La iglesia** es muy bonita.

la plaza

el café

A Hay mucho que ver en Oaxaca. ¡Mira **el mapa**! Es divertido pasear. Primero, voy a **una plaza.** Después, descanso en **un café** y tomo un refresco.

MAPA
Oaxaca · Huatulco

FARMACIA EL FENIX

FARMACIA EL FENIX

la farmacia

C Si estoy enferma y necesito medicina, voy a **la farmacia.** Está en **la calle** Bustamante.

el banco

el hotel

la estación de autobuses

D Voy al **banco** por la tarde. Si quieres visitar la ciudad, hay **un hotel** muy bonito para pasar la noche.

E Llego a **la estación de autobuses** de Oaxaca. Acabo de venir de la capital.

la esquina

F Para ir del **centro** al **aeropuerto** voy por esta **avenida**. Hay un taxi en **la esquina**.

Preguntas personales

Online Workbook
CLASSZONE.COM

1. ¿Te gusta ir al centro?
2. ¿Usas la estación de autobuses o el aeropuerto?
3. ¿Prefieres pasar un rato en un café o en una plaza?
4. ¿Dónde compras medicina?
5. ¿Adónde vas si estás en otra ciudad y tienes sueño?

En vivo
DIÁLOGO

Rosa   Carlos   Sofía

Visita a Oaxaca

PARA ESCUCHAR • STRATEGY: LISTENING

Listen and follow directions How you remember directions gives clues about the ways you prefer to learn. Listen to Carlos's directions. Which is most natural for you, to (1) repeat key words, (2) write key words, (3) use gestures, (4) draw a map, or (5) do something else? Your choices indicate how you prefer to learn. Use them to help you follow directions as you listen.

1▶ Rosa: Perdone, ¿puede usted decirme dónde queda la calle Morelos?

Hombre: No, señorita. Perdone, pero no sé dónde queda esa calle.

5▶ Carlos: Ésta es la avenida Constitución. Camina por esta calle. Allí vas a ver un banco.

Rosa: ¿Dices que hay un banco?

Carlos: Sí, hay un banco al lado de una farmacia.

6▶ Carlos: Vas a llegar a un parque. Cruza el parque. Enfrente de la estatua está la calle Morelos.

Rosa: Muchas gracias, eh…

Carlos: Carlos, me llamo Carlos.

Rosa: Rosa, soy Rosa.

7▶ Carlos: Salgo del trabajo a las siete. Si quieres, salimos a comer con tu prima.

Rosa: Me gustaría. A ver qué dice mi prima. ¿Puedo llevar el mapa?

Carlos: Sí, claro que sí.

2▶ Rosa: Buenos días. Vengo a visitar a mi prima. No sé dónde queda su nueva casa. Busco esta dirección.

3▶ Carlos: ¡Ah, sí!, claro, la calle Morelos. Desde aquí es muy fácil llegar.

Rosa: ¡Ay, qué bueno! ¿Queda lejos de aquí?

4▶ Carlos: A pie llegas en diez minutos. Pero llegas más rápido en taxi.

Rosa: Prefiero caminar. ¿Puedes decirme cómo llego?

8▶ Sofía: ¡Rosa!

Rosa: ¡Sofía! ¿Cómo estás?

Sofía: ¡Qué sorpresa! ¿Qué haces por aquí?

Rosa: ¡Vengo a visitarte!

Sofía: Pasa, pasa, prima.

9▶ Rosa: ¡Qué bonita es la nueva casa de tu familia! ¿Dónde está mi tía?

Sofía: Está haciendo algunas compras.

Rosa: Yo también quiero ir de compras. Es el cumpleaños de mi mamá y quiero comprar algo bonito para ella.

10▶ Sofía: Yo digo que el mercado tiene las cosas más bonitas. ¿Por qué no vamos mañana por la mañana? ¿Qué dices?

Rosa: Me encantaría.

Sofía: Entonces, mañana, ¡al mercado! Y después, salimos a pasear por la plaza.

En acción

VOCABULARIO Y GRAMÁTICA

ACTIVIDAD 1

¿En qué orden?

Escuchar/Escribir Señala con el dedo las fotos para indicar la secuencia de eventos. Luego, en un papel, ordena los eventos (1 a 5). *(Hint: Tap on the photos to tell the order of events. Then, on a separate sheet of paper, put the events in the order in which they occurred.)*

a. Rosa habla con Carlos.

b. Rosa llega a la casa de su prima.

c. Rosa habla con un hombre en la calle.

d. Rosa habla con Sofía sobre el mercado.

e. Rosa recibe el mapa de Carlos.

La visita

Escuchar/Leer Rosa busca la casa de su prima. Completa las oraciones. *(Hint: Rosa is looking for her cousin's new house. Complete the sentences.)*

modelo

Rosa visita (Guanajuato / Oaxaca).

Rosa visita Oaxaca.

1. Rosa busca (la calle Morelos / el Zócalo).

2. Rosa prefiere (caminar / ir en taxi).

3. Al lado del banco hay (una iglesia / una farmacia).

4. La calle Morelos está enfrente de (un banco / una estatua).

5. Sofía (no sabe / sabe) que Rosa viene a visitarla.

¿Dónde queda?

Hablar Estás en una ciudad que no conoces bien. Escoge un lugar de la lista. Pregúntale a tu compañero(a) dónde queda el lugar. Cambien de papel. *(Hint: You are in a new city. Choose a place from the list. Ask your partner where it is. Change roles.)*

modelo

Estudiante A: *¿Puede usted decirme dónde queda la farmacia?*

Estudiante B: *La farmacia queda al lado del hotel.*

el aeropuerto	la farmacia
el banco	el hotel
la iglesia	el parque
la estación	el mercado

♻ ¿En qué estación?

Escuchar Escucha las descripciones. ¿Qué estación describe cada una? *(Hint: Listen to the descriptions. What season does each describe?)*

a. la primavera

b. el verano

c. el otoño

d. el invierno

N O T A CULTURAL

In Mexico you can get almost everywhere by bus. There are first- and second-class services. If you travel on a first-class bus, there is an attendant who serves snacks and beverages. On some major routes, you can even watch videos. Train travel is also popular, although the service is not as extensive or as reliable as bus travel.

♻ La nueva comunidad

Hablar Una muchacha quiere saber qué hay en su nueva comunidad. ¿Qué pregunta? *(Hint: A girl wants to know what is in her new community. What does she ask?)*

modelo
_____
¿Hay un correo por aquí?

Nota
_____

The word **por,** which most often means *for,* has many uses and meanings.

Camina **por** esta calle.	*Walk **along/down** this street.*
Pasa **por** la tienda.	*Come (Pass) **by** the store.*
¿Qué haces **por** aquí?	*What are you doing **around** here?*

¿Adónde van?

Hablar Rosa y Sofía van de compras. Di adónde van para comprar las siguientes cosas. *(Hint: Rosa and Sofía are shopping. Say where they go to buy things.)*

modelo
Van a la pastelería.

 **1.**

 **2.**

 **3.**

 4.

 **5.**

 **6.**

 7.

 **8.**

Vocabulario

Las tiendas

 el centro comercial

 la carnicería

 la joyería

 la librería

 la panadería

 la papelería

 la pastelería

 la tienda de música y videos

 la zapatería

¿A qué tiendas vas de compras?

GRAMÁTICA

The Verb decir

To talk about what someone says, use the verb **decir**. The verb **decir** means *to say* or *to tell*. It has several irregular forms in the present tense.

digo	decimos
dices	decís
dice	dicen

Only the **nosotros(as)** and **vosotros(as)** forms are regular.

Sofía says:
—Yo **digo que** el mercado tiene las cosas más bonitas.
I say that the market has the prettiest things.

Note that **decir que** means *to say that*...

ACTIVIDAD 7 · Gramática

¿Qué dicen?

Hablar La gente dice que hay mucho que hacer en Oaxaca. ¿Quién dice qué? *(Hint: People say that there are many things to do in Oaxaca. Who says what?)*

modelo

Carlos / las iglesias / arte regional
Carlos dice que en **las iglesias** hay **arte regional**.

I. ella / la ciudad / calles bonitas

2. Rosa y Sofía / el Zócalo / gente interesante

3. nosotras / el parque / música

4. yo / los restaurantes / comida regional

5. tú / los museos / artículos antiguos

6. las primas / el centro comercial / muchas tiendas

¿De dónde salen?

Escribir Rosa y Sofía ven a la gente que sale. ¿De dónde sale cada persona? *(Hint: Rosa and Sofía see people going out. From where are they leaving?)*

Nota

Salir means *to leave* or *to go out*. It has an irregular **yo** form: **salgo**. Its other forms are regular.

1. Beatriz _____ del cine.
2. Juan y Pedro _____ de la librería.
3. Yo _____ de la panadería.
4. Nosotros _____ de la farmacia.
5. Tú _____ del correo.
6. Ustedes _____ del banco.
7. Carlos _____ de la tienda de música y videos.
8. Rosa y Sofía _____ del café.

■ **MÁS PRÁCTICA** *cuaderno* p. 5

■ **PARA HISPANOHABLANTES** *cuaderno* p. 3

Online Workbook
CLASSZONE.COM

¿Qué modo?

Hablar/Escribir La gente sale para varios lugares. ¿Qué modo de transporte usan? *(Hint: People are leaving for various places. What means of transportation are they using?)*

en autobús
en tren
en barco
en avión
en taxi
a pie

modelo

Miguel / el museo

Miguel sale para **el museo**. Va **en taxi**.

1. Rosa y Sofía / el centro comercial
2. nosotros / la Ciudad de México
3. usted / San Juan
4. Félix / Miami
5. tú / el correo
6. yo / ¿?

Vocabulario

De viaje

manejar *to drive*
viajar *to travel*
el viaje *trip*

a pie   en autobús   en avión   en barco

en carro   en metro   en moto(cicleta)   en taxi   en tren

¿Cómo prefieres viajar?

♻ ¿Cómo les gusta viajar?

Hablar Con un(a) compañero(a), hablen sobre cómo les gusta viajar a estas personas. *(Hint: With a classmate, talk about how these people like to travel.)*

modelo

tus primos

Estudiante A: *¿Cómo les gusta viajar a* **tus primos**?

Estudiante B: *Mis primos dicen que les gusta viajar en moto.*

1. tu hermano(a)
2. tú
3. tus amigos
4. tú y tu familia
5. tu maestro(a)
6. tus padres
7. tu abuelo
8. tu tía
9. tus primas
10. tú y tu amigo

Conexiones

La salud In Spanish-speaking countries, **farmacias** were historically places that only sold pharmaceuticals, or medicines. Today they are linked together to offer 24-hour service. If one is closed during late-night hours, it will post a sign indicating a nearby establishment that is open.

PARA HACER: Today, many farmacias have expanded their offerings to include many products related to personal hygiene, much like pharmacies in the U.S. Look at this ad. List 4 items related to personal health you think this farmacia may carry.

❄ FARMACIA
LA PERLA DE GUANAJUATO
S.A.
JUÁREZ 146
TELS: **2-11-75 2-08-58**
SUCURSALES:
LA PERLA DE GUANAJUATO
(DR. ROMERO)
TEL. 2-10-10
SOPEÑA 16-A
LA PERLA DE GUANAJUATO
(TEPETAPA)
TEL. 2-30-92
TEPETAPA 80-B
LA PERLA DE GUANAJUATO
(REGINA)
TEL. 2-10-01
LA PAZ 38
MEDICINA, PERFUMERIA
Y
ARTICULOS DE REGALO
¡¡ SERVICIO A DOMICILIO !!
GUANAJUATO, GTO.

También se dice

There are different ways to talk about cars and driving.

CARS
- **el auto(móvil):** many countries
- **el coche:** Spain, parts of South America
- **el carro:** Mexico, Central America

DRIVING
- **conducir:** Spain
- **manejar:** Latin America
- **guiar:** Puerto Rico

Using Prepositional Phrases to Express Location

When you talk about where things are located, use prepositions. Here are some common ones.

a la izquierda
de la carnicería

entre la farmacia
y la panadería

lejos de
esta calle

PUERTO ANGEL
AEROPUERTO 200 km

cerca del taxi   delante del banco

a la derecha
de la carnicería

- **Rosa está cerca del taxi.**
  *Rosa is **near** the taxi.*

- **El banco está detrás del taxi.**
  *The bank is **behind** the taxi.*

- **El taxi está delante del banco.**
  *The taxi is **in front of** the bank.*

- **El policía está al lado del banco.**
  *The policeman is **beside** the bank.*

- **La farmacia está a la izquierda de la carnicería.**
  *The pharmacy is **to the left of** the butcher's shop.*

- **La carnicería está entre la farmacia y la panadería.**
  *The butcher's shop is **between** the pharmacy and the bakery.*

- **La panadería está a la derecha de la carnicería.**
  *The bakery is **to the right of** the butcher's shop.*

- **El aeropuerto está lejos.**
  *The airport is **far**.*

Use de when the preposition is followed by a **specific location**.

11   Gramática   ¿Dónde está?

Hablar/Escribir Explica dónde están las tiendas de la foto.
(*Hint: Explain where the stores from the photo are.*)

1. La carnicería está (a la izquierda / a la derecha) de la farmacia.

2. El taxi está (cerca / lejos) de Rosa.

3. El banco está (entre / detrás) del taxi.

4. La panadería está (cerca / lejos) del aeropuerto.

5. La carnicería está (a la izquierda / a la derecha) de la panadería.

MÁS PRÁCTICA   *cuaderno* pp. 6–7

PARA HISPANOHABLANTES   *cuaderno* pp. 4–5

Online Workbook
CLASSZONE.COM

ACTIVIDAD 12

¿Dónde está?

Hablar Tu compañero(a) y tú están en el centro comercial. Conversen sobre dónde están estas tiendas. *(Hint: You and a classmate are at the mall. Talk about where these stores are.)*

modelo

la zapatería

Estudiante A: *¿Dónde está la zapatería?*

Estudiante B: *Está a la derecha de la panadería, a la izquierda del correo.*
o: *Está entre la panadería y el correo.*

1. banco
2. café
3. panadería
4. correo
5. papelería
6. joyería
7. hotel
8. librería

ACTIVIDAD 13 Las tiendas

PARA CONVERSAR

STRATEGY: SPEAKING

Recognize and use set phrases
Think of the expressions you use as a whole instead of constructing them a word at a time. This helps you think in Spanish instead of translating from English.

Hablar/Escribir ¿Dónde están estos lugares en tu comunidad? ¿Cómo vas? *(Hint: Tell where these places are in your community. How do you get to each one?)*

a pie	en carro
en autobús	en moto
en metro	en bicicleta
en taxi	en tren

modelo

la librería

La librería está lejos de mi casa. Está al lado de una farmacia grande. Voy a la librería en autobús.

1. farmacia
2. librería
3. zapatería
4. joyería
5. pastelería
6. centro comercial
7. tienda de música y videos
8. iglesia

MÁS COMUNICACIÓN p. R1

Regular Affirmative tú Commands

To tell a person to do something, use an affirmative command. Tú commands are used with friends or family. The regular affirmative tú command is the same as the **él/ella** form of the present tense.

Infinitive	Simple Present	Affirmative tú Command
caminar	(él, ella) **camina**	¡Camina!
comer	(él, ella) **come**	¡Come!
abrir	(él, ella) **abre**	¡Abre!

Carlos says:

—**Camina** por esta calle... **Cruza** el parque...
Walk down this street... **Cross** the park...

If you use a command with a **direct object pronoun**, attach the pronoun to the end of the command.

Cruza el parque.   ¡**Crúzalo**!   If needed, add
Cross the park.   **Cross it!**   an **accent** when you
attach a pronoun to retain
the original stress.

Vocabulario

Las direcciones

cruzar *to cross*

doblar *to turn*

quedar (en) *to be (in a specific place), to agree on*

la cuadra *city block*

derecho *straight ahead*

desde *from*

hasta *until, as far as*

¿Cómo vas a la escuela?

ACTIVIDAD
14 Gramática

♻ ¡Hay mucho que hacer en Oaxaca!

Escribir Escribe seis actividades que debe hacer tu compañero(a) en Oaxaca. *(Hint: Write six activities that a classmate should do while in Oaxaca.)*

modelo

jugar al tenis
Juega al tenis.

escribir tarjetas postales

visitar los museos

escuchar música regional

pasear por las plazas

comer bien

sacar muchas fotos

hablar con la gente

leer revistas en español

ACTIVIDAD 15 Gramática

♻ ¿A quién invitamos?

Hablar Conversa con tu compañero(a) sobre las personas que van a invitar a una fiesta. *(Hint: Take turns with a classmate asking about the people you are going to invite to a party.)*

modelo

Pedro

Estudiante A: *¿Invito a **Pedro**?*

Estudiante B: *Sí, ¡invítalo! Es muy divertido y simpático. (Sabe bailar bien, etc.)*

1. María
2. Rafael, Gabriela y Tomás
3. Rubén
4. mis primos
5. Julio y Luis
6. Mónica

MÁS PRÁCTICA *cuaderno* p. 8

PARA HISPANOHABLANTES *cuaderno* p. 6

> **Online Workbook**
> CLASSZONE.COM

ACTIVIDAD 16

♻ ¿Qué hago primero?

Hablar Carlos tiene que hacer muchas cosas hoy. Le pregunta a Rosa qué debe hacer primero.
(Hint: Carlos has many things to do. He asks Rosa what to do first.)

modelo

¿trabajar en la tienda o comer?

Carlos: *¿Qué hago primero? **¿Trabajo en la tienda o como?***

Rosa: *Primero, come. Después, trabaja en la tienda.*

1. ¿ver la televisión o terminar la tarea?
2. ¿abrir la tienda o correr por el parque?
3. ¿escribir una carta o leer un libro?
4. ¿estudiar para un examen o cenar?
5. ¿visitar un museo o sacar fotos?
6. ¿preparar la tarea o llamar a una amiga?

NOTA CULTURAL

Spanish-speaking countries use international road signs to guide drivers. Why? The signs use symbols instead of words, so foreign visitors who don't know Spanish can easily understand them.

 Circular por la derecha.

 No se permite doblar a la izquierda.

 No se permiten bicicletas.

 Límite de velocidad: 40 kilómetros por hora.

 Prohibida la entrada.

ACTIVIDAD 17

♻ ¡No tenemos tiempo!

Hablar Tu compañero(a) y tú tienen mucho que hacer pero no tienen tiempo en este momento. Conversen sobre cuándo van a hacer cada cosa. *(Hint: You and a classmate have many things to do, but you do not have time at the moment. Take turns telling each other when to do an activity.)*

el viernes

esta tarde

el lunes

el miércoles

el sábado

mañana

ahora mismo

el martes

el jueves

esta noche

modelo

comprar unos jeans

Estudiante A: *Quiero **comprar unos jeans**, pero no tengo tiempo.*

Estudiante B: *¡Cómpralos el lunes!*

1. buscar las gafas de sol
2. visitar el museo del centro
3. leer un libro sobre un viaje
4. escribir una carta
5. preparar el almuerzo para la familia

ACTIVIDAD 18

¡De fiesta!

Hablar/Escribir Tú organizas una fiesta. Tu compañero(a) te pregunta cómo llegar a tu casa. *(Hint: You are having a party. Your classmate needs directions. Use direct object pronouns when necessary.)*

modelo

Estudiante A: *¿Camino derecho tres cuadras por la calle González Ortega? ¿Cruzo la calle?*

Estudiante B: *Sí, camina derecho tres cuadras por la calle González Ortega. Luego, crúzala.*

1. ¿Doblo a la izquierda y camino seis cuadras?
2. ¿Cruzo la plaza y camino una cuadra más?
3. Entonces, llego a la avenida Hidalgo. ¿La cruzo?
4. ¿Cruzo el parque?
5. ¿Camino por la calle Manuel?
6. ¿Primero, cruzo la avenida Ortiz?
7. ¿Después, circulo por la derecha?
8. ¿Camino dos cuadras más hasta la avenida Santiago?

NOTA CULTURAL

Oaxaca means "place of the **guaje**" in Nahuatl, a language of Mexico. The **guaje** is a large tree with pods and flowers. The pods sometimes look like gourds. Some say *Oaxaca* means "place of the gourds."

ACTIVIDAD 19

Una visita a Oaxaca

Hablar Trabaja en un grupo de tres. Tú estás en Oaxaca. Quieres saber cómo llegar a varios lugares. Les preguntas a dos jóvenes mexicanos (tus compañeros). *(Hint: Work in a group of three. You are in Oaxaca. You want to find out how to get to various places. You ask two Mexican teenagers.)*

modelo

el parque → el teatro (Estás en el parque. Vas al teatro.)

Estudiante A: *Perdona. ¿Cómo llego al teatro?*

Estudiante B: *Lo siento, pero no sé. No vivo por aquí.*

Estudiante A: *Perdona. ¿Puedes decirme dónde queda el teatro?*

Estudiante C: *Cómo no. Camina derecho dos cuadras por la avenida Independencia hasta la calle 5 de Mayo. El teatro está en la esquina.*

1. el correo → el mercado
2. el mercado → la catedral
3. el Zócalo → la tienda de artesanías
4. la catedral → la iglesia
5. la iglesia → el parque
6. la tienda de artesanías → el correo

Vocabulario

Direcciones, por favor

Perdona(e), ¿cómo llego a…? *Pardon, how do I get to…?*

¿Puedes (Puede usted) decirme dónde queda…? *Could you tell me where…is?*

¿Queda lejos? *Is it far?*

Las respuestas

¡Cómo no! *Of course!*

Lo siento… *I'm sorry…*

acá/aquí *here*

allá/allí *there*

el camino *road*

la dirección *address, direction*

¿Cómo explicas las direcciones?

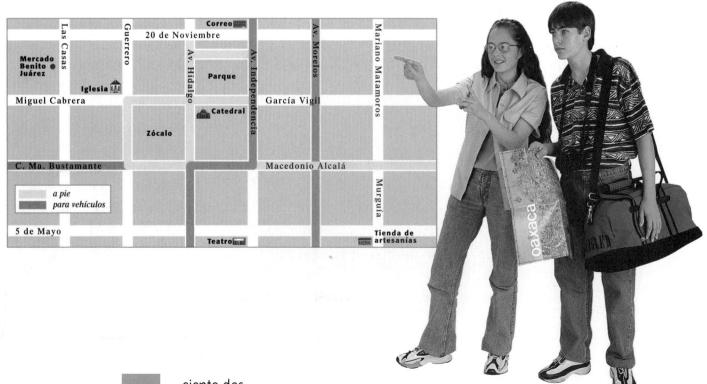

¿Puede usted decirme...?

Escuchar Rosa le pregunta a un policía cómo llegar a la librería. Escucha la conversación. Indica dónde están la librería, la papelería y el correo. *(Hint: Rosa asks a police officer how to get to the bookstore. Listen to the conversation to tell on which blocks la librería, la papelería, and el correo are.)*

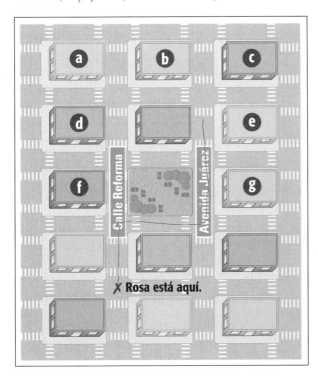

X Rosa está aquí.

¿Quieres venir?

Escribir Invitas a un(a) amigo(a) a tu casa después de las clases. Escríbele instrucciones (reales o imaginarias) para llegar a tu casa. *(Hint: You invite a new friend to visit you at home after school. Write directions [real or imaginary] for how to get to your house from school.)*

modelo

Mi casa está cerca de la escuela. Cuando sales de la escuela, camina a la derecha. Después de dos cuadras, vas a ver una casa blanca y grande. Dobla a la derecha y camina por la calle Río Grande por tres cuadras. Nuestra casa es a la izquierda. Es una casa azul.

Nota

Addresses with numbers that have more than two digits can be expressed by pairing digits.

284 Connecticut Avenue

—Vivo en la avenida Connecticut, dos ochenta y cuatro.

1340 Main Street

—Vivo en la calle Main, trece cuarenta.

■ MÁS COMUNICACIÓN p. R1

Online Workbook
CLASSZONE.COM

Pronunciación

Refrán

Pronunciación de la r When the letter **r** occurs in the middle of a word and between two vowels, it is pronounced by a single tap of your tongue just behind your teeth. It feels like the English *d* when you say the words *buddy* or *ladder*. To practice the tap **r**, pronounce these words. Then try the **refrán**. Can you guess what it means?

la joyería   la panadería   la papelería   la pastelería   la zapatería

Hay que ver para creer.

En voces

LECTURA

Benito Juárez,

PARA LEER

STRATEGY: READING

Recognizing sequence Charts can help you remember the events of a story in the order they happen. For example, when you read a biography, you can list the events in the person's life chronologically. As you read this selection complete a chart like the one below.

Benito Juárez	
Event	Stage in Life
• loses parents	• 3 years old
• worked as a shepherd	• a boy

En 1806 (mil ochocientos seis), en un pueblo del estado de Oaxaca, nace[1] un niño. Se llama Benito. Cuando Benito tiene sólo tres años, su mamá y su papá se mueren[2]. Un tío lleva a Benito a vivir a su casa, pero Benito tiene que trabajar porque la familia es pobre[3]. El tío le dice: —Benito, tienes que cuidar a los corderitos[4] en la montaña.

Y entonces, Benito trabaja todos los días de pastorcito[5]. Un día, decide salir del pueblo porque quiere una vida mejor. Llega a la capital

[1] is born [3] poor [5] shepherd
[2] die [4] young sheep

un oaxaqueño por excelencia

y conoce a un buen hombre, Antonio Salanueva. El señor Salanueva le enseña a Benito a hablar español (antes, sólo hablaba zapoteco, el idioma nativo regional). El señor Salanueva también le enseña a leer y a escribir. Después de muchos años de estudio, llega a ser abogado[6]. Se dedica a ayudar a la gente pobre.

Los mexicanos conocen a Benito como un hombre bueno, serio y muy trabajador y ¡lo quieren para gobernador del estado! Trabaja mucho e, increíblemente, llega a ser presidente de toda la República Mexicana.

¡Así es que el humilde Benito va de pastorcito a presidente!

---

[6] lawyer

¿Comprendiste?

1. ¿De dónde es Benito?
2. ¿Cómo trabaja de niño?
3. ¿Cuál es su profesión de adulto?
4. ¿Qué idiomas habla?
5. ¿Qué llega a ser?

¿Qué piensas?

1. ¿Conoces a alguna persona cuya vida es similar a la de Benito Juárez? ¿Cómo son similares las dos personas?
2. ¿Qué te parece esta historia? ¿Crees que mucha gente puede hacer lo mismo que Benito Juárez?

Online Workbook CLASSZONE.COM

En uso

REPASO Y MÁS COMUNICACIÓN

OBJECTIVES

• Identify places
• Give addresses
• Choose transportation
• Request directions
• Give instructions

Now you can...

• identify places.

• give addresses.

To review

• prepositions of location, see p. 97.

 ACTIVIDAD 1 ¡Al centro!

Explícale al nuevo estudiante adónde vas cuando quieres hacer las siguientes cosas. *(Hint: Explain to the new student where you go when you want to do the following things.)*

modelo

comprar zapatos (detrás de)

*Cuando quiero **comprar zapatos,** voy a la zapatería. Está **detrás de** la tienda de música y videos. La dirección es avenida Flores, setenta y nueve.*

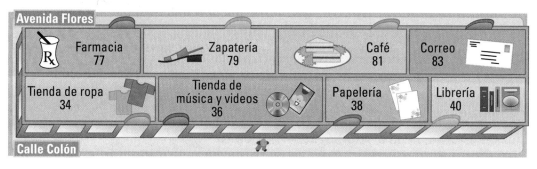

Avenida Flores

| Farmacia 77 | Zapatería 79 | Café 81 | Correo 83 |
| Tienda de ropa 34 | Tienda de música y videos 36 | Papelería 38 | Librería 40 |

Calle Colón

1. comprar papel (a la derecha de)
2. comprar jeans (a la izquierda de)
3. tomar un refresco (entre)
4. comprar medicina (detrás de)
5. mandar una carta (al lado de)
6. comprar un libro (a la derecha de)
7. alquilar un video (entre)
8. comprar zapatos (a la izquierda de)

Now you can...

• give instructions.

To review

• regular affirmative **tú** commands, see p. 99.

 ACTIVIDAD 2 Para sacar buenas notas...

Tu amigo(a) quiere sacar buenas notas. Contesta sus preguntas con mandatos afirmativos. *(Hint: Your friend wants to get good grades. Answer the questions with affirmative commands.)*

modelo

¿Uso el diccionario?　　*Sí, **úsalo.***

1. ¿Preparo la tarea?
2. ¿Leo el libro?
3. ¿Miro los videos?
4. ¿Aprendo el vocabulario?
5. ¿Estudio las lecciones?
6. ¿Escribo un poema?
7. ¿Compro una calculadora?
8. ¿Tomo los exámenes?

Now you can...

• request directions.

To review

• prepositions
of location,
see p. 97.

ACTIVIDAD **3** **¿Dónde queda?**

Estás visitando un pueblo y necesitas direcciones para llegar a un
banco. Hablas con un policía. Completa la conversación con las
expresiones correctas. *(Hint: You are visiting a town and you need directions to get to
the bank. You speak with a police officer. Complete the conversation with the correct expressions.)*

Tú: (**Oye / Perdone**). Señor, ¿(**puede / puedo**) usted decirme dónde
está el banco?

Policía: ¡Cómo (**no / sí**)! El banco no queda (**cerca / lejos**). Está a sólo tres
(**lados / cuadras**) de aquí. Primero, hay que caminar (**derecho /
detrás**) por la avenida Olmos hasta llegar a la plaza. Allí, (**dobla /
llega**) a la derecha en la calle San Juan y (**queda / camina**) una
cuadra. Entonces, (**cruza / camina**) la calle Sonora. El banco queda
en la esquina.

Tú: Muchas gracias, señor. ¿Y (**hay / puede**) un café cerca del banco?

Policía: Sí. El Café Romano está (**al lado / entre**) del banco. Es excelente. Y si
necesitas mandar cartas, el correo queda (**derecho / a la izquierda**)
del café.

Now you can...

• choose
transportation.

To review

• the verb **decir,**
see p. 94.

• the verb **salir,**
see p. 95.

ACTIVIDAD **4** **¡Salgo hoy!**

Todos salen para diferentes lugares. Explica adónde van, qué
dicen del lugar adónde van y cómo van a viajar. *(Hint: Everyone is
going someplace different. Explain where they are going, what they say about the place
they are going, and how they are going to travel.)*

modelo

mi vecino: México (es muy interesante)
Mi vecino sale para **México.** Dice que **es muy
interesante.** Va en carro.

1. mi primo: España (es muy especial)

2. nosotros: Los Ángeles (es fantástico)

3. ustedes: la Ciudad de México (es muy divertida)

4. yo: Puerto Rico (es muy bonito)

5. Marta y Ramón: la playa (es divertida)

6. usted: el centro (no es aburrido)

ACTIVIDAD 5 — ¿Cómo llego?

PARA CONVERSAR • STRATEGY: SPEAKING

Use variety to give directions When you give directions, don't just speak. Make your directions clear by using gestures, pointing to a map, and repeating key information. This helps others make sense of your words.

Trabajas en una tienda. Explícale a un(a) turista cómo llegar a tres lugares. Antes de explicar, haz un mapa como ayuda. (Mira el ejemplo de abajo.) Cambien de papel. *(Hint: You work in a store. Explain to a tourist how to get to three places. Before you explain, make a map to help you. See the example below. Change roles.)*

modelo

Turista: *Perdone, señor(ita), ¿cómo llego a la iglesia?*

Tú: *Camina tres cuadras por la avenida Juárez. La iglesia está a la izquierda en la esquina.*

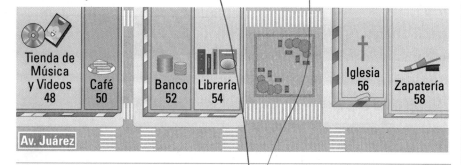

Tienda de Música y Videos 48 | Café 50 | Banco 52 | Librería 54 | Iglesia 56 | Zapatería 58

Av. Juárez

ACTIVIDAD 6

En tu propia voz

Escritura Hay una nueva estudiante que no conoce tu comunidad. Usa las siguientes expresiones para darle siete recomendaciones. *(Hint: There's a new student who doesn't know the community. Use the following phrases to make seven suggestions.)*

comer	caminar
visitar	practicar deportes
nadar	jugar
correr	ver películas
patinar	alquilar videos
comprar	mandar cartas
pasear	buscar libros

modelo

Compra ropa en el centro comercial Park Plaza.

Conexiones

La educación física Different regions in Mexico have their own special folk music, dances, and costumes. For example, in one Oaxacan folk dance, women balance filled glasses on their heads! Research other Mexican folk dances in the library and/or on the Internet. Then teach a dance to your class. Answer these questions about the dance.

¿De qué región es la danza?

¿Qué representa la danza?

¿En qué ocasión la bailan?

¿Cómo es la música?

¿Qué ropa llevan los danzantes?

En resumen

REPASO DE VOCABULARIO

IDENTIFYING PLACES

el aeropuerto	airport
el banco	bank
el café	café
la carnicería	butcher's shop
el centro	center, downtown
el centro comercial	shopping center
el correo	post office
la estación de autobuses	bus station
la farmacia	pharmacy, drugstore
el hotel	hotel
la iglesia	church
la joyería	jewelry store
la librería	bookstore
la panadería	bread bakery
la papelería	stationery store
la pastelería	pastry shop
la plaza	town square
la tienda de música y videos	music and video store
la zapatería	shoe store

GIVING ADDRESSES

la avenida	avenue
la calle	street
el camino	road
la dirección	address, direction

CHOOSING TRANSPORTATION

a pie	on foot
el autobús	bus
el avión	airplane
el barco	ship
el carro	car
el metro	subway
la moto(cicleta)	motorcycle
el taxi	taxi, cab
el tren	train

REQUESTING DIRECTIONS

Requesting

Perdona(e), ¿cómo llego a…?	Pardon, how do I get to…?
¿Puedes (Puede usted) decirme dónde queda…?	Could you tell me where … is?
¿Queda lejos?	Is it far?
acá/aquí	here
allá/allí	there

Replying

¡Cómo no!	Of course!
Lo siento…	I'm sorry…
cerca (de)	near (to)
cruzar	to cross
la cuadra	city block
delante (de)	in front (of)
a la derecha (de)	to the right (of)
derecho	straight ahead
desde	from
detrás (de)	behind
doblar	to turn
enfrente (de)	facing
entre	between
la esquina	corner
hasta	until, as far as
a la izquierda (de)	to the left (of)
al lado (de)	beside, next to
lejos (de)	far (from)
quedar (en)	to be (in a specific place), to agree on

OTHER WORDS AND PHRASES

la cosa	thing
decir	to say, to tell
manejar	to drive
el mapa	map
por	for, by, around
salir	to go out, to leave
viajar	to travel
el viaje	trip

Juego

¿Adónde van los jóvenes?

Viajo en avión. ¿Adónde voy?

Adriana

No estoy bien y necesito medicina. ¿Adónde voy?

Andrés

Necesito pesos. No tengo suficiente en casa. ¿Adónde voy?

Arturo

UNIDAD 4

ETAPA

2

En el mercado

OBJECTIVES

- Talk about shopping

- Make purchases

- Talk about giving gifts

- Bargain

¿Qué ves?

Mira la foto del centro de Oaxaca.

1. ¿Hace buen tiempo?

2. ¿Quiénes llevan camisetas azules?

3. ¿Quiénes llevan vestidos?

4. ¿Qué hace la mujer?

En contexto

VOCABULARIO

ARTESANÍAS

Sofía is going shopping at the market in Oaxaca. She sees all kinds of things. Find out what items interest her the most.

el mercado

A

¡Hola! Voy al **Mercado Benito Juárez**. Allí compro **el regalo** perfecto.

el regalo

los artículos de cuero

las botas

la bolsa

el cinturón

la cartera

B Hay **artículos de cuero**, como botas, una bolsa, un cinturón y una cartera. ¿Qué voy a comprar?

las joyas

las pulseras

plata

los anillos

los aretes

oro

el collar

C Me gusta usar **las joyas** de **oro** y de **plata**. Voy a **poder** comprar **aretes**, **anillos**, **pulseras** y **collares** aquí.

CERÁMICA

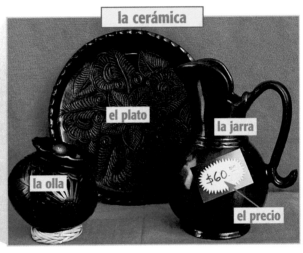

la cerámica

el plato

la jarra

la olla

$60.00

el precio

D Hay muchas **artesanías** aquí. Hay **cerámica**, como **jarras, ollas** y **platos. El precio** de la jarra es 60 pesos.

pagar

el dinero

JARRAS $75.00

E En el mercado es divertido **regatear**.

Sofía: ¿**Me deja ver** la jarra? ¿Cuánto cuesta?
Vendedor: Cincuenta pesos.
Sofía: ¡Es muy cara! No tengo suficiente **dinero**. **Le puedo ofrecer** treinta y cinco pesos.
Vendedor: **Le dejo** la jarra **en** cuarenta pesos.
Sofía: Bueno.
Vendedor: ¿Cómo va a **pagar**?

Online Workbook
CLASSZONE.COM

Preguntas personales

1. ¿Te gustan las artesanías?
2. ¿Prefieres las joyas o las artesanías?
3. Cuando vas a un mercado, ¿regateas o pagas el precio?
4. ¿Qué joya quieres comprar?
5. ¿Tienes un artículo de cuero? ¿Cuál?

En vivo

VIDEO DVD AUDIO

 DIÁLOGO

 Rosa

 Sofía

 Carlos

 Vendedor

¡A regatear!

PARA ESCUCHAR • STRATEGY: LISTENING

Observe as you listen Look carefully as you listen to understand meaning from visual cues. Look for items that belong in specific categories. Write the items in the appropriate column in a chart.

cerámica	cuero	música	joyas

1 ▶ Sofía: ¿Qué le vas a comprar a tu mamá?

Rosa: Quiere una olla de barro negro. Los mercados son muy interesantes y puedes regatear.

5 ▶ Carlos: ¿Almorzamos juntos mañana? Podemos ir a mi restaurante favorito. Almuerzo allí cada ocho días. Voy a participar en un concurso y quiero sus opiniones.

Rosa: Me parece ideal.

6 ▶ Carlos: Entonces hasta mañana, a la una, en el restaurante La Madre Tierra. ¿Recuerdas cómo llegar al restaurante?

Sofía: Sí, Carlos, recuerdo dónde está.

Carlos: ¡Adiós!

Rosa: ¡Hasta mañana!

7 ▶ Vendedor: ¡Ollas, platos, jarras! Aquí encuentra el regalo perfecto…

Rosa: ¿Me deja ver esta olla grande? ¿Cuánto cuesta?

Vendedor: Las ollas grandes cuestan 70 pesos cada una.

2 ► **Rosa:** Mira, es el nuevo disco compacto de mi grupo favorito.

Sofía: Tienes que comprarle un regalo a tu mamá.

3 ► **Rosa:** Vuelvo si me queda dinero.

Sofía: ¡Carlos! ¡Qué sorpresa! Te presento a mi prima. Es de la Ciudad de México.

4 ► **Carlos:** Sí, ya lo sé. Hola, Rosa. ¿Qué onda?

Sofía: ¿Tú conoces a Rosa? ¿Cómo?

Carlos: Es nuestro secreto, ¿verdad?

8 ► **Rosa:** ¡Es muy cara! Le puedo ofrecer 50 pesos.

Vendedor: Ay, señorita, tengo que ganarme la vida, ¿no? Le dejo la olla en 65.

9 ► **Rosa:** ¿Por qué no me da la olla por 60?

Vendedor: Muy bien. Quedamos en 60.

Rosa: Muchísimas gracias, muy amable.

Vendedor: De nada.

Sofía: Muy bien, Rosa. Ahora tienes el regalo para tu mamá.

10 ► **Sofía:** ¿Tienes dinero suficiente para el disco compacto?

Rosa: Sí, creo que sí. ¿Sabes?, quiero comprarle un regalo a Carlos. Le doy el disco compacto mañana. ¿Por qué no volvemos a esa tienda de música?

En acción

VOCABULARIO Y GRAMÁTICA

ACTIVIDAD 1

¿Qué pasa?

Escuchar Completa las oraciones sobre el diálogo. *(Hint: Complete the statements about the dialog.)*

1. Rosa va a comprarle un regalo a _____.
   a. su prima Sofía
   b. su madre
   c. su tía

2. La _____ de Sofía es de la Ciudad de México.
   a. mamá
   b. prima
   c. amiga

3. Mañana Sofía va a _____ con Carlos y Rosa.
   a. escuchar música
   b. almorzar
   c. comprar ollas

4. Rosa paga _____ pesos por la olla grande para su mamá.
   a. 75
   b. 50
   c. 60

5. Rosa piensa comprarle _____ a Carlos.
   a. una olla
   b. un disco compacto
   c. un plato

¿Quién?

Escuchar ¿Quién habla en cada caso: Carlos, Rosa, Sofía o el vendedor? *(Hint: Who is speaking in each case: Carlos, Rosa, Sofía, or the vendor?)*

Carlos · Rosa · Sofía · Vendedor

1. «Mira, es el nuevo disco compacto de mi grupo favorito.»
2. «¡Carlos! ¡Qué sorpresa!»
3. «¿Tú conoces a Rosa? ¿Cómo?»
4. «¡Ollas, platos, jarras!»
5. «Muy bien, Rosa. Ahora tienes el regalo para tu mamá.»
6. «¿Almorzamos juntos mañana?»

¿Quién lo tiene?

Hablar ¿Quién tiene qué?
(Hint: Who owns what?)

1. On a sheet of paper, write down five items from the list below.

2. Then ask different classmates if they have any of these items.

3. When classmates answer **sí**, have them sign their name next to the item. How fast can you get five signatures?

- un video de *(name of movie)*
- un disco compacto de *(name of musician/s)*
- un anillo de *(oro o plata)*
- una pulsera *(roja, azul, etc.)*
- unos aretes *(negros, etc.)*
- una cartera *(nueva o vieja)*
- unas botas *(viejas o nuevas)*

También se dice

There are many ways to ask people how they are doing. Throughout the Spanish-speaking world you will hear **¿Qué tal?**, **¿Qué pasa?**, or **¿Qué hay?** In Mexico, you may also hear **¿Qué onda?** or **¿Qué hubo?**

¿Qué onda?

117

Los planes

Leer/Escribir Completa la carta de Rosa con una de las expresiones. *(Hint: Complete Rosa's letter.)*

artículos de cuero	mercado	para
cartera	olla	precio
cinturón	pagar	regalo

Nota

Use **para** *(for, in order to)* to indicate…

- the recipient of items   …el regalo **para** tu mamá.
- purpose   Vamos al restaurante **para** comer.
- implied purpose   Tengo dinero **para** [comprar] algo.

Querida Emiliana:

Hoy voy al __1__ con mi prima Sofía. Tengo que comprar un __2__ de cumpleaños __3__ mi mamá. Ella quiere una __4__ negra. No sé qué __5__ tiene una olla, pero Sofía dice que no voy a __6__ más de setenta pesos. Si Sofía tiene razón, voy a tener suficiente dinero __7__ comprar algo para mi papá también. Él prefiere los __8__. Entonces, voy a comprar una __9__ o un __10__ para él. ¡Ay! Son las ocho. Me tengo que ir. Sofía me está esperando.

Hasta pronto,

Rosa

♻ En la tienda

Hablar Trabajas en una tienda. Una persona quiere saber los precios de unas cosas. ¿Qué dices? Cambien de papel. *(Hint: You work in a shop. Someone wants to know the prices. Take turns asking and giving the prices of different items.)*

modelo

aretes / $75

Estudiante A: *¿Cuánto cuestan los **aretes**?*

Estudiante B: *Cuestan **setenta y cinco pesos**.*

Nota

When asking or giving the price of a single item, use **cuesta**. When asking or giving the price of more than one item, use **cuestan**.

¿Cuánto cuesta el anillo?

¿Cuánto cuestan los aretes?

1. pulsera / $84
2. collar / $98
3. anillo / $60
4. bolsa / $75
5. cinturón / $32
6. botas / $95

NOTA CULTURAL

The region of Oaxaca was civilized long before the Spanish arrived. People have been living there since 900 B.C. Oaxaca's population has kept much of its original heritage intact. The region is known worldwide for the work of its artisans.

GRAMÁTICA

Stem-Changing Verbs: o → ue

pensar *to think, to plan*

pienso	**pens**amos
piensas	**pens**áis
piensa	**piens**an

♻ **¿RECUERDAS?** *p. 67* Remember verbs like **pensar**, where the stem alternates between **e** and **ie**?

▶ Something similar happens with verbs like **almorzar** *(to eat lunch)*. The stem alternates between **o** and **ue**.

almorzar *to eat lunch*

almuerzo	**almorzamos**
almuerzas	**almorzáis**
almuerza	**almuerzan**

The stem doesn't change for the **nosotros(as)** *(we)* or **vosotros(as)** *(you)* form.

Carlos says:

—**Almuerzo** allí cada ocho días.
I eat lunch *there every week.*

▶ Many other verbs have this same kind of change in their stem.

The vendor says:

—Aquí **encuentra** el regalo perfecto…
*Here **you'll find** the perfect gift…*

—Las ollas grandes **cuestan** 70 pesos…
*The big pots **cost** 70 pesos…*

Vocabulario

Stem-Changing Verbs: o → ue

almorzar *to eat lunch*

contar *to count, to tell or retell*

costar *to cost*

devolver *to return (an item)*

dormir *to sleep*

encontrar *to find, to meet*

poder *to be able, can*

recordar *to remember*

volver *to return, to come back*

¿Qué haces cada día? ¿Cada semana?

ACTIVIDAD 6 Gramática

¿Dónde vive?

Escribir Completa las oraciones con la forma correcta del verbo **poder** o **encontrar**. *(Hint: Use the correct form of poder or encontrar.)*

Enrique no __1__ recordar dónde vive Luis. __2__ a Luis en la clase. —¿ __3__ darme otra vez tu dirección? —le pregunta. —Sí, __4__ darte mi dirección, pero nosotros __5__ encontrarnos después de la escuela. —Bien. Te __6__ después de la escuela. Hasta las tres.

ACTIVIDAD 7 Gramática

¿Adónde van?

Leer/Escribir Sofía y Rosa hablan con la mamá de Sofía. Completa la conversación con la forma correcta de cada verbo. *(Hint: Complete the conversation with the correct verb and verb form.)*

Rosa: Vamos al mercado para ver si yo __1__ (encontrar / poder) un regalo.

Mamá: ¿ __2__ (volver / recordar) ustedes para almorzar?

Sofía: No. Nosotras __3__ (contar / almorzar) en un café. Y tú, ¿adónde vas?

Mamá: Voy a la zapatería para ver cuánto __4__ (poder / costar) los zapatos.

Rosa: Tía, si yo __5__ (recordar / dormir) bien, la zapatería está cerca del correo, ¿no?

Mamá: Sí, tú __6__ (almorzar / recordar) bien.

> **MÁS PRÁCTICA** *cuaderno* p. 13

> **PARA HISPANOHABLANTES** *cuaderno* p. 11

Online Workbook
CLASSZONE.COM

ACTIVIDAD 8

♻ ¿Pedir permiso?

Hablar Tus primos te visitan. Ustedes tienen que pedirle permiso a tu mamá para salir. Ella pregunta a qué hora van a volver ustedes. *(Hint: You have to ask your mother for permission to go out. She wants to know what time you will return.)*

modelo

mis primos y yo → cine **8:30**

Estudiante A: *Mamá, ¿podemos ir al cine?*

Estudiante B: *¿A qué hora vuelven?*

Estudiante A: *Volvemos a las ocho y media.*

1. yo → almacén **3:30**

2. los primos → centro comercial **4:00**

3. Miguel y yo → mercado **5:30**

4. Marta → joyería **2:30**

5. las primas → farmacia **4:30**

ACTIVIDAD 9

♻ ¿Qué usa?

Escuchar Rosa le explica a Sofía cómo va a varios lugares en la capital. ¿Qué transporte usa para ir a cada lugar? *(Hint: Say what transportation Rosa uses.)*

1. carro
2. metro
3. taxi
4. a pie
5. autobús

a. la escuela
b. la clase de piano
c. el parque
d. el museo
e. la casa de los abuelos

ACTIVIDAD 10

¿Qué tienen en común?

Hablar Circula por la clase. Pregúntales a tus compañeros lo siguiente. Toma apuntes. Explícale a la clase las cosas que tienen en común. *(Hint: Ask classmates these questions. Take notes. Report to the class what you have in common.)*

modelo

Estudiante A: *¿A qué hora vuelves a casa los sábados por la noche?*

Estudiante B: *Generalmente vuelvo a las diez. ¿Y tú?*

Estudiante C: *Vuelvo a las diez también.*

(A la clase:) *Susana y yo volvemos a casa a las diez los sábados por la noche.*

1. ¿A qué hora almuerzas?
2. ¿Dónde encuentras tus libros en casa?
3. ¿Qué les cuentas a tus amigos? ¿Secretos? ¿Información importante?
4. ¿A qué hora vuelves a casa después de las clases?
5. ¿Cuántas horas duermes cada noche?

ACTIVIDAD 11 ## Le puedo ofrecer...

PARA CONVERSAR STRATEGY: SPEAKING

Express emotion Bargaining is the art of compromise with a little emotion.

React: ¡Qué bonito! ¡Qué chévere! ¡Qué bien!

Get someone's attention: Perdone…

Agree: Creo que sí. Claro que sí. Está bien.

Disagree: Creo que no. Gracias, pero no puedo.

Hablar Estás en un mercado. Necesitas comprar unas cosas. Con otro(a) estudiante, regatea. Cambien de papel. ¡La conversación puede variar mucho! *(Hint: Bargain with a classmate.)*

modelo

Estudiante A: *¿Cuánto cuestan los aretes?*

Estudiante B: *Ochenta pesos.*

Estudiante A: *¡Es demasiado! Le puedo ofrecer setenta pesos.*

Estudiante B: *¡Son muy baratos! Son de buena calidad. Le dejo los aretes en setenta y cinco pesos.*

Estudiante A: *Bueno, los llevo. Pago en efectivo.*

MÁS COMUNICACIÓN p. R2

Vocabulario

Expresiones para regatear

Use these along with the expressions you learned in **En contexto** to complete **Actividad 11**.

barato(a) *cheap, inexpensive*

la calidad *quality*

cambiar *to change, to exchange*

el cambio *change, money exchange*

caro(a) *expensive*

demasiado(a) *too much*

el dólar *dollar*

el efectivo *cash*

perfecto(a) *perfect*

la tarjeta de crédito *credit card*

¿Qué palabras usas cuando regateas?

Indirect Object Pronouns

¿RECUERDAS? *p. 76* You learned that direct object pronouns can be used to avoid repetition of the noun and answer the question *whom?* or *what?* about the verb.

replaces

—Pues, ya tienes **ropa de verano.**
*You already have **summer clothing.***

—Claro que la tengo.
*Of course I have **it.***

Indirect objects are **nouns** that tell *to whom/what* or *for whom/what.*
Indirect object pronouns replace or accompany **indirect objects.**

Singular	Plural
me	nos
me	*us*
te	os
you (familiar)	*you (familiar)*
le	les
you (formal), him, her	*you, them*

Notice that indirect object pronouns use the same words as direct object pronouns except for le and les.

accompanies   *replaces*

Rosa le compra una olla **a su madre.**
*Rosa buys a pot **for her mother.***

Rosa le compra una olla.
*Rosa buys a pot **for her.***

The pronouns le and les can refer to different **indirect objects.** To clarify what they mean, they are often accompanied by:

a + **name, noun,** or **pronoun**

Rosa le compra una olla.
*Rosa buys a pot **for her.***

Rosa le compra una olla **a** su madre.
*Rosa buys a pot **for her mother.***

To add emphasis use

a + **pronoun**

A mí me compro unos aretes.
*I'm buying **myself** some earrings.*

De compras

Hablar/Escribir Completa las oraciones con **me, te, le, les** o **nos.** *(Hint: Complete the sentences with me, te, le, los, or nos.)*

1. A la mamá de Rosa ____ encantan las ollas de barro negro.

2. Rosa ____ pregunta el precio de la olla al vendedor.

3. A mí no ____ gusta regatear.

4. A nosotros ____ encantan las tiendas de video.

5. ¿A ti ____ gustan los mercados?

6. A Rosa y a Carlos ____ encanta tener un secreto.

7. El vendedor ____ deja un buen precio a Rosa.

8. A nosotros ____ encanta ir de compras.

9. ____ compro a ti una jarra en Oaxaca.

10. Pero señor, a mí ____ parece muy caro.

Juego

¿Lidia le da la lila a Lola, o quiere darle Lola la lila a Lidia?

¡Cuántos regalos!

Escribir Es el cumpleaños de la mamá de Rosa. Muchas personas le dan regalos. ¿Qué le dan? *(Hint: It is Rosa's mother's birthday. Many people give her gifts. What do they give?)*

modelo

Rosa: un collar de plata

Rosa le da **un collar de plata**.

Nota

Dar means *to give*. It has an irregular **yo** form: **doy**. Its other forms are regular, except the **vosotros** form, which has no accent.

1. su esposo: un collar de oro

2. nosotros: una bolsa

3. sus hijos: una pulsera

4. su hermano: una jarra de barro negro

5. yo: un disco compacto

6. tú: un video

7. Sofía: unos aretes

MÁS PRÁCTICA *cuaderno* p. 14–15

PARA HISPANOHABLANTES *cuaderno* p. 12–13

Online Workbook
CLASSZONE.COM

Regalos para todos

Escuchar Rosa va a la tienda de música y videos. ¡Compra muchos regalos! Escucha a Rosa y escribe lo que les compra a las personas. *(Hint: Rosa goes to the music and video store. She buys a lot of gifts! Write what she buys for everyone.)*

modelo

Rosa le compra **un disco compacto** a la profesora Díaz.

a. b.

c. d. e.

Para tu cumpleaños

Hablar Conversa con tu compañero(a) sobre los regalos que reciben de estas personas en sus cumpleaños. *(Hint: Talk about the gifts you received for your birthday.)*

modelo

tus padres

Estudiante A: ¿Qué te dan **tus padres**?

Estudiante B: Me dan casetes.

1. tu hermano(a)
2. tus amigos
3. tu tío(a)
4. tus abuelos
5. tu primo(a)

Vocabulario

En la tienda de música y videos

el casete   **el disco compacto**   **el radio**   **el radiocasete**

el video   **la videograbadora**   **el videojuego**

¿Qué te gusta usar?

Placement of Indirect Object Pronouns

How do you know where **indirect object pronouns** go in a sentence? They work just like **direct object pronouns.**

• When the pronoun accompanies a **conjugated verb**, the **pronoun** comes **before** the verb.

before

Rosa **le compra**
una olla a su madre.

Rosa buys her mother a pot.

• But when the **pronoun** accompanies a sentence with an **infinitive**, it can either go **before** the **conjugated verb** or be **attached** to the end of the **infinitive**:

attached

Rosa **quiere comprarle**
una olla a su madre.

Rosa wants to buy her mother a pot.

¿Qué debo regalarles?

Escribir Todos quieren dar los regalos a otros. Completa las oraciones. *(Hint: Everyone wants to give someone a present. Complete the sentences.)*

modelo

Rosa / una jarra a su mamá

Rosa quiere darle una jarra.

o: Rosa le quiere dar una jarra.

1. Yo / unos aretes a mis primas
2. Mis padres / un video a Luis
3. Carlos / un libro a ti
4. Mi amiga / una bolsa a mí
5. Mis padres / un regalo a nosotros

MÁS PRÁCTICA *cuaderno* p. 16

PARA HISPANOHABLANTES *cuaderno* p. 14

Online Workbook
CLASSZONE.COM

En la tienda

Hablar/Escribir Carlos está muy ocupado hoy. Acaba de vender muchas cosas en la tienda de su papá. ¿A quiénes les vendió cosas? *(Hint: Carlos is very busy today. He has just sold a lot in his father's store. To whom has Carlos sold things?)*

modelo

Carlos acaba de venderle una revista a Rosa.

o: Carlos le acaba de vender una revista a Rosa.

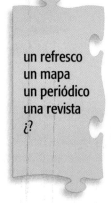

un refresco
un mapa
un periódico
una revista
¿?

a Rosa
a Rosa y a
   Sofía
a mí
a su vecino
¿?

¿Qué pasa?

Hablar Trabaja con un(a) compañero(a). Explica lo que pasa en estas escenas. Túrnense para describir cada escena. *(Hint: Work with a classmate to tell the story. Take turns describing each scene.)*

modelo

María Luisa llama a Daniel por teléfono. Lo invita a su fiesta de cumpleaños.

Conexiones

Las matemáticas Each of the towns and villages surrounding Oaxaca has a special market day. On Mondays the village of Miahuatlán features bread and leather goods. Etla's market day is Wednesday. People buy meat, cheese, and flowers. On Friday sellers in Ocotlán display their flowers, pottery, and textiles. And on Oaxaca's market day, Saturday, nearly everything imaginable is sold.

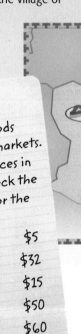

PARA HACER:

Here are some typical goods you would find at these markets. Convert the following prices in pesos to U.S. dollars. Check the newspaper or Internet for the current exchange rate.

1. pan de Miahuatlán $5
2. cinturón $32
3. queso de Etla $15
4. rosas $50
5. jarra $60

Etla

★ Oaxaca

Ocotlán

Miahuatlán

ACTIVIDAD 19

¡Cuéntame!

Hablar/Escribir Trabaja con un(a) compañero(a). Cada persona le hace estas preguntas a la otra persona. Toma apuntes. Explícale a la clase las cosas que tienen ustedes dos en común. *(Hint: Ask your partner the following questions. Take notes. Report to the class what you have in common.)*

1. ¿Quién te da ayuda cuando tienes problemas?
2. ¿Quién te da ayuda cuando no entiendes una tarea?
3. ¿Quién te da dinero cuando lo necesitas?
4. ¿Quién te da magníficos regalos?
5. ¿Quién te manda una carta interesante?
6. ¿Quién te escribe mucho correo electrónico?
7. ¿Quién te dice unos secretos?
8. ¿Quién te ofrece comida cuando tienes hambre?

ACTIVIDAD 20

Almacén SuperGanga

Hablar Trabaja con un(a) compañero(a). Necesitas decidir qué regalos vas a comprar para tu familia. También necesitas saber los precios. *(Hint: You want to buy some gifts for your family. Talk about items and prices with a partner.)*

modelo

Estudiante A: *Quiero comprarle el videojuego «El dragón gigante» a mi hermanito.*

Estudiante B: *¿Cuánto cuesta?*

Estudiante A: *Cuesta sesenta y siete pesos.*

MÁS COMUNICACIÓN p. R2

Online Workbook
CLASSZONE.COM

ALMACÉN SUPERGANGA
mayo

Especiales

Video
El futuro del planeta
94 pesos

Disco compacto
Las tortugas locas
40 pesos

85 pesos
Reloj Galaxia

94 pesos
Radio Juvenil
Arco iris

35 pesos
Casete
Super Estrella

67 pesos
Videojuego
El dragón gigante

Pronunciación

Erre con erre, guitarra, erre con erre, barril;
¡qué rápido corren los carros, los carros del ferrocarril!

Trabalenguas

Pronunciación de la rr The sound of the **rr** in Spanish is produced by rapidly tapping the roof of the mouth with the tip of the tongue.

Practice **rr** by repeating this tongue twister aloud. Use the pictures to help you figure out what it means.

ciento veintinueve
Oaxaca Etapa 2
129

En colores

CULTURA Y COMPARACIONES

PARA CONOCERNOS

STRATEGY: CONNECTING CULTURES

Compare bargaining customs Where does bargaining take place? How do people act when they bargain? Use a Venn diagram to compare bargaining in the United States to the kind of bargaining that Rosa did in the Mercado Benito Juárez in Oaxaca.

REGATEAR EN EE.UU. REGATEAR EN MÉXICO

1. ____   1. ____   1. ____
2. ____   2. ____   2. ____
3. ____   3. ____   3. ____
4. ____   4. ____   4. ____
5. ____   5. ____   5. ____

What do they have in common?

El Mercado Benito Juárez

El mercado tiene una gran variedad de cerámica y otras artesanías regionales. También hay plantas medicinales, productos textiles, frutas, verduras[1] y carnes[2]. El mercado es un festival de colores, texturas y aromas. Como[3] todos los mercados, el Benito Juárez es un lugar ideal para regatear.

[1] vegetables   [2] meats   [3] As, Like

NOTA CULTURAL

Benito Juárez (1806–1872) is the most famous Oaxacan in the history of Mexico. Of Zapotec origin, he was elected governor of Oaxaca and later president of Mexico. The market is named in his honor.

JUAREZ

Las cinco reglas[4] fundamentales para regatear

Regatear es un arte que necesitas practicar.
Estas reglas te van a ayudar.

1 Habla sólo español.

2 Actúa[5] como un(a) estudiante con poco dinero, no como un(a) turista rico(a)[6].

3 Escucha el primer precio. Después contesta: «¡Es demasiado!»

4 Pasa por otras tiendas para comparar los precios.

5 Siempre sonríe[7] al regatear. No cuesta dinero y a veces recibes mejores precios.

[4] rules   [5] Act   [6] rich   [7] smile

More About Mexico
CLASSZONE.COM

¿Comprendiste?

1. ¿Qué hay para comprar en el Mercado Benito Juárez?
2. ¿Cómo es el mercado?
3. ¿Cómo compras en este mercado?

¿Qué piensas?

1. En tu opinión, ¿cuál es la regla más importante para recibir un buen precio? ¿Por qué?
2. ¿Cuáles de estas reglas son efectivas? ¿Piensas que algunas reglas no son efectivas? Explica tu opinión.
3. Ya sabes unas reglas para regatear. Mira tu diagrama de Venn. ¿Quieres escribir algo más? ¿Quieres cambiar algo?

Hazlo tú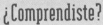

Con otro(a) estudiante prepara un diálogo. Van a regatear. Una persona puede ser el (la) vendedor(a). La otra puede ser el (la) cliente(a).

En uso

REPASO Y MÁS COMUNICACIÓN

Now you can...

• talk about shopping.

To review

• indirect object pronouns, see p. 123 and p. 126.

 1 ¿Qué nos va a comprar?

La abuela de Carlos conoce bien a su familia. ¿Qué les va a comprar?
(Hint: Carlos's grandmother knows her family well. What is she going to buy them?)

> **modelo**
>
> *Héctor y Eloísa: ver películas*
>
> A **Héctor y a Eloísa** les gusta **ver películas**. Entonces, ella va a comprarles un video. Cuesta **cincuenta y tres pesos.**

1. yo: usar artículos de cuero
2. mamá: llevar joyas
3. nosotros: escuchar música
4. tú: leer
5. papá: jugar al béisbol
6. los vecinos: tener cosas de cerámica

Now you can...

• make purchases.

To review

• stem-changing verbs: o → ue, see p. 120.

 **2 ¡De compras!**

Rosa y Sofía están de compras. Completa su conversación con el vendedor. *(Hint: Rosa and Sofía are shopping. Complete the conversation with the vendor.)*

Rosa: ¿Cuánto ___1___ (costar) los aretes?

Vendedor: ___2___ (recordar, yo) el precio. Los aretes ___3___ (costar) sólo 75 pesos.

Sofía: Rosa, ¿por qué no ___4___ (volver, nosotras) más tarde? ___5___ (poder, nosotras) almorzar en el Café Sol.

Rosa: ¿El Café Sol otra vez? Tú y yo siempre ___6___ (almorzar) allí.

Vendedor: Yo les ___7___ (poder) recomendar el nuevo Café Florida.

Rosa: Gracias, señor. Compro los aretes.

Sofía: ¡Qué suerte! Tú siempre ___8___ (encontrar) regalos baratos.

ACTIVIDAD 3 ¡Feliz cumpleaños!

Hoy la señora Juárez celebra su cumpleaños. ¿Qué le dan todos?
(Hint: Today is Mrs. Juárez's birthday. What does everyone give her?)

modelo

Gustavo

Gustavo le da **una bolsa.**

1. yo   **2.** su esposo   **3.** tú

4. Sara y yo   **5.** sus hijos   **6.** nosotros

ACTIVIDAD 4 ¡A regatear!

Tú quieres comprar un cinturón en el mercado y tienes que regatear. Completa la conversación. *(Hint: You want to buy a belt in the market and you have to bargain. Complete the conversation.)*

Tú: Perdone, señora. ¿(Te / Me) deja ver el cinturón de cuero, por favor?

Vendedora: ¡Cómo no! Usted (podemos / puede) ver que es de muy buena (calidad / oro).

Tú: Es muy bonito. Busco un (precio / regalo) para mi papá, a quien (les / le) gusta usar artículos de cuero. ¿Cuánto (cuesta / cuestan) el cinturón?

Vendedora: Para usted, joven, sólo cien pesos.

Tú: ¡Uy! ¡Es muy (barato / caro)! (Le / Nos) puedo ofrecer setenta pesos.

Vendedora: Bueno, (me / le) dejo el cinturón en ochenta y cinco.

Tú: No (puedes / puedo) pagar tanto. ¿Por qué no (me / les) da el cinturón por ochenta?

Vendedora: Está bien. Quedamos en ochenta.

Now you can...
• talk about giving gifts.

To review
• the verb **dar**, see p. 124.
• indirect object pronouns, see p. 123 and p. 126.

Now you can...
• bargain.

To review
• vocabulary for bargaining, see p. 113 and p. 122.
• stem-changing verbs: o → ue, see p. 120.
• indirect object pronouns, see p. 123 and p. 126.

ACTIVIDAD 5 · El mercado

Estás en un mercado al aire libre. Compra tres cosas. Regatea para el mejor precio. Después, cambien de papel.
(Hint: You're at a market. Buy three things. Bargain for the best price. Change roles.)

¿Cuánto cuesta(n)?

¿Me deja ver...?

Le dejo... en...

¡Es muy caro!
Le puedo ofrecer...

ACTIVIDAD 6 · ¡A comprar regalos!

Completa la tabla con los regalos que vas a comprar. No puedes pagar más de cien dólares. Luego, en grupos de tres, hablen de sus compras. *(Hint: Fill in the table with the gifts you are going to buy. You can't pay more than $100. Then, in groups of three, tell about your purchases.)*

modelo

Voy a comprarle un videojuego a mi amigo Daniel. Lo puedo encontrar en la tienda Super Max. Cuesta veinte dólares.

¿Para quién?	¿Qué?	¿Dónde?	¿Cuánto?
mi amigo(a) Daniel	un videojuego	Super Max	$20
todos mis amigos			
el (la) profesor(a)			
mi familia y yo			
yo			

ACTIVIDAD 7 · En tu propia voz

Escritura Una joven de Oaxaca está de visita. En un párrafo, explícale dónde y cómo comprar regalos para cinco personas.
(Hint: In a paragraph, explain where and how to buy gifts for five members of a visitor's family.)

modelo

Puedes encontrar joyas bonitas en la joyería Sparkles. Queda en la calle Main. Venden collares muy baratos. No puedes regatear, pero puedes pagar con…

Conexiones

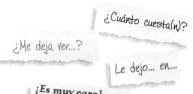

Las matemáticas Create your own **mercado** in your Spanish classroom with objects donated by your classmates. You will **regatear**. Make a chart of the objects for sale and the prices they sell for. Calculate the total amount of money raised. Donate all proceeds to a community organization on behalf of the Spanish classes in your school.

Objeto	Precio
disco compacto	$5

En resumen

REPASO DE VOCABULARIO

MAKING PURCHASES

Jewelry

el anillo	*ring*
el arete	*earring*
el collar	*necklace*
las joyas	*jewelry*
el oro	*gold*
la plata	*silver*
la pulsera	*bracelet*

Music and Videos

el casete	*cassette*
el disco compacto	*compact disc*
el radio	*radio*
el radiocasete	*radio-tape player*
el video	*video*
la videograbadora	*VCR*
el videojuego	*video game*

Handicrafts

la artesanía	*handicraft*
los artículos de cuero	*leather goods*
la bolsa	*handbag*
las botas	*boots*
la cartera	*wallet*
la cerámica	*ceramics*
el cinturón	*belt*
la jarra	*pitcher*
la olla	*pot*
el plato	*plate*

BARGAINING

¿Cuánto cuesta(n)…?	*How much is (are) …?*
¡Es muy caro(a)!	*It's very expensive!*
Le dejo… en…	*I'll give … to you for …*
Le puedo ofrecer…	*I can offer you …*
¿Me deja ver…?	*May I see …?*
regatear	*to bargain*

TALKING ABOUT GIVING GIFTS

dar	*to give*
el regalo	*gift*

TALKING ABOUT SHOPPING

barato(a)	*cheap, inexpensive*
la calidad	*quality*
cambiar	*to change, to exchange*
caro(a)	*expensive*
demasiado(a)	*too much*
el mercado	*market*
perfecto(a)	*perfect*

Money and Payment

el cambio	*change, money exchange*
el dinero	*money*
el dólar	*dollar*
el efectivo	*cash*
pagar	*to pay*
el precio	*price*
la tarjeta de crédito	*credit card*

OTHER WORDS AND PHRASES

juntos	*together*
para	*for, in order to*

Stem-Changing Verbs: o → ue

almorzar	*to eat lunch*
contar	*to count, to tell or retell*
costar	*to cost*
devolver	*to return (an item)*
dormir	*to sleep*
encontrar	*to find, to meet*
poder	*to be able, can*
recordar	*to remember*
volver	*to return, to come back*

Juego

¿Qué cosa compras por pocos pesos, una olla de plata o un plato barato?

UNIDAD 4

ETAPA 3

¿Qué hacer en Oaxaca?

OBJECTIVES

- Order food

- Request the check

- Talk about food

- Express extremes

- Say where you went

¿Qué ves?

Mira la foto de Monte Albán.

1. ¿Alguien lleva una gorra?

2. ¿Quién es la persona principal?

3. ¿Qué hace?

4. ¿Cuánto cuesta un refresco en el restaurante?

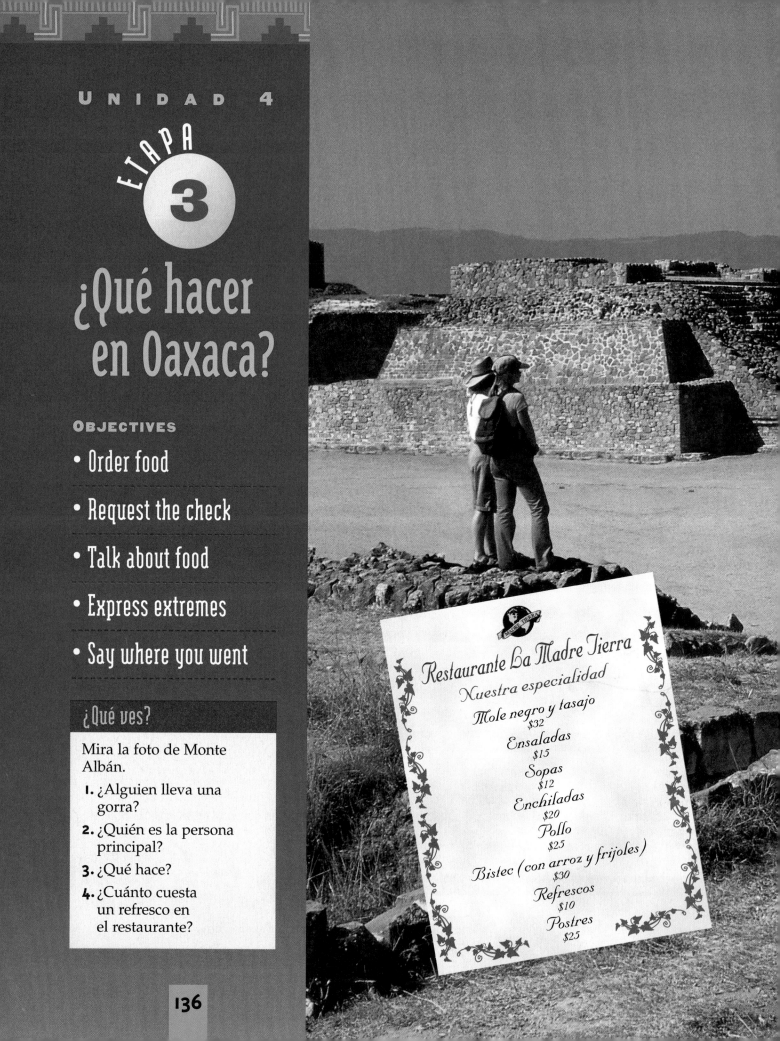

Restaurante La Madre Tierra
Nuestra especialidad
Mole negro y tasajo
$32
Ensaladas
$15
Sopas
$12
Enchiladas
$20
Pollo
$25
Bistec (con arroz y frijoles)
$30
Refrescos
$10
Postres
$25

En contexto

VOCABULARIO

Carlos is at a restaurant in Oaxaca. Take a look at what he likes to eat.

CASA LINDA

Ensaladas y sopas

Ensalada mixta	$25
Sopa de pollo	$20

Comidas
Servidas con arroz y frijoles

Arroz con pollo	$45
Bistec asado	$60
Enchiladas	$40
Pollo	$50
Tacos	$35
Tamales	$40
Tortas	$35

A

Carlos tiene mucha hambre y va a **un restaurante**. Lee **el menú** y decide comer **una enchilada**. Es **deliciosa**. ¡Pero **la salsa** es **picante**! **El mesero** va a **servirle una limonada**.

el restaurante

el mesero

la enchilada

 la limonada

el bistec

el arroz

el tenedor

el cuchillo

B

Otras personas comen en el restaurante también. Una persona come **arroz** y **bistec**. Usa **un tenedor** y **un cuchillo** para comer.

D Una persona quiere café con azúcar.
Otra quiere una taza de té.

el café

las tazas

el té

el azúcar

La especialidad de la casa

Mole negro y tasajo	$40

Bebidas

Agua mineral	$10
Café	$12
Limonada	$15
Refrescos	$15
Té	$12

Postres

Flan	$20
Fruta	$15
Pastel	$20

la sopa

la cuchara

E ¿Qué tienen de postre? ¡Un flan muy rico!

el flan

el pollo   la ensalada

C

Otra persona come sopa, pollo y ensalada. Usa una cuchara para tomar la sopa.

Online Workbook
CLASSZONE.COM

Preguntas personales

1. ¿Te gusta comer comida picante?
2. ¿Prefieres comer en un restaurante o en casa?
3. ¿Prefieres un bistec o pollo?
4. ¿Qué te gusta más: la sopa, la ensalada o el postre?
5. ¿Cuál es tu comida favorita?

En vivo

VIDEO DVD AUDIO

DIÁLOGO

¡Al restaurante!

 Sofía

 Rosa

 Carlos

 Mesero

PARA ESCUCHAR • STRATEGY: LISTENING

Integrate your skills Combine what you know.

1. Identify the main idea. Is it (1) explaining relationships, (2) ordering in a restaurant, or (3) learning about Oaxaca?
2. Listen for specifics. What word(s) describe(s) Monte Albán?
3. Listen for feelings. Who expresses curiosity? Pleasure? Other emotions?

1▶ Sofía: Tienes que decirme. ¿Cómo conoces a Carlos?

Rosa: ¡Es un secreto!

Sofía: ¡Por favor, Rosa!

5▶ Carlos: Un bistec asado.

Mesero: ¿Algo de tomar?

Sofía: Una limonada para mí.

Rosa: Agua mineral, por favor.

Carlos: Un refresco de naranja.

6▶ Mesero: Muy bien. ¿Y de postre? Los postres ricos son otra especialidad de la casa. Son buenísimos.

Sofía: Por ahora, nada más. El postre lo pedimos después, gracias.

Mesero: Para servirles.

7▶ Sofía: Oye, Carlos, ¿cómo va tu proyecto para el concurso?

Carlos: Muy bien. Es sobre las ruinas de Monte Albán.

Rosa: ¿Ya fuiste a Monte Albán?

Carlos: Sí, fui para sacar fotos.

2▶ Rosa: Está bien. Conozco a Carlos porque fui a la tienda de su papá para pedir direcciones para llegar a tu casa.

3▶ Carlos: ¿Nos puede traer pan, por favor?
Mesero: Enseguida se lo traigo.
Rosa: Yo quiero un plato tradicional.
Carlos: La especialidad de la casa tiene mole negro y tasajo. Es riquísima.

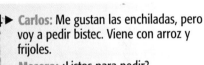

4▶ Carlos: Me gustan las enchiladas, pero voy a pedir bistec. Viene con arroz y frijoles.
Mesero: ¿Listos para pedir?
Sofía: Para mí, una ensalada mixta y pollo.
Rosa: Para mí, la especialidad.

8▶ Carlos: Hay unas vistas fabulosas. Y el Juego de Pelota es antiguo e interesante.
Rosa: Me gusta mucho tu idea para el concurso.

9▶ Mesero: ¿Algo más, jóvenes?
Sofía: ¿Pido un postre y lo compartimos?
Mesero: ¿Un flan, señoritas? Lo sirvo en dos platos con dos cucharas.
Sofía: Perfecto, señor. Muchas gracias.
Mesero: ¿Y para usted?

10▶ Carlos: No quiero ningún postre, pero ¿me puede traer la cuenta, por favor?
Mesero: Sí, cómo no.
Sofía: El mesero sirve muy bien.
Carlos: Me gusta este restaurante. ¡Quisiera comer aquí todos los días!

En acción

VOCABULARIO Y GRAMÁTICA

ACTIVIDAD 1

Mmmm... ¡qué rico!

Escuchar En el restaurante Rosa, Sofía y Carlos hablan de muchos platos. Pero, ¿qué comen?
(Hint: Write the letter of the dishes the friends actually request.)

1. Rosa come _____ .
   a. el bistec asado
   b. la especialidad de la casa
   c. la ensalada mixta y pollo
   d. el burrito
   e. la hamburguesa

2. Sofía come _____ .
   a. la ensalada mixta y pollo
   b. la especialidad de la casa
   c. el burrito
   d. la hamburguesa
   e. la enchilada

3. Carlos come _____ .
   a. la especialidad de la casa
   b. la hamburguesa
   c. la enchilada
   d. el bistec asado
   e. el burrito

En el restaurante

Escuchar ¿Quién habla: Sofía, Carlos, Rosa o el mesero? *(Hint: Tell who made the following statements.)*

1. «Yo quiero un plato tradicional.»
2. «Me gustan las enchiladas, pero voy a pedir bistec.»
3. «Una limonada para mí.»
4. «¿Un flan, señoritas? Lo sirvo en dos platos...»
5. «No quiero ningún postre, pero ¿me puede traer la cuenta, por favor?»

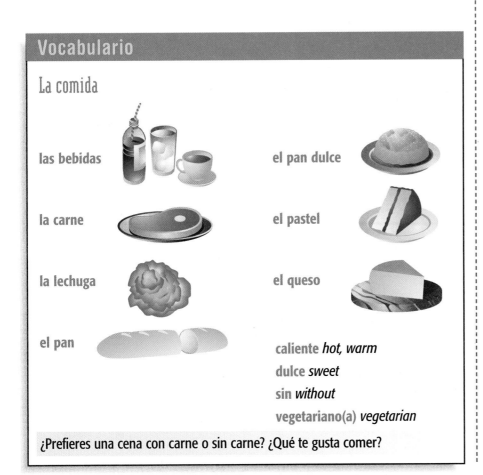

Vocabulario

La comida

las bebidas

la carne

la lechuga

el pan

el pan dulce

el pastel

el queso

caliente *hot, warm*
dulce *sweet*
sin *without*
vegetariano(a) *vegetarian*

¿Prefieres una cena con carne o sin carne? ¿Qué te gusta comer?

¿Qué prefieres?

PARA CONVERSAR

STRATEGY: SPEAKING
Vary ways to express preferences Use **querer** or **preferir** to vary your sentences about their choices.

Hablar Pregúntale a un(a) compañero(a) qué comidas prefiere. *(Hint: Ask a classmate what foods he or she prefers.)*

modelo

el flan / el pastel

Estudiante A: *¿Qué prefieres, **el flan** o **el pastel**?*

Estudiante B: *Prefiero **el flan**. (Prefiero **el pastel**.) (No me gusta nada.) ¿Y tú?*

1. el bistec / el pollo
2. la ensalada mixta / la sopa
3. la fruta / el queso
4. el pan dulce / las papas fritas
5. la limonada / el refresco
6. el café / el té

¿Qué dice?

Escribir/Hablar En una hoja de papel, escribe lo que dice la persona en cada caso. *(Hint: On a separate sheet of paper, write what the person says in each scene. Choose from the expressions listed below.)*

¡Qué barato!

¡Qué caliente!

¡Qué dulce!

¡Qué rica!

¡Qué picante!

¡Qué simpático!

¿Qué pasa?

Escuchar Escucha las descripciones. ¿Qué foto se relaciona con cada descripción? *(Hint: Which description matches each photo?)*

a.

b.

c.

d.

♻️ Las tiendas y tú

Hablar Habla con otro(a) estudiante sobre las tiendas. Cambien de papel. *(Hint: Talk to a classmate about where you went shopping and what you bought recently.)*

modelo

zapatería

Estudiante A: *¿Fuiste a la **zapatería**?*

Estudiante B: *Sí, fui a comprar unos zapatos.*

Nota

Fui and **fuiste** are past tense forms of the verb **ir. Fui** means *I went;* **fuiste** means *you* (**tú**) *went.*

1. pastelería
2. carnicería
3. panadería
4. librería
5. tienda de música
6. farmacia

♻️ A poner la mesa

Hablar Trabajas en un restaurante. El (La) nuevo(a) mesero(a) no sabe cómo poner la mesa. Ayúdalo(a). *(Hint: Help the waiter/waitress set the table.)*

modelo

el tenedor

Mesero(a): *¿Dónde pongo **el tenedor**?*

Tú: *Al lado del plato, a la izquierda.*

Nota

Poner means *to put.* It has an irregular **yo** form: **pongo.** The expression **poner la mesa** means *to set the table.*

1. el cuchillo
2. la cuchara
3. el vaso
4. la taza
5. el plato
6. el tenedor

También se dice

To describe Mexico's spicy cuisine, **picante** is used by all Spanish speakers. In Mexico, **picoso(a)** describes especially spicy food!

Spanish speakers use different words for *waiter/waitress.*

- **mesero(a):** Mexico, Puerto Rico
- **camarero(a):** Spain
- **mozo(a):** Argentina, Puerto Rico
- **caballero/señorita:** many countries

salsa picante

Using **gustar** to Talk About Things You Like

mole

chile relleno

♻ **¿RECUERDAS?** *p. 61* Remember how to express what **activities** people like to do? You use these phrases with an infinitive.

me gusta…	nos gusta…
te gusta…	os gusta…
le gusta…	les gusta…

▸ When you want to talk about **things** that people like, change the form of **gustar** to match the singular or plural nouns for those things.

Singular

me gusta **la idea**	nos gusta **la idea**
te gusta **la idea**	os gusta **la idea**
le gusta **la idea**	les gusta **la idea**

Plural

me gustan **las personas**	nos gustan **las personas**
te gustan **las personas**	os gustan **las personas**
le gustan **las personas**	les gustan **las personas**

Rosa says:

matches singular noun

—¡Me gusta mucho tu **idea** para el concurso!
I like your idea for the contest a lot!

Carlos says:

matches plural noun

—Me gustan **las enchiladas.**
I like enchiladas.

Notice that the form of **gustar** matches the **noun**, not the speaker.

¿Qué les gusta(n)?

Hablar Rosa habla de la comida que les gusta a ella y a sus amigos. ¿Qué dice? *(Hint: Rosa is talking about the food that she and her friends like. Tell what she says.)*

modelos

a mí / enchiladas

Me gustan las **enchiladas.**

a Pedro y a Juan / flan

Les gusta el **flan.**

1. a Diego / arroz
2. a ustedes / postres
3. a mí / pollo
4. a los chicos / pan dulce
5. a ti / ensaladas
6. a nosotras / tacos
7. a Arturo / flan
8. a Paco y a Enrique / comida picante
9. a nosotras / papas fritas
10. a Carlos / mole negro

MÁS PRÁCTICA *cuaderno p. 21*

PARA HISPANOHABLANTES *cuaderno p. 19*

Online Workbook CLASSZONE.COM

¡La ropa favorita!

Hablar/Escribir Estás en una tienda de ropa. Di a quiénes les gustan varios artículos. *(Hint: You are in a clothing store. Explain who likes or does not like various clothing items.)*

modelos

a mí: Me gustan los zapatos negros.

a mi primo: A mi primo no le gusta la camiseta.

1. a mí
2. a mi amigo(a)
3. a mis padres
4. a mí y a mi madre
5. a mi abuelo
6. a mis amigos
7. a mi hermano(a)
8. a mi prima
9. a mi tía
10. a mí y a mi hermana

APOYO PARA ESTUDIAR

¿Me gusta o me gustan?

How do you say *I like it* or *I like them* when talking about nouns? When you use **gustar** with nouns, think of the phrase *to please* in English. *I like something* means *Something is pleasing to me.* So, how do you say *I like it* or *I like them*? Look at the title of this study hint!

NOTA CULTURAL

Did you know that you sometimes speak Nahuatl (na wá tal), the language of the ancient Aztecs? Anytime you ask for chocolate milk or a bacon, lettuce, and tomato sandwich, you are using words derived from the Nahuatl language. The word *chocolate* comes from two Nahuatl words **xocol** and **atl.** These words mean "dirty water," because the Aztecs mixed their chocolate in water. *Tomato* comes from **tomatl** or **jitomatl.** Other words of Nahuatl origin you might know are *avocado, coyote,* and *cocoa!*

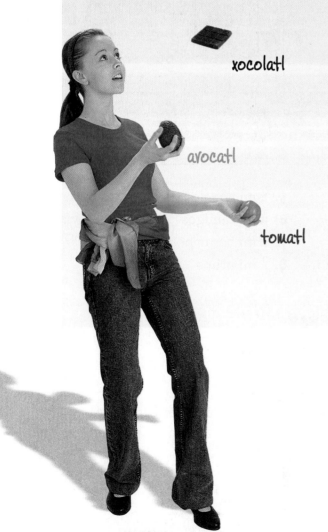

xocolatl

avocatl

tomatl

Entrevistas

Hablar Escoge tres comidas. Pregúntales a tres compañeros(as) si les gusta cada una. Infórmale a la clase. *(Hint: Choose three foods. Interview three students to find out if they like those foods. Report your findings to the class.)*

los postres

el flan

las papas fritas

las hamburguesas

el arroz con pollo

la carne

la salsa

modelo

Estudiante A: *¿Te gustan las hamburguesas?*

Estudiante B: *No, no me gustan mucho.*

(A la clase): *A dos personas les gustan las hamburguesas. A una persona no le gustan.*

Affirmative and Negative Words

When you want to talk about an indefinite or negative situation, you use an **affirmative** or a **negative** word.

Affirmative Words	Negative Words
algo *something*	**nada** *nothing*
alguien *someone*	**nadie** *no one*
algún/alguno(a) *some*	**ningún/ninguno(a)** *none, not any*
siempre *always*	**nunca** *never*
también *also*	**tampoco** *neither, either*

The waiter asks:
—¿**Algo** de tomar?
***Something** to drink?*

Sofía says:
—Por ahora, **nada** más.
*For now, **nothing** more.*

Notice that **alguno(a)** and **ninguno(a)** must match the gender of the noun they replace or modify. **Alguno** and **ninguno** have different forms when used before masculine singular nouns.

alguno ➡ **algún**   **ninguno** ➡ **ningún**

Las chicas quieren **algún** postre, pero Carlos no quiere **ningún** postre.
*The girls want **some** dessert, but Carlos **doesn't** want **any** dessert.*

When a verb is preceded by **no,** words that follow it must also be negative. A **double negative** is required in Spanish when **no** comes before the verb.

No quiero **nada.**
*I **don't** want **anything.***

Carlos **no** quiere **ninguno** (de los postres).
*Carlos does **not** want **any** (of the desserts).*

However, if another negative word, such as **nunca** or **nadie,** comes before the verb, a second negative is not needed.

Nadie quiere postre.
***No one** wants dessert.*

Las chicas **nunca** comen en casa.
*The girls **never** eat at home.*

ACTIVIDAD 11 Gramática

No quiero...

Leer Tu amigo(a) te invita a hacer varias cosas, pero no quieres hacer nada. Completa la conversación. *(Hint: Your friend invites you to do a variety of things, but you don't want to do anything. Complete the conversation with the correct forms of alguno(a) or ninguno(a).)*

modelo

¿Quieres comer **algunos** chocolates?
No quiero comer **ningún** chocolate.

Nota

Ningunos(as) is almost never used. It is used only with items that are usually plural, such as **pantalones**.

No tengo **ningunos** pantalones.

1. ¿Quieres ir a _____ tiendas?
2. No quiero ir a _____ tienda.
3. ¿Quieres alquilar _____ videos?
4. No quiero alquilar _____ video.
5. ¿Quieres escuchar _____ discos compactos?
6. No quiero escuchar _____ disco compacto.
7. ¿Quieres leer _____ revistas?
8. No quiero leer _____ revista.
9. ¿Quieres comer _____ fruta?
10. No quiero comer _____ fruta.

ACTIVIDAD 12 Gramática

¿Que sí o que no?

Hablar Pregúntale a un(a) compañero(a) qué va a hacer el sábado por la noche. Contesta con **sí** y **no**. *(Hint: Ask another student what he or she is going to do on Saturday night. Answer both **yes** and **no**, as if you changed your mind.)*

modelo

invitar a alguien a un baile

Estudiante A: ¿Vas a **invitar a alguien a un baile?**

Estudiante B: Sí, voy a **invitar a alguien a un baile**.

Estudiante A: ¿Es verdad?

Estudiante B: No, no voy a invitar a nadie a un baile.

1. leer algo
2. escribirle a alguien
3. comprar algo
4. caminar con alguien
5. escuchar a alguien
6. regalarle algo a alguien

MÁS PRÁCTICA
cuaderno pp. 22–23

PARA HISPANOHABLANTES
cuaderno pp. 20–21

ACTIVIDAD 13 ¡No lo hago!

Escribir Lee la lista de Rosa. Luego, escribe cinco cosas que tú no haces. *(Hint: Read Rosa's list. Then, write five things that you don't do, using the words listed.)*

1. nada
2. nadie
3. ningún(a)
4. nunca
5. tampoco

Las cosas que no hago
No como nada picante.
No conozco a nadie aburrido.
No tengo ningún libro interesante.
Nunca hablo en clase.
Tampoco escribo en mis libros.

Conexiones

La salud Because of its warm climate, Mexico produces a vast variety of fruits—some that we never se[e] the United States. Besides eating the fruit, Mexicans ble[nd] it into delicious drinks **(licuados),** freeze it into popsicles **(paletas),** and turn it into soft drinks **(refrescos)** that contain a high percentage of real fruit juice.

PARA HACER:
Think of five of your favorite fruits. Find o[ut] how to say them in Spanish. Which are f[rom] in Mexico? Researc[h] their nutritional value and make a list of the vitamins and/or nutrients contained in each.

Stem-Changing V[

¿RECUERDAS? [
e to **ie** stem[

La idea de Rosa es **interesantísima.**
*Rosa's idea is **very (extremely) interesting.***

Los postres son **buenísimos.**
*The desserts are **really good.***

When the last consonant is **c, g,** or **z,** spelling changes are required.

c → qu   rico(a) → ri**qu**ísimo(a)

g → gu   largo(a) → lar**gu**ísimo(a)

z → c   feliz → feli**c**ísimo(a)

---

1. la maestra (simpático)
2. las enchiladas (rico)
3. el perro (malo)
4. la película (bueno)
5. los estudiantes (inteligente)
6. la idea (loco)
7. la sopa (rico)
8. la cena (largo)
9. la casa (feliz)
10. la cuchara (grande)

MÁS COMUNICACIÓN p. R3

...erbs: e → i

p. 67 You have already learned about ...changing verbs like **pensar**.

pensar *to think, to plan*

pienso	**pensamos**
piensas	**penséis**
piensa	**piensan**

The verb **pedir** also has a stem change. The stem alternates between **e** and **i**.

pedir *to ask for, to order*

pido	**pedimos**
pides	**pedís**
pide	**piden**

The stem doesn't change for the **nosotros** *(we)* or **vosotros** *(you)* form.

Sofía says:

–¿**Pido** un postre y lo compartimos?

*Should **I order** dessert and we'll share it?*

Vocabulario

Stem-Changing Verbs: e → i

pedir *to ask for, to order*

servir *to serve*

Other verbs that follow the pattern:

repetir *to repeat*

seguir *to follow, to continue*

The **yo** form of **seguir** drops the **u: yo sigo**.

¿Qué pides en un restaurante?

ACTIVIDAD 15 — Gramática

¡Qué comida!

Escribir La familia de Manuel sale para una comida. Completa las oraciones con la forma correcta de **pedir** o **servir**. *(Hint: Manuel's family is going out to eat. Complete the sentences with the correct form of the verb.)*

1. Los padres de Manuel _____ unas bebidas para toda la familia.

2. El mesero les _____ las bebidas.

3. Después toda la familia _____ su comida.

4. Manuel _____ un bistec y papas fritas.

5. Sus hermanas _____ unas ensaladas y unas enchiladas.

6. —Nosotros _____ unos postres también —le dicen los padres al mesero.

7. Los meseros del restaurante _____ unos postres deliciosos.

8. Nadie _____ el café.

9. Después, los meseros _____ el café y el té.

10. El padre de Manuel _____ la cuenta.

ACTIVIDAD 16 · Gramática

Sirven...

Hablar/Escribir Carlos come en casa de sus amigos a menudo. ¿Qué sirven? *(Hint: Carlos often eats at his friends' homes. What do they serve?)*

modelo

Antonio / hamburguesas

Antonio sirve **hamburguesas**.

1. yo / enchiladas
2. nosotros / tortas
3. usted / frutas
4. tú / pollo
5. Patricia y Carla / ensaladas
6. la señora Ruiz / carne
7. mi hermano y yo / mole negro
8. ustedes / tacos
9. Rosa / bistec
10. nosotros / pan

■ **MÁS PRÁCTICA** *cuaderno* p. 24
■ **PARA HISPANOHABLANTES**
  cuaderno p. 22

Online Workbook
CLASSZONE.COM

ACTIVIDAD 17

¡Tengo sed!

Hablar Conversa con un(a) compañero(a) sobre las bebidas que toman ustedes. *(Hint: Take turns with a classmate asking and answering questions about what you drink at various times.)*

modelo

desayunas

Estudiante A: ¿Qué bebida pides cuando **desayunas**?

Estudiante B: Pido una taza de chocolate.

Nota

Desayunar means *to have breakfast.* **El desayuno** is *breakfast.*

ESTUDIANTE A

¿Qué bebida pides cuando...?
1. desayunas
2. tienes mucha sed
3. estás enfermo(a)
4. no puedes dormir
5. cenas con tu familia en un restaurante
6. tienes frío
7. tienes calor
8. estás con tus amigos

ESTUDIANTE B

Pido...

¿A quién?

Escuchar Carlos y Elena están en un restaurante. ¿Es cierta o falsa cada oración? Corrige las falsas. *(Hint: Decide if each sentence is true or false. Correct the false ones.)*

1. Carlos tiene hambre.
2. Elena va a pedir enchiladas de pollo.
3. Carlos va a pedir un bistec.
4. Los dos van a pedir algún refresco.
5. Carlos no va a pedir ningún postre.

Vocabulario

En el restaurante

Para pedir comida

¿Me ayuda a pedir?
Could you help me order?

¿Me trae…?
Could you bring me…?

Quisiera… *I would like…*

Para pedir la cuenta

¿Cuánto es? *How much is it?*

La cuenta, por favor.
The check, please.

Es aparte. *Separate checks.*

¿Está incluido(a)…?
Is… included?

¿Cuánto le doy de propina?
How much do I tip?

¿Cómo pides en un restaurante?

♻ La fiesta

Hablar Trabajas con un(a) compañero(a). Tú haces una fiesta. Tu amigo(a) te pregunta quién trae cada cosa. Cambien de papel.
*(Hint: Your friend asks you who is bringing various things to your party. Use the correct form of **traer**. Change roles.)*

modelo

Antonio / platos

Estudiante A: *Antonio* trae los *platos*, ¿verdad?

Estudiante B: *Sí, él los trae.*

Nota

Traer means *to bring*. It has an irregular **yo** form: **traigo**. Its other forms are regular.

1. tú / tenedores
2. Margarita y yo / ensalada mixta
3. Enrique y Pablo / pollo
4. yo / enchiladas

¡Buen provecho!

Escribir Un mesero les sirve a unos clientes en un restaurante. Completa la conversación con las palabras de la lista. *(Hint: Complete the conversation with words from the list.)*

trae	ayuda	pedir
fresco	especialidad	pido

Mesero: Buenas tardes, jóvenes. ¿Listos para __1__ ?

José: Quisiera un bistec y una ensalada, por favor. ¿Está __2__ el pan?

Mesero: Sí, señor. ¿Y las señoritas?

Ana: ¿Me __3__ una ensalada de frutas y un refresco?

Janet: Perdón, señor, pero no soy de aquí. ¿Me __4__ a pedir?

Mesero: Con mucho gusto. La __5__ hoy son enchiladas de queso.

Janet: ¡Perfecto! ¡Yo __6__ la especialidad!

ACTIVIDAD 21

En el restaurante

Hablar/Escribir Vas a un restaurante con tu amigo. Trabaja en un grupo de tres para escribir un diálogo en dos partes, usando las expresiones del restaurante. Luego, preséntenle los diálogos a la clase. *(Hint: Work in a group of three. Write a restaurant dialog.)*

Parte 1: Llegan al restaurante. El mesero les trae el menú. Piden la comida.

Parte 2: El mesero les trae la comida. Hablan de la calidad de la comida y del servicio.

modelo

Estudiante A: *¿Nos puede traer el menú, por favor?*

Estudiante B (Mesero[a]): *Sí, lo traigo ahora mismo.*

Estudiante C: *¿Qué vas a pedir?*

Estudiante A: *¿Sirven buenas comidas vegetarianas aquí?*

Estudiante C: *Creo que sí. A mí me gusta la carne.*

Estudiante A: *¿Por qué no pides el arroz con pollo?*

Estudiante C: *¡Buena idea!*

Estudiante B (Mesero[a]): *¿Están listos para pedir?*

■ MÁS COMUNICACIÓN p. R3

Online Workbook
CLASSZONE.COM

Pronunciación 🎧

Trabalenguas

Pronunciación de la g The letter **g** in Spanish has a soft sound before the vowels **i** and **e**. It sounds somewhat like the *h* in the English word *he*, but a little harder. Practice by pronouncing the following words:

gimnasio   biolo**gí**a   **ge**neral   **Ge**raldo

When it precedes other vowels, the **g** has a different sound, like in the word *go*. To produce this sound with **i** or **e**, a **u** must be inserted. Practice the following words:

gato   **gu**sto   **go**rdo   abri**go**   **gui**tarra   hambur**gue**sa

Now try the tongue twister.

Cuando digo «digo» digo «Diego».
Cuando digo «Diego» digo «digo».

En voces

LECTURA

PARA LEER

STRATEGY: READING

Making a story map To help you remember characters and events in a story, use a story map like the one below. This will help you organize the main ideas in this legend.

> Characters:
> 1. mujer vieja 2. _____ 3. _____
> Problem: Los vecinos quieren...
> Solution: El tlacuache...

Una leyenda oaxaqueña
El fuego y el tlacuache[1]

La gente mazateca, que vive en la región norte de Oaxaca, les cuenta esta leyenda a sus hijos.

Una noche una mujer vieja atrapa la lumbre[2] al caerse de una estrella[3]. Todos sus vecinos[4] van a la casa de la vieja a pedir lumbre. Pero la vieja no quiere darle lumbre a la gente.

En ese momento, llega un tlacuache y les dice a los vecinos: —Yo, tlacuache, voy a darles la lumbre si ustedes prometen no comerme.

Todos se ríen[5] cuando oyen las palabras del tlacuache. Pero el tlacuache les repite que él sí va a compartir la lumbre con todo el mundo.

---

[1] opossum   [3] star   [5] laugh
[2] fire, light   [4] neighbors

Entonces, el tlacuache va a la casa de la vieja y le dice: —Buenas tardes, señora Lumbre, ¡qué frío hace! Si me permite, quiero estar un rato al lado de la lumbre para calentarme[6].

La vieja le permite al tlacuache acercarse[7] a la lumbre porque sabe que sí hace un frío terrible. En ese momento el animalito avanza y pone la cola[8] en la lumbre. Entonces, sale rápidamente de la casa y les da la lumbre a todas las casas de la región.

Es por eso que hasta ahora los tlacuaches tienen la cola pelada[9].

---

[6] warm myself [8] tail
[7] approach [9] hairless

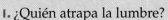

Online Workbook
CLASSZONE.COM

¿Comprendiste?

1. ¿Quién atrapa la lumbre?
2. ¿Quiere darle la lumbre a alguien?
3. ¿Qué les dice el tlacuache a los vecinos?
4. ¿Cómo puede el tlacuache entrar a la casa de la vieja? ¿Qué le dice a ella?
5. ¿Cómo es que la gente recibe el fuego?

¿Qué piensas?

1. ¿Cuál es el tema principal de esta leyenda?
   a. Nos dice que los tlacuaches son animales muy generosos.
   b. Es una leyenda de por qué los tlacuaches tienen la cola pelada.
2. ¿Crees que **tlacuache** es una palabra española o una palabra mazateca? ¿Por qué?
3. ¿Qué otros animales conoces que tienen la cola pelada?

En colores

CULTURA Y COMPARACIONES

PARA CONOCERNOS

STRATEGY: CONNECTING CULTURES

Analyze and recommend Some areas depend on tourism for income, but sometimes local people are against it. Why is that so? Think of reasons for and against tourism.

Turismo: no	Turismo: sí
1.	1.
2.	2.
3.	3.

Based on your analysis, write three or more rules for being a good tourist.

Monte Albán:

Para el concurso de Onda Internacional, Carlos visita Monte Albán. Saca fotos y escribe este artículo sobre una de las primeras culturas de Oaxaca.

El estado de Oaxaca es una importante región arqueológica. El lugar más famoso es Monte Albán, una de las primeras ciudades de Mesoamérica[1] y la vieja capital de los zapotecas[2]. Sabemos que la civilización de Monte Albán empieza por el año 500 a.C.[3] Pero los orígenes y el fin de esta civilización son un misterio fascinante.

---

[1] Middle America (Mexico and Central America)
[2] Zapotec Indians
[3] B.C.

NOTA CULTURAL

Today many Zapotec Indians support themselves through farming and traditional handicrafts such as weaving.

Los Danzantes

ruinas misteriosas

Muchos turistas visitan Monte Albán todos los años para conocer sus pirámides, terrazas, tumbas y esculturas. La parte donde hay más exploración es la Plaza Central, centro de la vida social y religiosa de los zapotecas. Allí hay grandes plataformas, como el Juego de Pelota y la Galería de los Danzantes. Los arqueólogos no saben mucho sobre el Juego de Pelota. Tampoco saben qué representan los Danzantes. ¿Son figuras de hombres que danzan o son prisioneros[4]?

El Juego de Pelota

Aproximadamente entre los años 700 y 800 d.C.[5], los zapotecas abandonan Monte Albán. Luego, los mixtecas[6] usan el lugar. Hoy, descendientes de los dos grupos viven en las montañas y el valle de Oaxaca. Su cultura sigue presente en la lengua y las costumbres[7].

[4] prisoners
[5] A.D.
[6] Mixtec Indians
[7] customs

More About Mexico
CLASSZONE.COM

¿Comprendiste?

1. ¿Qué importancia tiene Monte Albán?
2. ¿Qué sabemos del fin de la civilización de Monte Albán?
3. ¿Qué pueden ver los turistas aquí?
4. ¿Qué saben los arqueólogos del Juego de Pelota o de los Danzantes?
5. ¿Hay zapotecas hoy en Oaxaca?

¿Qué piensas?

Eres un(a) turista en Monte Albán. En una hoja de papel, describe tu visita y tus reacciones. Mira las fotos para inspirarte.

159

En uso

REPASO Y MÁS COMUNICACIÓN

Now you can...
• order food.
• request the check.

To review
• affirmative and negative words, see p. 149.

OBJECTIVES
• Order food
• Request the check
• Talk about food
• Express extremes
• Say where you went

ACTIVIDAD 1 En el restaurante

Lucía y Emilio están en un restaurante. Completa su diálogo con el mesero con la forma correcta de las siguientes palabras: **alguno, ninguno, algo, nada, alguien, nadie.** *(Hint: Lucía and Emilio are in a restaurant. Complete their conversation with the waiter using the correct form of the words given.)*

Lucía: Emilio, conozco a ___1___ que trabaja en este restaurante.

Emilio: ¿De verdad? Yo no conozco a ___2___ aquí. ¿Quién es?

Lucía: Un vecino. Prepara los postres.

Mesero: La especialidad es el bistec. No hay ___3___ bistec tan delicioso como el nuestro. Les doy ___4___ minutos para mirar el menú.

Mesero: ¿Están listos para pedir?

Emilio: Sí, para mí, la especialidad.

Lucía: Y yo quisiera las enchiladas y una ensalada.

Mesero: ¿Quieren ___5___ de tomar?

Emilio: Por ahora, ___6___ más. Después, vamos a compartir ___7___ postre.

Emilio: La cuenta, por favor.

Mesero: Sí, señor. Un momento.

Lucía: ¿Le dejamos ___8___ propina?

Emilio: No. Está incluida.

Now you can...
• talk about food.

To review
• stem-changing verbs: e → i, see p. 152.

ACTIVIDAD 2 El nuevo mesero

El nuevo mesero está aprendiendo. ¿Qué sirve? *(Hint: A new waiter is learning. What is he serving?)*

modelo

Isabel: arroz (lechuga)

Isabel pide **arroz,** pero el mesero le sirve **lechuga.**

1. Andrés y yo: enchiladas (pollo)
2. tú: una ensalada (pastel)
3. los señores Gálvez: un flan (pan)
4. yo: carne (un postre)
5. ella: una sopa (un sándwich)
6. nosotros: té (café)

3 ¡La comida es buenísima!

A todos les gusta comer. ¿Qué opinan de la comida? *(Hint: Everyone likes to eat. What is their opinion of the food?)*

> **modelo**
>
> *yo: enchiladas (bueno)*
>
> **A mí me** gustan **las enchiladas. Son buenísimas.**

1. mis hermanos: flan (rico)
2. Jaime: papas fritas (bueno)
3. tú: salsa (rico)

4. yo: limonada (bueno)
5. la señorita Anaya: arroz (bueno)
6. nosotros: tacos (rico)

4 ¡Una fiesta mexicana!

Hay una fiesta mexicana hoy. ¿Qué traen todos? *(Hint: Today is a Mexican celebration. What does everyone bring?)*

> **modelo**
>
> *Dolores: salsa* **Dolores** trae **la salsa.**

1. yo: tenedores
2. Salvador: platos
3. nosotros: enchiladas
4. el profesor: arroz

5. Alex y Tito: ensalada
6. la directora: flan
7. tú: pastel
8. René y yo: limonada

5 ¿Adónde fuiste?

Tu amigo(a) acaba de ir de compras. Escribe tus preguntas y sus respuestas según el modelo. Tiene las siguientes cosas: **un disco compacto, pan, un collar, carne, un pastel, unos artículos de cuero** y **una novela.** *(Hint: Your friend just went shopping. Write your questions and your friend's answers, following the model and using the items mentioned.)*

> **modelo**
>
> *pastelería* **Tú:** *¿Fuiste a la* **pastelería***?*
>
> **Tu amigo(a):** *Sí, fui para comprar un pastel.*

1. joyería
2. librería

3. panadería
4. carnicería

5. tienda de música
6. mercado

Sidebar (left column)

Now you can...
- talk about food.
- express extremes.

To review
- the verb **gustar** + nouns, see p. 146.
- extremes, see p. 151.

Now you can...
- talk about food.

To review
- the verb **traer**, see p. 154.

Now you can...
- say where you went.

To review
- **fui/fuiste**, see p. 145.

ACTIVIDAD 6 — ¡Tengo hambre!

PARA CONVERSAR

STRATEGY: SPEAKING

Borrow useful expressions Here are some useful expressions for agreeing and accepting (**está bien, perfecto**) and for refusing (**no quiero…, por ahora nada más**). Use them in your conversation in the restaurant.

Estás en un restaurante. Pide un mínimo de tres cosas. Después, habla de la comida y pide la cuenta. Otro(a) estudiante va a ser el (la) mesero(a). Cambien de papel. *(Hint: You're in a restaurant. Order at least three things from the server. Then talk about the food and ask for the check. Another student will be the server. Change roles.)*

Quisiera…

¿Me trae…?

Me gustaría…

¿Está incluido(a)…?

ACTIVIDAD 7 — ¡Una fiesta!

Trabajando en grupos, hablen de dos cosas que cada persona va a traer a una fiesta. *(Hint: Working in groups, talk about two things that each person is going to bring to a party.)*

modelo

Sara: *Me gusta la limonada. Traigo limonada y algunos vasos.*

José: *Me gustan las enchiladas y la música. Traigo enchiladas y una guitarra.*

ACTIVIDAD 8 — En tu propia voz

Escritura Trabajas en un restaurante mexicano. Escribe un párrafo para una guía turística. *(Hint: You work in a Mexican restaurant. Write a paragraph for a tourist guide.)*

modelo

Restaurante Azteca *¿Le gusta la salsa picante? En el Restaurante Azteca servimos una salsa deliciosa y muy picante. La especialidad de la casa es…*

En la comunidad

Grendale is a high school student in Nevada. He sometimes speaks Spanish with coworkers when he volunteers at a nursing home. At his part-time job, he uses Spanish with Mexican, South American, and Spanish tourists who come to the store. He has a friend from Uruguay who is an exchange student, and they often speak in Spanish. Do you speak Spanish with any of your friends?

En resumen

REPASO DE VOCABULARIO

ORDERING FOOD

¿Me ayuda a pedir?	Can you help me order?
¿Me trae…?	Can you bring me…?
el menú	menu
pedir (i)	to ask for, to order
Quisiera…	I would like…

At the Restaurant

el (la) mesero(a)	waiter (waitress)
el restaurante	restaurant
servir (i)	to serve
traer	to bring

Place Setting

la cuchara	spoon
el cuchillo	knife
la taza	cup
el tenedor	fork

EXPRESSING EXTREMES

riquísimo(a)	very tasty

REQUESTING THE CHECK

¿Cuánto es?	How much is it?
¿Cuánto le doy de propina?	How much do I tip?
la cuenta	bill, check
La cuenta, por favor.	The check, please.
Es aparte.	Separate checks.
¿Está incluido(a)…?	Is… included?
la propina	tip

SAYING WHERE YOU WENT

Fui…/Fuiste…	I went…/You went…

TALKING ABOUT FOOD

caliente	hot, warm
delicioso(a)	delicious
dulce	sweet
picante	spicy
rico(a)	tasty
vegetariano(a)	vegetarian

Food

el arroz	rice
el azúcar	sugar
el bistec	steak
la carne	meat
la enchilada	enchilada
la ensalada	salad
la lechuga	lettuce
el pan	bread
el pollo	chicken
el queso	cheese
la salsa	salsa
la sopa	soup

Beverages

la bebida	beverage, drink
el café	coffee
la limonada	lemonade
el té	tea

Desserts

el flan	caramel custard dessert
el pan dulce	sweet roll
el pastel	cake
el postre	dessert

OTHER WORDS AND PHRASES

algo	something
alguien	someone
alguno(a)	some
desayunar	to have breakfast
el desayuno	breakfast
la lengua	language
listo(a)	ready
nada	nothing
nadie	no one
ninguno(a)	none, not any
poner	to put
poner la mesa	to set the table
el pueblo	town, village
sin	without
tampoco	neither, either
todavía	still, yet

Juego

Cada miembro de la familia Martínez quiere algo diferente. ¡Pobre Pablo, el mesero! Pablo es inteligente y trae lo que quieren. ¿Qué les sirve a 1) Marco, 2) Martina y 3) Marisol?

Marco Martínez: Quiero algo líquido y caliente con proteínas.

Martina Martínez: Quiero algo verde y vegetariano.

Marisol Martínez: Quiero algo dulce para mi café.

Marco   Martina   Marisol

Conexiones

OTRAS DISCIPLINAS Y PROYECTOS

La historia

Oaxaca is an ancient city. The **Zapotecas** lived in the region as far back as 900 B.C. The **Zapotecas** were great architects, artisans, and astronomers. They created a number system, a calendar, hieroglyphic writing, and extraordinary ceramics and jewelry.

Around 800 A.D., Zapotecan culture began to decline as a result of the arrival of another civilization, known as the **Mixtecas**. The **Mixtecas**

> Do you think these **danzantes zapotecas** are ancient or modern? Why do you think so?

practiced agriculture, hunting, and fishing. They made beautiful ornaments in gold, silver, and copper. Today, in Oaxaca, the presence of both these cultures is still very much alive.

> What do you think this piece of **mixteca** jewelry is made of? What kind of jewelry is it?

Las matemáticas $z^3\pi 4$

Did you know that every country in the world has its own form of money? Did you know that the currencies of all countries are related to each other and that they shift in value?

The following is a list of the currencies of some Spanish-speaking countries and their value per U.S. dollar. This information changes from day to day, so check on the Internet or with a local bank or newspaper for current rates.

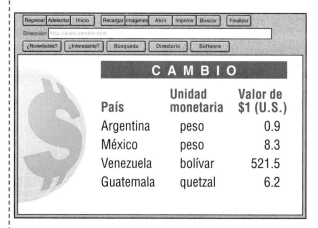

País	Unidad monetaria	Valor de $1 (U.S.)
Argentina	peso	0.9
México	peso	8.3
Venezuela	bolívar	521.5
Guatemala	quetzal	6.2

1. According to the chart above, which would be worth more: 300 bolívares or 10 quetzales?

2. If you had a choice between buying a gift for **siete pesos argentinos** or **cincuenta pesos mexicanos**, which currency would you choose to use? Why?

Proyecto cultural

As a class project, write a short play about market day in Oaxaca. Half the class will be sellers at the market and half will be buyers. Buyers will bargain with the sellers to get the best prices. To prepare for market day, do the following:

1. Use classroom objects or bring in items from home to be "sold." Make a list with realistic prices in pesos for each item.

2. Your teacher will help you make play money in Mexican pesos. Buyers will need enough pesos to purchase one or two items. Sellers will need enough pesos to make change.

3. Write the script and put on the play. You may want to videotape your production to show other Spanish classes or your family.

These women demonstrate their backstrap weaving at a market in Oaxaca.

Objeto	Precio
libro	27 pesos
video	57 pesos
aretes	70 pesos
reloj	120 pesos

UNIDAD

5

 STANDARDS

Communication
- Describing daily routines, grooming, and chores
- Telling others to do something
- Saying what people are doing
- Persuading others
- Describing a house
- Negotiating responsibilities
- Planning a party and purchasing food
- Describing past activities
- Expressing extremes

Cultures
- Barcelona and its architecture
- Well-known people from Barcelona
- Regional foods
- Cooking

Connections
- Art: Comparing painting styles
- Health: Planning a meal

Comparisons
- Daily routines and chores in Spain and the U.S.
- Homes in Spain and the U.S.
- Appetizers

Communities
- Using Spanish in the workplace
- Using Spanish with family and friends

INTERNET Preview
CLASSZONE.COM
- More About Spain
- Flashcards
- Webquest
- Writing Center
- Self-Check Quizzes
- Online Workbook
- eEdition Plus Online

BARCELONA
ESPAÑA

PREPARACIONES ESPECIALES

LA SAGRADA FAMILIA is a church begun by architect Antonio Gaudí (1852–1926). It is not yet finished. What do you think about the style of architecture you see in the photo?

POBLACIÓN: 2.819.000

ALTURA: 12 metros (39 pies)

CLIMA: 10°C (54°F), invierno; 25°C (75°F), verano

COMIDA TÍPICA: mariscos, tapas, paella

GENTE FAMOSA DE BARCELONA: José Carreras (cantante), Antonio Gaudí (arquitecto), Joan Miró (pintor), Pablo Picasso (pintor), Arantxa Sánchez Vicario (tenista)

¿VAS A BARCELONA? Barcelona es la capital de Cataluña, una región de España. Tiene una identidad catalana muy fuerte. La gente habla catalán y español.

More About Spain
CLASSZONE.COM

EL MONUMENTO DE CRISTÓBAL COLÓN commemorates Columbus's meeting with the king and queen of Spain after his first voyage to the Americas. They met in Barcelona in 1493. Who were the king and queen of Spain then?

JOAN MIRÓ (1893–1983) is one of Barcelona's most famous artists. You can see his surrealist works at the **Fundación Miró.** How would you describe this piece by Miró?

Tapestry of the Foundation, Miró Foundation on Montjuic

ACEITUNAS are one of Spain's most important products. Their oil is used to cook Spanish specialties such as **paella** and **tortilla española.** They are also often eaten as **tapas.** What dishes made with olives or olive oil have you eaten?

LAS RAMBLAS is a well-known street in the heart of Barcelona that has it all! Artisans, performers, and vendors sell everything from parakeets to newspapers here. Where might you find something similar in the U.S.?

MIGUEL DE CERVANTES SAAVEDRA (1547–1616) is the most well-known Spanish author. His classic *Don Quijote de la Mancha* is considered to be the first modern novel. What plays or movies are based on this book?

5

PREPARACIONES ESPECIALES

Comparaciones

If someone offered you pop, a hero, or a cruller, would you know what that meant? In different regions of the United States, pop is soda, a hero is a sandwich, and a cruller is a doughnut. Similar language variations exist among and within Spanish-speaking countries. In this unit, you will learn about and compare customs relating to food and daily life and discover that the same word may mean different things in different places.

Comparaciones en acción ¿Qué prefieres, una tortilla mexicana o una tortilla española? ¡Son muy diferentes! ¿En Estados Unidos hay algún plato similar a la tortilla española?

Comunicación

An important part of communication is presenting your own ideas to others orally or in writing. Think of your favorite snack or dish. Can you tell a friend how to prepare it?

¿Cómo preparas tu merienda favorita?

Webquest
CLASSZONE.COM

Explore comparisons in Barcelona through guided Web activities.

Culturas

Barcelona is a commercial center, a major seaport, and a popular tourist destination. It was home to the artists Picasso and Miró and the famous architect Gaudí. Visitors will learn about the art, architecture, history, food, and customs of this important city.

Picasso completó esta pintura en 1938. Se llama *Maya con una muñeca.* ¿Qué piensas que es una muñeca?

Conexiones

You have probably learned about health and nutrition in school. In recent years much attention has focused on the healthful diet of the Mediterranean countries, such as Spain, Italy, and Greece. In this unit you will learn about some dishes typical of this region and their ingredients.

¿Qué tipo de productos venden en este mercado de Barcelona?

Comunidades

Does the food of other places interest you? Check the yellow pages of the telephone book for listings of restaurants or grocery stores that specialize in ethnic foods.

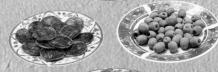

¿Qué comes tú si quieres *fast food*? En España comen tapas.

169

UNIDAD 5

ETAPA 1

¿Cómo es tu rutina?

OBJECTIVES

- Describe daily routine
- Talk about grooming
- Tell others to do something
- Discuss daily chores

¿Qué ves?

Mira la foto del Parque Güell en Barcelona.

1. ¿Es interesante o no el parque?
2. ¿Qué hace la chica?
3. ¿Qué lleva la chica?
4. ¿De qué color es el animal?
5. ¿Cómo se llama el parque de atracciones de Barcelona?

Barcelona

En contexto

VOCABULARIO

Luis is following his morning routine. Watch him get ready for the day.

A Luis oye **el despertador**. Pero está en **la cama**. ¡Quiere dormir más!

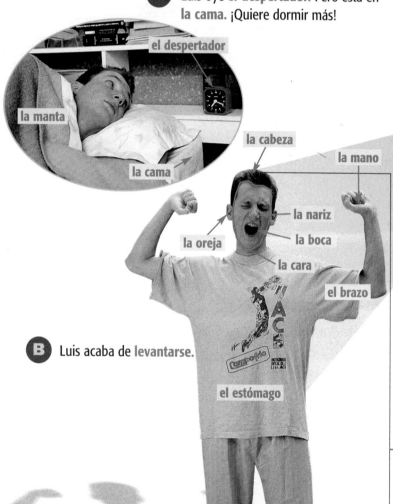

el despertador

la manta

la cama

la cabeza

la mano

la nariz

la oreja

la boca

la cara

el brazo

B Luis acaba de **levantarse**.

el estómago

las piernas

el cuerpo

los pies

C Luis va a **lavarse.**
Se lava **la cara** con
jabón y va a **secarse**
con **una toalla.**

el jabón

la toalla

D

Esta mañana Luis tiene tiempo
para **ducharse** y lavarse **la
cabeza** con **champú.**

el espejo

el secador de pelo

el champú

la pasta de dientes

los dientes

E

Luis se lava **los dientes** con
el cepillo de dientes. Después,
va a **peinarse** con **un peine.**
¡Ya está listo!

el cepillo de dientes

el peine

Preguntas personales

1. ¿Usas un despertador?
2. ¿Te lavas la cara por la mañana o por la noche?
3. ¿Usas un secador de pelo o una toalla para
   secarte el pelo?
4. ¿A qué hora te levantas?
5. ¿Cuándo te lavas los dientes?

VIDEO DVD AUDIO

En vivo

DIÁLOGO

Muchos quehaceres

Luis

Carmen

Mercedes

Juan Carlos

Lourdes

PARA ESCUCHAR • STRATEGY: LISTENING

Listen for a mood or a feeling Nothing is going right for Luis. What does he say to show frustration? Jot down some of his expressions for protesting. When would you use them?

1 ▶ Juan Carlos: ¡Luis! ¡Mercedes llega en diez minutos!
Luis: ¡Sí, ya lo sé! ¡Ahora me ducho y salgo! ¡Necesito lavarme los dientes!

5 ▶ Luis: Necesito secarme el pelo.
Carmen: ¡Ponte otra camisa! Mírate en el espejo, ¡esta camisa está muy fea! ¡Y no uses mi secador de pelo! ¡Por favor, no lo uses!

6 ▶ Juan Carlos: Hijo. Por favor, haz todo lo que está en esta lista.
Luis: Pero, ¿tengo que hacerlo todo hoy?
Juan Carlos: Sí, hijo. Primero haz los quehaceres.
Luis: ¡Pero, papá!

7 ▶ Lourdes: Necesitamos varias cosas. Ve a la tienda. Aquí tienes mi lista.
Luis: Mamá, me espera Álvaro.
Lourdes: Pero esto es importante.
Luis: ¡No es justo! ¡Es mi cumpleaños!

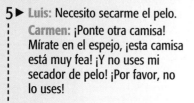

2▶ Carmen: ¡Luis! ¡Luis! ¡Mercedes está aquí!

Luis: ¡Sí, sí, sí! ¡Pero primero me pongo la ropa! ¡Ya voy!

3▶ Luis: ¡Hola, Mercedes! ¿Cómo estás?

Mercedes: Bien, Luis. ¡Y feliz cumpleaños! ¿Qué tal tu mañana?

Luis: Muy tranquila, gracias.

4▶ Luis: ¿Qué haces? ¿Por qué me estás sacando fotos? ¡No hagas eso!

Mercedes: Son para un concurso.

Luis: ¿Para qué concurso son?

Mercedes: Te digo luego. Álvaro nos espera en una hora. ¿Estás listo?

8▶ Juan Carlos: Sí, pero también puedes celebrarlo después. También cuida a tu hermana.

Luis: ¡No puede ser!

Carmen: ¡Ja, ja! ¡Me tienes que cuidar!

9▶ Luis: Voy a llamar a Álvaro. Nunca vamos a llegar a tiempo.

Mercedes: ¡Pobre Luis! ¡No seas tan dura con él! Es su cumpleaños.

Carmen: ¡Le quiero ver la cara al llegar a su fiesta!

10▶ Luis: Está ocupado. Lo llamo más tarde. Bueno, vamos. Tenemos muchas cosas que hacer. ¡Carmen, Mercedes!, ¿me ayudáis con los quehaceres?

En acción

VOCABULARIO Y GRAMÁTICA

ACTIVIDAD
1

¿Sí o no?

Escuchar Según el diálogo, ¿son ciertos o falsos estos comentarios? Si un comentario es falso, corrígelo. *(Hint: Are the comments true or false? Correct the false ones.)*

1. Cuando Mercedes llega, Luis está listo para salir.
2. Mercedes saca fotos de Luis.
3. A Carmen le gusta la camisa de Luis.
4. A Luis no le gusta cuidar a su hermana Carmen.
5. Cuando Luis llama a Álvaro, no contesta nadie.

También se dice

In this unit you will see and hear language that is typical of Spain. Did you notice that Luis uses the word **ayudáis** instead of **ayudan** when he asks Mercedes and Carmen to help him with the chores? Remember that in Spain the **vosotros(as)** form of verbs is usually used with people one knows well.

176

En la casa de Luis

Escuchar/Leer Escoge la palabra o frase que mejor describe los eventos del diálogo. *(Hint: Choose the best word or phrase.)*

modelo

Juan Carlos dice que Mercedes llega a la casa de Luis en (media hora / diez minutos).

*Juan Carlos dice que Mercedes llega a la casa de Luis en **diez minutos**.*

1. Cuando Mercedes llega a la casa, Luis acaba de (ponerse la ropa / ducharse).

2. Mercedes saca fotos para (un concurso / el cumpleaños).

3. Luis tiene que ir (al colegio / a la tienda).

4. Luis tiene planes para salir con Mercedes y (una amiga / Álvaro).

5. Luis (está / no está) contento con lo que ocurre esa mañana.

♻ Antonio va a...

Hablar/Escribir Hoy va a ser un día típico para Antonio, un amigo de Carmen. Explica a qué hora va a hacer cada actividad, según los dibujos. *(Hint: Explain when he is going to do each activity.)*

modelo

*Antonio va a **levantarse** a las **siete y cuarto**.*

1.
2.
3.
4.

Lo que necesitan

Hablar Ustedes necesitan comprar unas cosas para Luis y Carmen. Hablen de lo que necesitan. ¿Qué dicen?

(Hint: Say what Luis and Carmen need.)

1. Luis / lavarse

2. Luis y Carmen / secarse

3. Carmen / lavarse la cabeza

4. Luis / lavarse los dientes

5. Carmen y Luis / secarse el pelo

Para correr...

Hablar Imagínate que un extraterrestre llega a tu casa. Pregúntale cómo hace las siguientes actividades.

(Hint: Ask how the extraterrestrial does these activities.)

modelo

correr

Tú: *¿Cómo **corres**?*

Extraterrestre: *Para **correr**, uso seis piernas y seis pies.*

1. comer
2. bailar
3. oír
4. escribir
5. pensar
6. nadar
7. caminar
8. tocar el piano
9. ver la televisión
10. jugar al béisbol

GRAMÁTICA

Describing Actions That Involve Oneself: Reflexive Verbs

To describe people doing things for themselves, use reflexive verbs. Examples of reflexive actions are *brushing one's teeth* or *combing one's hair*. **Reflexive pronouns** are used with reflexive verbs to indicate that the subject of the sentence receives the action of the verb.

lavarse *to wash oneself*

me lavo	**nos** lavamos
te lavas	**os** laváis
se lava	**se** lavan

Many verbs can be used with or without **reflexive pronouns**. When there is no reflexive pronoun, the person doing the action does not receive the action.

reflexive

Pepa **se** lava.
Pepa washes herself.

not reflexive

Pepa lava el carro.
Pepa washes the car.

Luis says:

—¡Primero **me** pongo la ropa!
First I put on my clothes!

Notice he says **la ropa,** not **mi ropa,** because reflexive pronouns include the concept of possession.

When you use the infinitive form of a reflexive verb after a **conjugated verb,** be sure to use the correct **reflexive pronoun**.

Quiero levantar**me** temprano.
I want to get up early.

Me quiero levantar temprano.

You can also put the **reflexive pronoun** in front of the **conjugated verb.**

Some verbs have different meanings when used reflexively.

dormir (ue) *to sleep*	dormir**se** *to fall asleep*
ir *to go*	ir**se** *to leave, to go away*
poner *to put*	poner**se** *to put on (clothes)*

Vocabulario

Reflexive Verbs

acostarse: o→ue

lavarse la cabeza

afeitarse

lavarse los dientes

bañarse

maquillarse

despertarse: e→ie

ponerse la ropa

Notice that acostarse and despertarse are stem-changing verbs.

¿Cuándo haces estas actividades, por la mañana o por la noche?

Se lavan...

Escuchar/Escribir Luis explica que todos tienen que lavarse después de trabajar mucho. ¿Qué se lavan? *(Hint: Who is washing what?)*

1. Carmen / lavarse / ¿?
2. los padres de Luis / lavarse / ¿?
3. Mercedes y Luis / lavarse / ¿?
4. Luis / lavarse / ¿?
5. Álvaro / lavarse / ¿?

¡No están listos!

Hablar Luis y sus amigos van a la fiesta. No están listos. ¿Qué tienen que hacer? *(Hint: Say what they must do.)*

modelo

Marta: lavarse la cabeza

Marta tiene que **lavarse la cabeza.**
o: Marta se tiene que **lavar la cabeza.**
Siempre **se lava la cabeza** antes de ir a una fiesta.

1. tú: peinarse
2. sus primos: ducharse
3. vosotros(as): lavarse la cara
4. Mercedes y Elena: ponerse la ropa nueva
5. tú: afeitarse
6. Emiliana: maquillarse
7. tú y Álvaro: lavarse los dientes
8. tu hermana: secarse el pelo

■ **MÁS PRÁCTICA** *cuaderno* p. 29

■ **PARA HISPANOHABLANTES** *cuaderno* p. 27

Online Workbook
CLASSZONE.COM

Primero...

PARA CONVERSAR

STRATEGY: SPEAKING

Sequence events When telling about more than one event, make the order in which they occurred clear. Remember these expressions: **primero, entonces, luego, después, antes de..., después de..., por la mañana/tarde.**

To show your acting talents, mime the activities of your daily routine.

Hablar Pregúntale a otro(a) estudiante qué hace primero. *(Hint: Which activity do you do first?)*

modelo

¿ducharse o lavarse los dientes?

Estudiante A: *¿Qué haces primero, **te duchas** o **te lavas los dientes?***

Estudiante B: *Primero **me ducho** y luego **me lavo los dientes.***

1. ¿lavarse la cabeza o lavarse la cara?
2. ¿bañarse o lavarse los dientes?
3. ¿afeitarse / maquillarse o peinarse?
4. ¿lavarse la cara o ponerse la ropa?
5. ¿ponerse la ropa o peinarse?
6. ¿ducharse o lavarse los dientes?
7. ¿maquillarse / afeitarse o lavarse la cabeza?
8. ¿bañarse o lavarse la cabeza?

ACTIVIDAD 9

Todos los días

Hablar/Escribir Pregúntale a otro(a) estudiante qué hace todos los días. Usa los verbos reflexivos para escribir un resumen de las actividades de esta persona. *(Hint: Ask another student to describe his or her daily routine. Write a summary of the activities using reflexive verbs.)*

modelo

Amelia se levanta todos los días a las siete. Se pone la ropa. No tiene tiempo para lavarse la cabeza pero se peina. También se lava los dientes…

Juego

Beto se despierta, se levanta, se ducha, desayuna y sale para la escuela.

¿Qué más necesita hacer esta mañana?

GRAMÁTICA — Irregular Affirmative tú Commands

♻ **¿RECUERDAS?** *p. 99* You've already learned how to give instructions to someone by using the **affirmative tú commands** of regular verbs.

caminar	¡Camina!
comer	¡Come!
abrir	¡Abre!

▶ Some verbs have **irregular affirmative tú commands**. Here are the irregular affirmative **tú commands** of some verbs you know.

Infinitive	Affirmative tú Command
decir	di
hacer	haz
ir	ve
poner	pon
salir	sal
ser	sé
tener	ten
venir	ven

Luis's father says:

—Primero **haz** los quehaceres.
*First **do** the chores.*

▶ Remember that when you use a **pronoun** with an **affirmative command**, the **pronoun** attaches to the **command**.

Carmen says:

—¡Pon**te** otra camisa!
***Put on** (yourself) another shirt!*

10 Gramática

¡Ay, los hermanos mayores!

Hablar/Escribir Luis le dice a Carmen qué hacer. ¿Qué le dice?
(Hint: What does Luis tell Carmen to do?)

modelo

poner la tarea en la mochila

Pon la tarea en la mochila.

1. decir la verdad
2. hacer la tarea
3. poner la mesa
4. ser amable

5. venir a casa después de las clases
6. ir a la tienda
7. salir a jugar
8. tener paciencia

MÁS PRÁCTICA *cuaderno* p. 30

PARA HISPANOHABLANTES *cuaderno* p. 28

Online Workbook
CLASSZONE.COM

Vocabulario

Para hablar de los quehaceres

hacer la cama

lavar los platos

limpiar el cuarto

quitar la mesa

estar limpio(a)

estar sucio(a)

En tu familia, ¿quién hace estos quehaceres?

---

182 ciento ochenta y dos
Unidad 5

¿Ayudan en casa?

Hablar Trabaja con otro(a) estudiante. Hablen sobre los quehaceres de la casa que tienen que hacer. *(Hint: Take turns asking and answering questions about chores you have to do.)*

modelo

Estudiante A: ¿Lavo **la ropa sucia**?

Estudiante B: Sí, *lávala.*

1.

2.

3.

4.

5. ¿?

ACTIVIDAD 12

¡Feliz cumpleaños!

Hablar/Escribir Imagínate que hoy es tu cumpleaños y puedes decirles a tus familiares y amigos qué deben hacer. *(Hint: It's your birthday and you can tell your family and friends what to do.)*

modelo

quitar la mesa

Hermanita, quita la mesa, por favor.

1. hacer mi cama
2. preparar mi desayuno
3. poner los libros en mi mochila
4. ir al mercado
5. tener paciencia
6. limpiar mi cuarto
7. ser bueno(a)
8. ¿?

MÁS COMUNICACIÓN p. R4

Conexiones

Los estudios sociales The people of Cataluña speak both **español** and **catalán**. In other parts of Spain, people speak **vascuence** (Basque) and **gallego** (Galician) in addition to Spanish.

PARA HACER:

Write ten sentences to tell which languages are spoken in which countries. Use the languages listed at the right. For example: La gente de España habla español.

Idiomas (Languages)

alemán	francés	polaco
árabe	griego	portugués
camboyano	hindi	ruso
cantonés	italiano	tagalo
coreano	japonés	vietnamita
español	mandarín	

ciento ochenta y tres
Barcelona Etapa 1
183

Gramática

Negative tú Commands

When you tell someone what **not** to do, use a **negative command**. **Negative tú commands** are formed by taking the **yo** form of the present tense, dropping the **-o**, and adding the appropriate ending.

hablo ◄———— **-es** for **-ar** verbs

vuelvo ◄———— **-as** for **-er** and **-ir** verbs

Infinitive	Yo Form	Negative tú Command
hablar	**hablo**	**¡No hables!**
volver	**vuelvo**	**¡No vuelvas!**
venir	**vengo**	**¡No vengas!**

Carmen says:

—¡Y **no uses** mi secador de pelo!
*And **don't use** my hair dryer!*

A few verbs have **irregular negative tú commands**. Notice that none of the **yo** forms of these verbs end in **-o**.

Infinitive (yo form)	Negative tú Command
dar (doy)	**No** le **des** mi dirección a nadie. ***Don't give** my address to anyone.*
estar (estoy)	**No estés** triste. ***Don't be** sad.*
ir (voy)	**No vayas** a la tienda. ***Don't go** to the store.*
ser (soy)	**No seas** mala. ***Don't be** bad.*

ACTIVIDAD **13** Gramática

¡No, no, no!

Hablar/Escribir A veces Carmen hace cosas que no debe hacer. Luis siempre le dice que no. (*Hint: What does Luis tell Carmen not to do?*)

modelo

patinar en la casa

*Carmen, no **patines en la casa**.*

1. comer muchos dulces
2. mirar mis videos
3. beber tantos refrescos
4. ver la televisión toda la noche
5. ir al parque por la noche
6. hablar tanto por teléfono
7. usar mi computadora
8. cantar en la biblioteca
9. escribir en un libro
10. escuchar la radio en clase
11. correr con el perro
12. abrir mi libro
13. dormir en clase
14. salir sin comer algo
15. ser perezoso(a)

■ **MÁS PRÁCTICA** *cuaderno* p. 31

■ **PARA HISPANOHABLANTES** *cuaderno* p. 29

Instrucciones

Hablar/Escribir Imagínate que estás cuidando a un niño de seis años. ¿Qué instrucciones le das? *(Hint: What do you tell a six-year-old to do?)*

modelo

nadar solo

No **nades solo. Nada** con un amigo.

1. salir de la casa solo
2. correr en la casa
3. decir malas palabras
4. dormir en el sofá
5. ser malo
6. estar triste
7. comer mucho
8. caminar en la calle
9. llevar ropa sucia
10. lavar el gato

NOTA CULTURAL

Some of the most interesting sights on **Las Ramblas**, Barcelona's shopping street, are the "living statues": these costumed people can remain completely still for hours.

¿Qué haces?

Hablar Quieres hacer algunas actividades, pero tu amigo(a) tiene otras ideas. ¿Qué dicen? *(Hint: You want to do several activities, but your friend has other plans. What do you say?)*

modelo

leer una novela

Estudiante A: *¿**Leo una novela**?*

Estudiante B: *No, no **leas una novela**. Limpia el cuarto, por favor.*

preparar la cena
quitar la mesa
limpiar el cuarto
hacer la cama
lavar los platos
lavarse los dientes

1. comer un dulce
2. patinar
3. descansar
4. visitar a un amigo
5. pasear por el parque
6. ir al cine

 ## Bienvenido a la escuela

Hablar/Escribir Estás en una nueva escuela. Pregúntales a varios estudiantes qué hay que hacer para ser un buen estudiante. Cada estudiante dice un mínimo de dos instrucciones. ¿Cuáles son las cinco instrucciones más comunes? *(Hint: What instructions do other students give you in order to do well in a new school? Survey classmates and note the five most common instructions given.)*

modelo

Estudiante A: *¿Qué hago para ser buen estudiante en esta escuela?*

Estudiante B: *Haz la tarea todos los días. No llegues tarde a clase.*

Persona	Instrucciones afirmativas	Instrucciones negativas
Estudiante B	Haz la tarea todos los días.	No llegues tarde a clase.

ciento ochenta y cinco **185**
Barcelona Etapa 1

Using Correct Pronoun Placement with Commands

♻ **¿RECUERDAS?** *pp. 99, 181* Remember that when you use an **object pronoun** with an affirmative command, you attach the pronoun to the end of the command.

Cruza el parque. ⟶ **¡Crúzalo!**
Cross the park. ⟶ *Cross it!*

Remember, you may need to add an **accent** when you attach a pronoun.

▶ **Object pronouns** precede the verbs in negative commands, just as with other conjugated verbs.

Carmen says: —¡No **lo** uses!

Don't use it (the hair dryer)!

♻ **¿Qué hacer?**

Escribir Tu amigo(a) no puede decidir qué hacer en el restaurante. Contesta sus preguntas. *(Hint: Answer your friend's questions.)*

modelos

¿Tomo mi limonada ahora? (sí)

*Sí, **tómala** ahora.*

¿Pido enchiladas? (no)

*No, no **las pidas**. ¡Estamos en España ahora!*

1. ¿Leo el menú? (sí)
2. ¿Como todos los frijoles? (sí)
3. ¿Pido un postre? (no)
4. ¿Comparto el pollo contigo? (no)
5. ¿Pago la cuenta? (sí)
6. ¿Dejo la propina? (no)
7. ¿Bebo agua? (sí)
8. ¿?

◼ **MÁS PRÁCTICA**
cuaderno p. 32

◼ **PARA HISPANOHABLANTES**
cuaderno p. 30

Online Workbook
CLASSZONE.COM

También se dice

In Spain, people use certain expressions for daily routine. You may hear other expressions in other countries.

to wash one's hair
• lavarse la cabeza: Spain
• lavarse el pelo: many countries
• lavarse el cabello: many countries

ACTIVIDAD 18

¡Hazlo más tarde!

Hablar Tu amigo(a) quiere salir, pero tú tienes muchos quehaceres. ¿Qué te dice? *(Hint: Your friend wants to go out, but you have a lot to do. What does your friend tell you?)*

modelo

Estudiante A: *Tengo que **lavar los platos**.*

Estudiante B: *No **los laves** ahora. **Lávalos** más tarde.*

1.

2.

3.

4.

5.

6.

NOTA CULTURAL

Rock con raíces, or Root-Rock, has become popular with urban youth in Spain. This Spanish version of rock blends the traditional elements of **flamenco,** such as the rhythm, castanets, and hand claps, with electric guitars and synthesizers.

¡Tantas decisiones!

Hablar Tienes varios planes pero también tienes obligaciones. Escoge dos situaciones de la lista y pregúntales a dos estudiantes qué hacer. *(Hint: Choose two situations and ask what to do.)*

modelo

Quieres cenar en un restaurante pero tienes que preparar la cena para la familia.

Estudiante A: *¿Ceno en un restaurante o preparo la cena?*

Estudiante B: *No cenes en un restaurante. Prepara la cena.*

Estudiante C: *Cena en un restaurante pero prepara la cena antes de salir.*

- Quieres ir a una tienda pero puedes regatear en el mercado.
- Quieres ver la televisión pero tienes tarea.
- Quieres acostarte pero tienes que estudiar para un examen.

La rutina de Álvaro

Escuchar Lee las oraciones. Luego, escucha el diálogo y di si las oraciones son ciertas o falsas. Corrige las falsas. *(Hint: Say what is true or false. Correct the false statements.)*

1. Álvaro se despierta a las nueve los sábados.
2. Álvaro se queda en la cama un rato después de despertarse.
3. Álvaro se lava la cara y los dientes después de levantarse.
4. Álvaro no se baña los sábados.
5. Álvaro se afeita y se lava la cabeza por la noche.

Conexiones

El arte Spain has produced many famous artists throughout the centuries. Perhaps the most famous of all is Pablo Picasso (1881–1973), who moved to Barcelona in 1895 with his family. Picasso revolutionized the way we look at art and had a profound influence on the artists of the twentieth century who followed him. He was a master of painting, sculpture, and ceramics.

PARA HACER: This self-portrait was done in 1906. In Spanish, describe Picasso as he is shown in this portrait. Talk about his clothing and his appearance.

La Farmacia Véndetodo

Escribir Tu amigo(a) y tú trabajan en una farmacia. Escriban un anuncio sobre algunos productos. Usen verbos reflexivos para describir los productos. Usen mandatos para decirles a los clientes qué comprar. ¡Ilustren su anuncio! *(Hint: With your partner, write an ad for a pharmacy describing various products. Tell the customers what to buy. Illustrate your ad!)*

modelo

¡Ve a la Farmacia Véndetodo! Los peines y los champús tienen muy buenos precios. Cómpralos hoy. No vayas a una farmacia donde cuestan más...

■ **MÁS COMUNICACIÓN** p. R4

Online Workbook
CLASSZONE.COM

Farmacia Véndetodo

¿Te lavas los dientes cada mañana?

¡Usa nuestros cepillos de dientes!

¿Te peinas mucho?

¡Compra nuestros peines!

Tenemos de todo a los mejores precios.

Pronunciación

Trabalenguas

Pronunciación de la *s*, la *z* y la *c* In the Spanish spoken in Latin America and southern Spain, the **s** and **z** always sound like the *s* in the English word *miss*. When **c** is followed by the vowel **i** or **e**, it has the same sound. In central and northern Spain, the **z** and **c** are not pronounced like an *s*, but like the *th* sound in the English word *thin*, when they are followed by **i** or **e**. So if you go to Barcelona, you may want to try the *th* sound! Practice the sounds by repeating the following words. Then try the tongue twister. From the picture, can you guess what it means?

cabeza
cepillo
lápiz
pasta de dientes
secador

¡El sapo del centro sirve zumo sabroso!

En voces

La Tomatina:
una rara tradición española

¿**Q**ué haces cuando hay demasiados tomates en el jardín[1]? A ver... puedes regalárselos a los vecinos. Puedes hacer salsa para la pasta. Tal vez haces salsa ranchera mexicana, ¿verdad?

Pues, en el pueblo español de Buñol, con el exceso de tomates la gente hace la «Tomatina». Llega un camión[2] lleno de tomates maduros[3] que se depositan en el centro del pueblo. ¡Y todo el mundo se cubre[4] con ellos! Ocurre al final de una fiesta que se celebra cada año a fin de agosto. Durante una hora hay una verdadera

---

[1] garden   [3] ripe
[2] truck   [4] is covered

guerra[5] de tomates. Esta locura[6] empezó[7]
en Buñol hace más de 50 años[8] entre unos
jóvenes del pueblo. Pero ahora llega gente de
todas partes—¡vienen más de 20.000 personas!

¿Cómo queda el pueblo después de todas
estas festividades? Todo el mundo empieza
a limpiar y el pueblo queda bonito y limpio
como siempre. ¡Olé!

---

[5] war
[6] madness
[7] began
[8] *hace… años* more than
50 years ago

¿Comprendiste?

1. ¿Dónde se hace la Tomatina?
2. ¿Qué hace la gente del pueblo con los tomates?
3. ¿De dónde vienen los participantes?
4. ¿Cómo está el pueblo después de esta fiesta?

¿Qué piensas?

1. ¿Por qué piensas que esta fiesta se celebra
   en agosto?
2. ¿Qué piensas de esta fiesta? ¿Te gustaría
   participar o no? ¿Por qué?
3. ¿Por qué piensas que esta tradición empezó
   entre jóvenes?

En uso

REPASO Y MÁS COMUNICACIÓN

Now you can...
- describe daily routine.

To review
- reflexive verbs, see p. 179.

OBJECTIVES

- Describe daily routine
- Talk about grooming
- Tell others to do something
- Discuss daily chores

ACTIVIDAD 1 Nuestra rutina diaria

Un amigo de Luis describe la rutina diaria de su familia.
¿Qué dice? *(Hint: A friend of Luis describes his family's daily routine. What does he say?)*

modelo

Todos los días yo <u>me despierto</u> a las siete.

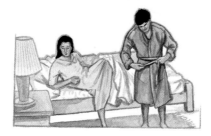

I. Mis padres _____ a las seis y media.

2. Yo _____ después de levantarme.

3. Papá _____ a las siete menos cuarto.

4. Mamá _____ antes de prepararnos el desayuno.

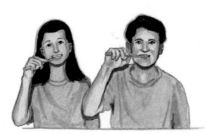

5. Nosotros _____ los dientes después del desayuno.

6. Mi hermana _____ por la noche.

Now you can...

• talk about grooming.

To review

• reflexive verbs, see p. 179.

Now you can...

• tell others to do something.

To review

• irregular affirmative **tú** commands, see p. 181.

• negative **tú** commands, see p. 184.

Now you can...

• tell others to do something.

• discuss daily chores.

To review

• pronoun placement with commands, see p. 186.

 **¡De viaje!**

Luis y su familia van a hacer un viaje. ¿Qué necesitan llevar todos? *(Hint: Luis and his family are taking a trip. What do they need?)*

modelo

lavarse la cara (yo)

Yo *necesito jabón para* **lavarme la cara.**

1. maquillarse (mamá)
2. lavarse los dientes (tú)
3. despertarse (nosotros)
4. secarse (tú)

5. lavarse la cabeza (yo)
6. secarse el pelo (Carmen y yo)
7. peinarse (papá)
8. lavarse las manos (ustedes)

3 **En casa de los abuelos**

Vas a pasar el fin de semana con tus abuelos. ¿Qué te dice tu mamá? *(Hint: You're spending the weekend with your grandparents. What does your mother say?)*

modelo

ser simpático(a)	*levantarte muy tarde*
Sé simpático(a).	*No te levantes muy tarde.*

1. hacer los quehaceres
2. ser perezoso(a)
3. salir con tus abuelos y no con tus amigos
4. ir a fiestas con tus amigos
5. decir cosas interesantes

6. ser bueno(a)
7. ponerte otra camisa
8. llevar ropa sucia
9. ir al supermercado con tu abuela
10. tener paciencia con tus abuelos

 ¡A trabajar!

Un(a) amigo(a) quiere ayudarte con los quehaceres. Contesta sus preguntas. *(Hint: A friend wants to help you with your chores. Answer the friend's questions.)*

modelo

¿Compro los refrescos? (sí)	*¿Preparo la cena? (no)*
Sí, cómpralos.	*No, no la prepares.*

1. ¿Hago las camas? (sí)
2. ¿Lavo los platos sucios? (sí)
3. ¿Cuido a tu hermano? (no)

4. ¿Quito la mesa? (no)
5. ¿Mando las cartas? (sí)
6. ¿Contesto el teléfono? (no)

ACTIVIDAD 5  Todos los días...

PARA CONVERSAR
STRATEGY: SPEAKING

Use gestures Physical actions, gestures, and body language convey meaning too. Watch your partner's actions. Do they convey meaning? Observe others, especially native speakers, and mimic body language to enhance meaning when you speak.

Describe tu rutina diaria. Explica a qué hora haces las actividades. Mientras hablas, otro(a) estudiante tiene que hacer las acciones. Cambien de papel. *(Hint: Describe your daily routine. Tell the time you do things. A classmate will act out your activities. Change roles.)*

modelo

Me levanto a las seis de la mañana. Después de levantarme, siempre me ducho. A las seis y media...

despertarse **bañarse** afeitarse

levantarse lavarse la cabeza **maquillarse**

ducharse peinarse ponerse la ropa

ACTIVIDAD 6 ¡Necesito consejos!

Imagínate que tienes uno de los problemas de la lista. ¿Qué consejo van a darte tus compañeros? *(Hint: Imagine you have a problem from the list. What advice do your friends give?)*

modelo

Tú: *Siempre tengo sueño en mis clases. Estoy cansado(a) todo el día.*

Estudiante A: *Acuéstate más temprano.*

Estudiante B: *No te levantes hasta las siete.*

- Tu casa es un desastre y tus padres tienen una fiesta esta noche.
- Estás enfermo(a).
- Siempre tienes sueño en tus clases.
- Sacas malas notas en la clase de español.
- Comes mucho y no haces ejercicio.
- Estás muy sucio(a) después de trabajar mucho.
- ¿?

ACTIVIDAD 7 *En tu propia voz*

Escritura Describe un sábado típico en tu casa. Incluye las rutinas y los quehaceres de los miembros de tu familia. *(Hint: Describe a typical Saturday at your house. Include the routines and chores of your family.)*

h u goin here to mis swool next year?

Conexiones

El arte Which kind of art do you prefer? Modern? Traditional? Still life? Portraits? Who is your favorite painter? Paint (or draw) a portrait **(un retrato)** or a still life **(una naturaleza muerta)** in the style you prefer. Then explain to a partner what is in your painting. Compare your painting (in terms of style, subject, and colors) with your partner's. Complete a Venn diagram.

Mi cuadro   El cuadro de Teresa

En resumen

REPASO DE VOCABULARIO

DESCRIBING DAILY ROUTINE

acostarse (ue)	to go to bed
afeitarse	to shave oneself
bañarse	to take a bath
despertarse (ie)	to wake up
dormirse (ue)	to fall asleep
ducharse	to take a shower
lavarse	to wash oneself
lavarse la cabeza	to wash one's hair
lavarse los dientes	to brush one's teeth
levantarse	to get up
maquillarse	to put on makeup
peinarse	to comb one's hair
ponerse la ropa	to get dressed
secarse	to dry oneself

TALKING ABOUT GROOMING

Items

el cepillo (de dientes)	brush (toothbrush)
el champú	shampoo
el espejo	mirror
el jabón	soap
la pasta de dientes	toothpaste
el peine	comb
el secador de pelo	hair dryer
la toalla	towel

Parts of the Body

la boca	mouth
el brazo	arm
la cabeza	head
la cara	face
el cuerpo	body
el diente	tooth
el estómago	stomach
la mano	hand
la nariz	nose
la oreja	ear
el pie	foot
la pierna	leg

DISCUSSING DAILY CHORES

hacer la cama	to make the bed
lavar los platos	to wash the dishes
limpiar el cuarto	to clean the room
limpio(a)	clean
los quehaceres	chores
quitar la mesa	to clear the table
sucio(a)	dirty

OTHER WORDS AND PHRASES

la cama	bed
el despertador	alarm clock
duro(a)	hard, tough
irse	to leave, to go away
la manta	blanket
ponerse	to put on (clothes)

Juego

Ya son las siete. ¿Qué necesitan estos chicos para prepararse y llegar a tiempo a la escuela?

ETAPA
2

¿Qué debo hacer?

OBJECTIVES

- Say what people are doing

- Persuade others

- Describe a house

- Negotiate responsibilities

¿Qué ves?

Mira la foto de la tienda.

1. ¿La tienda vende muchas o pocas frutas?
2. ¿Quién compra muchas frutas: Carmen, Mercedes o Luis?
3. ¿Cuánto cuesta el pan?

Ofertas del día
Arroz
1,20€
Pan
1,10€
Leche - 1,50€

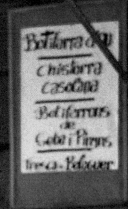

En contexto

VOCABULARIO

Luis and Carmen have a lot of chores to do!
See what they do to clean up their house.

A Luis **barre el suelo** de **la cocina.**

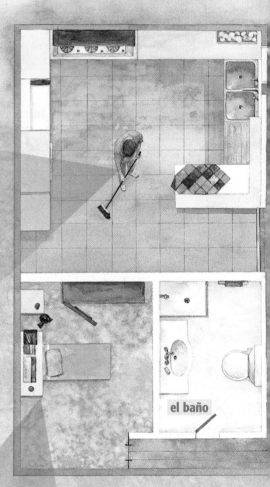

la cocina

la ventana

la pared

el suelo

el baño

B

En **la habitación** de
Luis hay **una lámpara**
y **un armario.** Aquí
todo ya está limpio.

la habitación

la lámpara

el armario

el jardín

el comedor

la mesa

la silla

quitar el polvo

D Luis **quita el polvo** de **la mesa** del **comedor**. También tiene que quitar el polvo de **las sillas**.

la aspiradora

la puerta

la llave

E Cuando terminan, Luis cierra **la puerta** de la casa con **la llave** y sale con Carmen.

la sala

los muebles

el sillón

el sofá

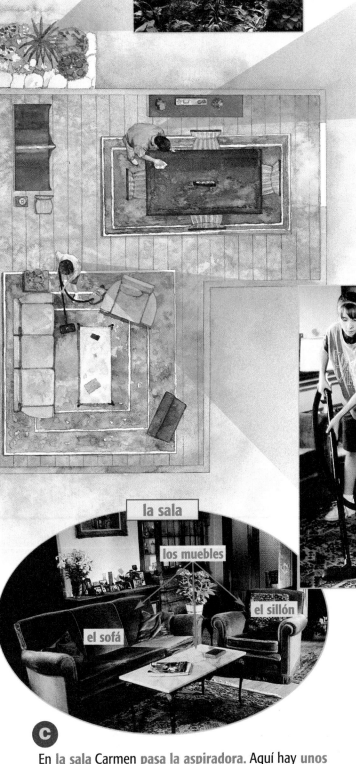

C

En **la sala** Carmen **pasa la aspiradora**. Aquí hay unos **muebles**, como **el sofá** y **el sillón**. También hay un televisor.

Online Workbook
CLASSZONE.COM

Preguntas personales

1. ¿Tienes jardín?
2. ¿Prefieres barrer el suelo o pasar la aspiradora?
3. ¿Quitas el polvo en la sala o en tu habitación?
4. ¿Dónde hay una mesa en tu casa?
5. ¿Qué muebles hay en tu habitación?

 VIDEO DVD AUDIO

En vivo

DIÁLOGO

Luis   Carmen   Mercedes

¡A limpiar la casa!

PARA ESCUCHAR • STRATEGY: LISTENING

Note and compare Jot down what you do to help around the house. Then listen and note what Luis, Carmen, and Mercedes are doing. How are your lists similar? How are they different? Who does more? What do you think of Carmen's approach to her chores?

Yo	Luis, Carmen y Mercedes

1▶ Luis: Carmen, Mercedes, ¿me ayudáis con los quehaceres?
Carmen: ¿Por qué te debo ayudar?
Luis: A ver. ¿Porque eres una hermana muy maja?

5▶ Luis: En vez de sacar fotos, debes ayudarme. Si no me ayudas, vamos a llegar tarde a casa de Álvaro.
Mercedes: Está bien, Luis. Ahora te estoy ayudando.

6▶ Luis: Carmen, ¿qué estás haciendo? ¿Por qué no estás pasando la aspiradora?
Carmen: Sí, sí, mira, estoy pasándola.

7▶ Luis: Pero, Carmen, debes pasarla cuidadosamente. Mira, hazlo como lo estoy haciendo yo, lentamente.
Carmen: ¡Ay, pero Luis! Quiero terminar rápidamente.

2 ▶ Luis: Porque si limpias la sala, te llevo al cine mañana.

Carmen: ¿Eso es todo?

Luis: Te doy un regalo.

3 ▶ Carmen: ¿Qué me vas a dar? ¡Dámelo ahora!

Luis: No, no, después. Primero quita el polvo de la mesa.

Carmen: Ya, ya, estoy quitándolo.

4 ▶ Luis: ¿Todavía estás sacando fotos?

Mercedes: Sí, estoy sacándolas para algo muy importante.

Luis: Estoy barriendo el suelo.

Mercedes: Claro, veo que estás barriéndolo. Pero necesito las fotos.

8 ▶ Luis: Todavía hay que lavar los platos y sacar la basura.

Mercedes: Tú debes sacar la basura. Yo ayudo a Carmen a lavar los platos. ¿Está bien, Carmen?

9 ▶ Carmen: ¡Sí, perfecto!

Luis: Bueno. Y después vamos a la tienda.

10 ▶ Luis: Pero, ¿qué hacéis? ¿Y los platos?

Mercedes: Estamos lavándolos, ¿no ves?

En acción

VOCABULARIO Y GRAMÁTICA

ACTIVIDAD 1

Los quehaceres

Escuchar Según el diálogo, describe los quehaceres que hacen Luis, Carmen y Mercedes. *(Hint: Describe the chores that Luis, Carmen, and Mercedes do.)*

> **modelo**
>
> *Barren el suelo.*

1.

2.

3.

4.

5.

¡A limpiar!

Escuchar Completa las oraciones que describen el diálogo. *(Hint: Complete the sentences.)*

1. Luis tiene ____.
   a. muchos quehaceres
   b. muchas hermanas
   c. muchas fotos

2. Si Carmen limpia la sala, puede ____.
   a. quitar el polvo
   b. comprar regalos
   c. ir al cine

3. Mercedes está ____.
   a. pasando la aspiradora
   b. hablando por teléfono
   c. sacando fotos

4. Luis y Mercedes van ____ esta tarde.
   a. al cine
   b. a la casa de Álvaro
   c. a comprar una aspiradora nueva

5. Mercedes y ____ lavan los platos.
   a. Luis
   b. Carmen
   c. Álvaro

También se dice

There are different ways to describe a really wonderful person. Luis uses **una hermana muy maja.**

Es muy maja: Spain

Es muy buena onda: Mexico

Es muy buena gente: many countries

El plano de la casa

Hablar/Escribir Imagínate que ésta es tu casa ideal. Indícales a unos amigos cada cuarto o lugar en el plano de esta casa imaginaria. *(Hint: Describe the ideal house.)*

modelo

Aquí está la sala. La sala tiene una puerta y tres ventanas.

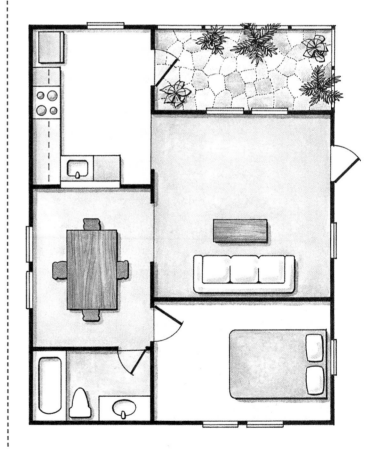

ACTIVIDAD 4

En mi casa

Hablar/Escribir En general, ¿qué haces en cada cuarto o lugar de tu casa? *(Hint: Tell what you usually do in each room of your home.)*

modelo

el baño: cantar, ducharse, ¿?

Me ducho en **el baño**.

1. tu habitación: estudiar, dormir, ¿?
2. la sala: leer, ver la televisión, ¿?
3. el jardín: jugar, plantar flores, ¿?
4. la cocina: preparar la comida, lavar los platos, ¿?
5. el comedor: comer, hablar, ¿?
6. el baño: leer, lavarse, ¿?
7. tu habitación: escuchar la música, hablar por teléfono, ¿?
8. la sala: hablar con amigos(as), comer, ¿?

ACTIVIDAD 5

♻ ¿Dónde?

Hablar Tu amigo(a) te pregunta dónde haces algún quehacer. Tú le dices todos los cuartos en donde se hace este quehacer. Cambien de papel. *(Hint: Tell in which rooms you do a chore.)*

modelo

pasar la aspiradora

Estudiante A: ¿Dónde **pasas la aspiradora**?

Estudiante B: **Paso la aspiradora** en la sala y en las habitaciones.

el baño   la cocina   el comedor

la habitación   la sala

1. barrer el suelo
2. quitar el polvo
3. hacer la cama
4. lavar los platos
5. limpiar las ventanas
6. quitar la mesa

Conexiones

El arte There are many fascinating buildings and sculptures in many sections of Barcelona. What do you think of this artwork? How does it make you feel?

PARA HACER:

♻ Write down three adjectives (in Spanish) that you would use to describe each creation.

"A" by J. Brossa

Casa Batlló

¿Quién lo hace?

Hablar/Escribir Trabaja en un grupo de tres personas. *(Hint: Work in a group of three.)*

1. En una hoja de papel, haz una tabla como ésta. Usa éstos y otros quehaceres en tu tabla. *(Hint: Make a table like this. Add other chores.)*

	todos los días	a veces	nunca
barrer el suelo			
hacer la cama			
lavar los platos			

2. Pregúntales a tus amigos con qué frecuencia tienen que hacer los quehaceres. Marca las respuestas con una X. *(Hint: Ask your classmates how often they have to do these chores. Record their answers with an X.)*

3. ¿Cuáles son los quehaceres más comunes? Habla con todos los grupos de la clase. *(Hint: Look at all groups' charts to determine the most common chores.)*

NOTA CULTURAL

In Spain and in most other Spanish-speaking countries, the first floor of a building is called **la planta baja**. The next floor is called **el primer piso**.

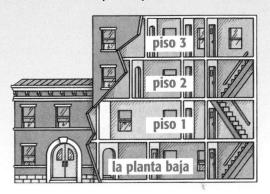

piso 3
piso 2
piso 1
la planta baja

 **Si tú pones la mesa...**

PARA CONVERSAR
STRATEGY: SPEAKING
Negotiate Choose the chore you'd rather do. Then talk with your partner, who will express a preference. Decide who will do each.

Hablar Con otro(a) estudiante habla sobre los quehaceres. Escoge entre dos. *(Hint: Talk with a classmate about chores. Choose between two of them.)*

modelo

poner la mesa / preparar la cena

Estudiante A: *Si tú **pones la mesa**, yo **preparo la cena**.*

Estudiante B: *Prefiero **preparar la cena**.*

Estudiante A: *Está bien. Yo pongo la mesa y tú **preparas la cena**.*

Nota

Use **si** (with no accent!) to say *if*.

Si tú pones la mesa, yo preparo la cena.
If you set the table, I'll make dinner.

1. quitar la mesa / lavar los platos
2. hacer las camas / preparar el almuerzo
3. pasar la aspiradora / barrer el suelo
4. lavar la ropa / quitar el polvo
5. cuidar al hermano / ir al supermercado
6. limpiar las ventanas / planchar la ropa
7. sacar la basura / ordenar los libros
8. limpiar el cuarto / preparar la comida

¿RECUERDAS? *p. 78* Remember how you use the **present progressive** to describe actions in progress?

estoy **esperando**	estamos **esperando**
estás **esperando**	estáis **esperando**
está **esperando**	están **esperando**

▶ When you use **pronouns** with the **present progressive**, you can put them in one of two places.

- Put pronouns before the conjugated form of estar...
- or attach them to the end of the **present participle**.

Mercedes says: *attached*

—**Estoy sacándolas** para algo muy importante.
I'm taking them (the pictures) for something very important.

You need to add an **accent** when you attach a pronoun.
barriéndolo

She could have said:

before

—**Las** estoy **sacando** para algo muy importante.

▶ Some verbs you know have **irregular present participle forms.**

- When the **stem** of an **-er** or **-ir** verb ends in a vowel, change the **-iendo** to **-yendo** to form the present participle.

- **e → i** stem-changing verbs have a vowel change in the stem.

- Some other verbs also have a vowel change in the stem.

Verb	Irregular Present Participle
le**e**r	le**y**endo
o**í**r	o**y**endo
tra**e**r	tra**y**endo
p**e**dir	p**i**diendo
s**e**rvir	s**i**rviendo
d**e**cir	d**i**ciendo
d**o**rmir	d**u**rmiendo
v**e**nir	v**i**niendo

ACTIVIDAD 8 Gramática

¿Quién lo compra?

Hablar Pregunta quién está comprando qué comida. *(Hint: Ask who is buying the food.)*

modelo

el arroz (Carmen)

Estudiante A: ¿Quién está comprando **el arroz?**

Estudiante B: **Carmen** lo está comprando.
   o: **Carmen** está comprándolo.

1. los calamares (Luz y Rocío)
2. el chorizo (Ana y yo)
3. el jamón (Enrique y Pedro)
4. la tortilla española (Marta)
5. la lechuga (vosotros)
6. las aceitunas (María)

MÁS PRÁCTICA *cuaderno* pp. 37–38

PARA HISPANOHABLANTES *cuaderno* pp. 35–36

Online Workbook
CLASSZONE.COM

Vocabulario

Las tapas

las aceitunas *olives*

el chorizo *sausage*

los calamares *squid*

el jamón *ham*

la tortilla española *potato omelet*

Las tapas son porciones pequeñas de comida. ¿Cuáles te gustan?

ACTIVIDAD 9

¿Qué está pasando?

Hablar/Escribir El mesero de un restaurante quiere saber lo que ocurre en el restaurante esta noche. Con otro(a) estudiante, haz preguntas. *(Hint: Take turns asking what's going on in the restaurant.)*

modelo

Estudiante A: ¿Está leyendo el menú?

Estudiante B: Sí, está leyéndolo.
   o: Sí, lo está leyendo.

él

1. ellos

2. él

3. vosotros

4. ellos

¿Puedes ayudar?

Hablar Tienes muchos quehaceres. Pides ayuda, pero todos están ocupados. *(Hint: You ask for help doing chores, but everyone is busy.)*

modelo

barrer el suelo

Estudiante A: *¿Me puedes ayudar a **barrer el suelo**?*

Estudiante B: *No puedo. Estoy **poniéndome la ropa**.*

*o: No puedo. Me estoy **poniendo la ropa**.*

Nota

When using the present progressive, place reflexive pronouns as you would place direct and indirect object pronouns.

1. lavar los platos

2. preparar la comida

3. poner la mesa

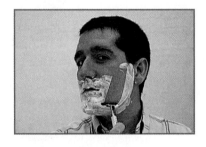

4. hacer la cama

¡Qué inteligente!

Escuchar Álvaro llama a una amiga para invitarla a salir. Escucha su conversación. Luego, explica lo que están haciendo las personas. *(Hint: Álvaro is calling a friend to invite her to go out. Listen and then explain what people are doing.)*

1. la madre de Ana

2. sus hermanas

3. sus hermanos

4. Ana

NOTA CULTURAL

Paella and the **tortilla española** are two important Spanish dishes. **Paella** originated in the Mediterranean city of Valencia but is popular throughout the country. It is a dish of rice and vegetables laced with the rare spice called saffron. It typically contains all sorts of seafood—shrimp, lobster, clams, mussels, and squid—in addition to chicken and **chorizo**.

¡Lo está haciendo ahora!

Hablar Álvaro y unos amigos están limpiando su casa. Su madre le pregunta si van a hacer algunos quehaceres. *(Hint: Say who's doing what.)*

modelo

1. vosotros

Su madre: *¿Vosotros vais a limpiar el cuarto?*

Álvaro: *Lo estamos limpiando ahora.*   **o:** *Estamos limpiándolo ahora.*

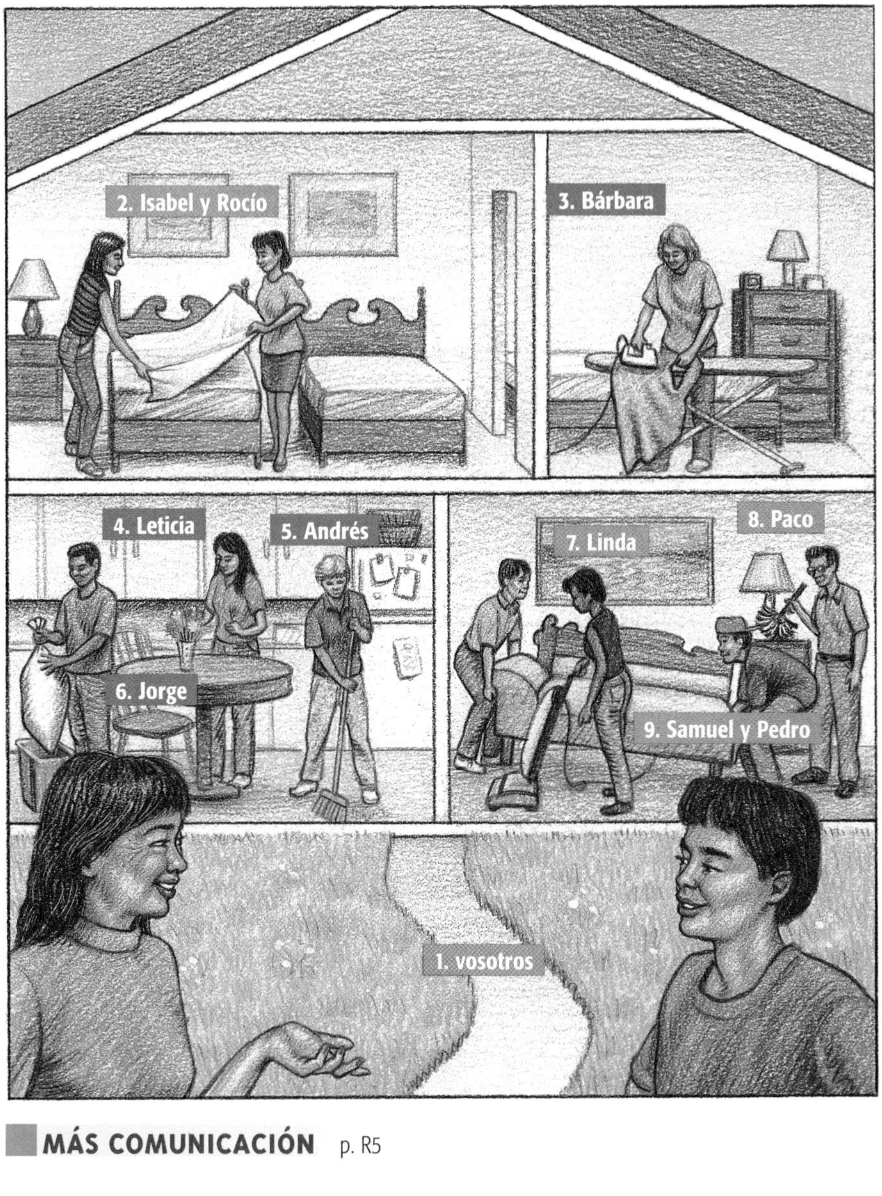

Vocabulario

Más quehaceres

mover (o → ue) los muebles
  to move the furniture

ordenar (las flores, los libros)
  to arrange (the flowers, books)

planchar (la ropa)
  to iron (the clothes)

sacar la basura
  to take out the trash

¿Quién hace estos quehaceres en tu casa?

2. Isabel y Rocío

3. Bárbara

4. Leticia

5. Andrés

8. Paco

7. Linda

6. Jorge

9. Samuel y Pedro

1. vosotros

■ MÁS COMUNICACIÓN   p. R5

Using the Verb deber

The verb **deber** means *should* or *ought to*. To say what people should do, use a **conjugated form of deber** with the **infinitive** of another verb.

deber	*should, ought to*
debo	debemos
debes	debéis
debe	deben

Debo barrer el suelo.
I should sweep the floor.

Debes limpiar la cocina.
You should clean the kitchen.

Debe sacar la basura.
He should take out the trash.

Remember you can put a **pronoun** in front of a conjugated verb or attach it to an infinitive.

Carmen asks Luis: *before*
—¿Por qué **te debo ayudar**?
Why should I help you?

Luis tells Mercedes: *attached*
—En vez de sacar fotos, **debes ayudarme**.
Instead of taking pictures, you should help me.

¡Organicemos una fiesta!

Escribir ¿Qué deben hacer estas personas para una fiesta? *(Hint: What should these people do to plan for a party?)*

modelo

Luis / comprar la comida
Luis debe **comprar la comida.**

1. yo / preparar una tortilla española
2. los amigos / limpiar la casa
3. tú y yo / escribir las invitaciones
4. tú / mandar las invitaciones
5. vosotros / hacer el pastel
6. Mercedes / lavar los platos

Vocabulario

La fiesta

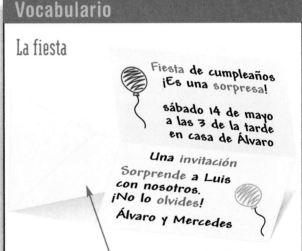

Fiesta de cumpleaños
¡Es una sorpresa!

sábado 14 de mayo
a las 3 de la tarde
en casa de Álvaro

Una invitación
Sorprende a Luis
con nosotros.
¡No lo olvides!
Álvaro y Mercedes

una invitación cerrada   **una invitación abierta**

¿Qué te gusta de una fiesta? ¿Las invitaciones? ¿Las sorpresas? ¿Los regalos?

♻ ¿Me ayudas?

Hablar Estás organizando una cena y necesitas la ayuda de unos amigos. Los llamas por teléfono. ¿Qué dicen? *(Hint: You call your friends to help you organize a dinner. What do you say to each other?)*

modelo

Carmen: salir para comprar el postre

Carmen: ¿Debo **salir para comprar el postre?**

Tú: Sí, **sal para comprar el postre,** por favor.

1. Ana: ir a la tienda para comprar pan
2. Raúl: decirle a Pepe cómo llegar a la casa
3. Elena: hacer las tapas
4. Diego: venir temprano para ayudar
5. Ramón: salir para comprar refrescos
6. Carlos: ser simpático con todos
7. Carmen: limpiar la casa
8. Mercedes: preparar la comida

MÁS PRÁCTICA *cuaderno* p. 39

PARA HISPANOHABLANTES *cuaderno* p. 37

Online Workbook
CLASSZONE.COM

¡Hazlo!

Hablar Otro(a) estudiante te pregunta si debe hacer algo o no. Contéstale. *(Hint: Your classmate asks you if he or she should do certain things.)*

modelo

por la mañana

Estudiante A: ¿Debo hacer la cama **por la mañana?**

Estudiante B: Sí, debes hacerla.

1. después de comer

2. para andar en bicicleta

3. para sacar buenas notas

4. después de comer

5. antes de comer

6. tarde

¿En qué orden?

Escuchar Liliana y su familia preparan una fiesta para su abuelo. Escucha lo que dice. Luego, indica el orden en que deben hacer las actividades.

(Hint: In what order should they do things?)

a. preparar la comida

b. mandar las invitaciones

c. hacer la tarta

d. comprar el regalo

¡Todos ayudan!

Hablar/Escribir Trabaja en un grupo de tres personas. ¿Qué deben hacer para organizar una buena fiesta? ¿Qué grupo tiene las mejores ideas? *(Hint: What should you do to throw a great party? Which group has the best ideas?)*

música

baile

¿?

bebidas

comida

modelo

> Para hacer una buena fiesta…
> 1. Debemos invitar a muchos amigos.
> 2. Debemos servir comida rica. Por ejemplo…
> 3. Debemos poner música de artistas como…

Conexiones

La lengua If you travel to a Spanish-speaking country, it will be important to know how to get around. To do so, you will need to understand certain abbreviations.

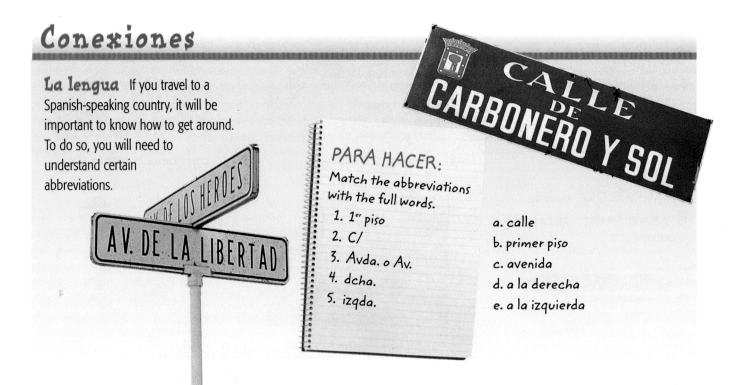

PARA HACER:
Match the abbreviations with the full words.

1. 1er piso
2. C/
3. Avda. o Av.
4. dcha.
5. izqda.

a. calle
b. primer piso
c. avenida
d. a la derecha
e. a la izquierda

Using Adverbs That End in -mente

To describe how something is done, use **adverbs.** Many adverbs in Spanish are made by changing an existing **adjective.**

• When an adjective ends in **e, l,** or **z,** simply add **-mente** to the end.

Adjective	Adverb
reciente *recent*	**reciente**mente *recently, lately*
frecuente *frequent*	**frecuente**mente *frequently, often*
fácil *easy*	**fácil**mente *easily*
normal *normal*	**normal**mente *normally*
especial *special*	**especial**mente *specially, especially*
feliz *happy*	**feliz**mente *happily*

• For adjectives with **-o** or **-a** endings, add **-mente** to the **feminine** form.

Adjective	Adverb
cuidadoso(a) *careful*	**cuidadosa**mente *carefully*
rápido(a) *fast, quick*	**rápida**mente *quickly*
lento(a) *slow*	**lenta**mente *slowly*
tranquilo(a) *calm*	**tranquila**mente *calmly*

Luis says:

—Pero, Carmen, debes pasarla **cuidadosa**mente.
*But Carmen, you should vacuum **carefully.***

Notice that you must keep an **accent** when an adjective is changed to an adverb.

rápido ➡ **rápida**mente
fácil ➡ **fácil**mente

When you use two adverbs, **drop** the **-mente** from the **first** one.

lenta y **tranquila**mente

Mmm... ¡qué rico!

Leer/Escribir Luis habla de un restaurante. Completa el párrafo con adverbios de los adjetivos entre paréntesis. *(Hint: Complete the paragraph with adverbs.)*

modelo

Fui __recientemente__ *(reciente) con mi familia a Casa Paco, un restaurante buenísimo.*

Comemos allí ___1___ (frecuente) porque está cerca de mi casa y ¡la comida es riquísima! A mí me gustan ___2___ (especial) los calamares y el chorizo. Voy a Casa Paco hoy con mis amigos. Caminamos ___3___ (rápido) porque tenemos mucha hambre. ¡Ah! ¡___4___ (final) llegamos! En el restaurante, nadie tiene prisa. Todos comemos ___5___ (tranquilo). Cuando terminamos, pedimos la cuenta y dejamos una buena propina.

MÁS PRÁCTICA *cuaderno* p. 40

PARA HISPANOHABLANTES *cuaderno* p. 38

Online Workbook
CLASSZONE.COM

¿Cómo hacen las actividades?

Hablar/Escribir Describe cómo hacen las cosas estas personas. *(Hint: Say how everyone does each activity.)*

tranquilo   frecuente   cuidadoso

feliz   rápido   lento

modelo

Luis

Luis *barre el suelo* **rápidamente**.

I. Beto y Marta

2. Enrique

3. Pedro

4. todos

5. vosotros

También se dice

Many words are used to mean *bedroom*. Almost all are used in all countries. A few are used a bit more often in specific countries.

- **la alcoba:** many countries
- **el dormitorio:** many countries
- **la pieza:** Argentina, Chile
- **el cuarto:** many countries
- **la habitación:** Spain
- **la recámara:** Mexico

 ¡La buena limpieza!

Leer/Escribir Imagínate que recibes este anuncio de la compañía Buena Limpieza. Lee el anuncio y después contesta las preguntas.
(Hint: Read the advertisement and answer the questions.)

Buena Limpieza

¡Con diez años de experiencia, limpiamos fácilmente todo tipo de hogar!

Llegamos rápidamente a su hogar para ofrecerle un servicio completo de limpieza.

➤ Quitar completamente el polvo
➤ Pasar lentamente la aspiradora
➤ Limpiar cuidadosamente todos los cuartos, especialmente los baños y la cocina

¡Llámenos hoy al 86-25-54 para tener una casa bien limpia mañana!

1. ¿Cómo limpia el servicio?

2. ¿Cómo llegan a la casa?

3. ¿Qué servicios ofrecen?

4. ¿Cómo pasan la aspiradora?

5. ¿Qué cuartos limpian especialmente bien?

Mi casa ideal

Hablar/Escribir Haz un plano de tu casa ideal. Después, muéstrale el plano a otro(a) estudiante y descríbele la casa.
(Hint: Design and describe your dream house.)

modelo

Mi casa ideal es grande y bonita. Tiene un jardín con muchas flores y plantas. También tiene una piscina y una cancha de tenis. Hay una sala donde vemos la televisión. Hay una cocina muy grande donde comemos todos los días. La casa también tiene…

MÁS COMUNICACIÓN p. R5

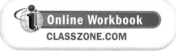
Online Workbook
CLASSZONE.COM

Pronunciación

Trabalenguas

Pronunciación de la *c*, la *p* y la *t* When a *c* is followed by an **a**, **o**, or **u**, it sounds like the *c* in the English word *cat*. The letter combination **qu**, when followed by **e** or **i**, also makes this sound. This **c** sound and the letters **p** and **t** are pronounced similarly in Spanish and English. However, when you say them in English, a puff of air comes out of your mouth. In Spanish there is no puff of air. Try saying the following tongue twisters to practice these sounds.

Quince quiteños comen papas picantes.

No son tantas las tontas ni tantos los tontos muchachos.

En colores

CULTURA Y COMPARACIONES

PARA CONOCERNOS
STRATEGY: CONNECTING CULTURES
Predict reactions about restaurants Fast food chains are a U.S. invention being exported to other countries. Think about a favorite one and write down your answers to the questions in the chart.

	comida rápida	tapas
¿Qué comida sirven?		
¿Por qué vamos?		
¿Con quién vamos?		

As you read, answer the same questions about a place that serves **tapas.** Compare the two eating experiences. How do you think Luis or Mercedes would feel on their first trip to your favorite fast food restaurant?

Las tapas

¿**T**e gustarían unas tapas? Son muy típicas de España. ¿Sabes qué son? Una tapa es una porción pequeña de comida que la gente normalmente come con una bebida antes de la cena. ¡Vamos a probar[1] unas!

En el café ponen todas las tapas en el mostrador[2]. Hay tantas tapas diferentes. Mucha gente está buscando mesa, pero no hay. No es un problema porque es muy común comer las tapas de pie. Pagas un precio más barato si comes así[3].

---

[1] to try   [2] counter   [3] in this way

una experiencia muy española

Unos chicos están comiendo aceitunas, jamón y queso. Otros comen chorizo con pan. Las aceitunas, el jamón, el queso y el chorizo son tapas naturales[4]. También hay tapas cocidas[5], como la tortilla española y los calamares. La tortilla española es muy popular y es uno de los platos más famosos. Pero la especialidad de la casa es un plato típico de Barcelona y de toda Cataluña, el cocido catalán[6]. ¡Está riquísimo!

Comer tapas es una buena actividad para la familia o los amigos. A muchas personas les gusta conversar mientras comen las deliciosas tapas.

---

[4] served unheated   [5] cooked   [6] Catalonian stew

More About Spain
CLASSZONE.COM

¿Comprendiste?

1. ¿Qué sirven en este café?
2. ¿Por qué no hay problema si todas las mesas están ocupadas?
3. ¿Qué son las tapas naturales?
4. ¿Qué tapa cocida piden muchas personas? ¿Qué otras tapas cocidas hay?
5. ¿Cómo se llama la especialidad de la casa?

¿Qué piensas?

En España comer tapas es una actividad social. ¿Hay una actividad similar en Estados Unidos? Descríbela.

Hazlo tú

Eres camarero(a) en un café español. Dos personas llegan y piden tapas. ¿Qué dicen? ¿Qué les sirves?

ETAPA **2**

En uso

REPASO Y MÁS COMUNICACIÓN

OBJECTIVES

- Say what people are doing
- Persuade others
- Describe a house
- Negotiate responsibilities

Now you can...

- say what people are doing.

To review

- pronouns with the present progressive, see p. 206.

ACTIVIDAD 1 **¡A limpiar!**

Luis habla con su madre por teléfono. ¿Qué le dice sobre los quehaceres?
(Hint: Luis is talking on the telephone with his mother. What does he tell her about the chores?)

modelo

¿quitar el polvo de la mesa? (yo)

Mamá: *¿Quién está **quitando el polvo de la mesa**?*

Luis: **Yo** *estoy quitándolo.* **o:** **Yo** *lo estoy quitando.*

1. ¿barrer el suelo? (yo)
2. ¿pasar la aspiradora? (Carmen)
3. ¿lavar los platos? (Mercedes y Carmen)
4. ¿sacar la basura? (yo)
5. ¿poner la mesa? (Carmen)
6. ¿limpiar los baños? (Mercedes y yo)
7. ¿hacer las camas? (yo)
8. ¿preparar las tapas? (nosotros)

Now you can...

- persuade others.

To review

- the verb **deber**, see p. 210.
- adverbs that end in **-mente**, see p. 213.

ACTIVIDAD 2 ¡Una fiesta!

Tú y tus amigos van a hacer una fiesta en tu casa en una hora. ¿Qué deben o no deben hacer todos? *(Hint: You and your friends are having a party. What should or shouldn't people do?)*

modelo

yo: poner la mesa (lento)

*No debo **poner la mesa lentamente.***

1. ustedes: ordenar la casa (cuidadoso)
2. tú: hablar por teléfono (frecuente)
3. mis amigos y yo: preparar las tapas (rápido)
4. yo: ducharme (lento)
5. nosotros: hacer los quehaceres (tranquilo)
6. mis amigos: ayudarme (rápido)

Now you can...

• describe a house.

To review

• house and furniture vocabulary, see pp. 198–199.

ACTIVIDAD 3 **¡Una nueva casa!**

Imagínate que tú y tu familia acaban de llegar a esta nueva casa. Describe lo que hay en estos cuartos. *(Hint: Imagine you and your family just arrived at a new house. Describe what's in the rooms.)*

modelo

En el baño hay una ventana y un armario.

ACTIVIDAD 4 **Si tú limpias...**

Luis está hablando con Carmen sobre los quehaceres. ¿Qué le dice? *(Hint: What does Luis say to Carmen about the chores?)*

modelo

quitar la mesa / lavar los platos
*Si tú **quitas la mesa**, yo **lavo los platos.***

Now you can...

• negotiate responsibilities.

To review

• **si** clauses with the present tense, see p. 205.

1. lavar la ropa / planchar la ropa
2. barrer el suelo / sacar la basura
3. quitar el polvo / pasar la aspiradora
4. limpiar la sala / limpiar la cocina
5. poner la mesa / hacer las camas
6. limpiar las ventanas / ordenar los muebles

ACTIVIDAD 5 · Mi casa es así

Dibuja un cuarto. Descríbeselo a otro(a) estudiante. Él o ella tiene que dibujar el cuarto que tú describes y decir qué cuarto es. *(Hint: Draw and describe a room.)*

modelo

Estudiante A: *Hay una ventana grande a la derecha de la puerta. Cerca de la ventana hay un sofá y dos sillones. Hay una mesa entre los sillones…*

Estudiante B: *Es la sala.*

ACTIVIDAD 6 · ¡Límpialo tú!

Tú y tus amigos tienen que preparar la casa para una fiesta esta noche. Hagan una lista de los quehaceres y después decidan quiénes van a hacerlos. *(Hint: List chores and decide who does what.)*

modelo

Tú: *Si ustedes limpian el baño, yo paso la aspiradora.*

Estudiante A: *¡No! Tú debes limpiar el baño. Yo prefiero pasar la aspiradora.*

Estudiante B: *Yo puedo limpiar el baño rápidamente si tú me ayudas.*

Tú: *Bueno. Yo te ayudo a limpiar el baño.*

ACTIVIDAD 7 · En tu propia voz

ESCRITURA Imagínate que estás en una fiesta del Club de Español. Escribe una descripción de lo que están haciendo todos. *(Hint: Describe what people are doing.)*

modelo

La fiesta es muy alegre. Gregorio está tocando la guitarra y todos estamos cantando. La profesora está en la cocina. Está preparando las tapas cuidadosamente…

En la comunidad

Noemi is a high school student in New Jersey. A native Spanish speaker, she helps out Spanish-speaking customers in the clothing store where she works. She also speaks Spanish with family and friends. With whom do you speak Spanish?

En resumen

REPASO DE VOCABULARIO

PERSUADING OTHERS

cuidadosamente	carefully
cuidadoso(a)	careful
deber	should, ought to
especial	special
especialmente	specially, especially
fácilmente	easily
felizmente	happily
frecuente	frequent
frecuentemente	often, frequently
lentamente	slowly
lento(a)	slow
normal	normal
normalmente	normally
rápidamente	quickly
rápido(a)	fast, quick
reciente	recent
recientemente	lately, recently
tranquilamente	calmly

DESCRIBING A HOUSE

The House

el baño	bathroom
la cocina	kitchen
el comedor	dining room
la habitación	bedroom
el jardín	garden
la pared	wall
la puerta	door
la sala	living room
el suelo	floor
la ventana	window

Furniture

el armario	closet
la lámpara	lamp
la mesa	table
los muebles	furniture
la silla	chair
el sillón	armchair
el sofá	sofa, couch
el televisor	television set

WHAT PEOPLE ARE DOING

barrer el suelo	to sweep the floor
mover (ue) los muebles	to move the furniture
ordenar (las flores, los libros)	to arrange (the flowers, books)
pasar la aspiradora	to vacuum
planchar (la ropa)	to iron (the clothes)
quitar el polvo	to dust
sacar la basura	to take out the trash

OTHER WORDS AND PHRASES

abierto(a)	open
cerrado(a)	closed
la llave	key
olvidar	to forget
si	if

Food

las aceitunas	olives
los calamares	squid
el chorizo	sausage
el jamón	ham
las tapas	appetizers
la tortilla española	potato omelet

Invitations

la fiesta	party
la invitación	invitation
sorprender	to surprise
la sorpresa	surprise

Juego

¿En qué cuarto están?

1. Sofía come.
2. Felipe ve la televisión.
3. Cristina lava los platos.

barrer el suelo, sacar la basura, quitar el polvo, hacer la cama

ETAPA

3

¡Qué buena celebración!

OBJECTIVES

• Plan a party

• Describe past activities

• Express extremes

• Purchase food

¿Qué ves?

Mira la foto de la fiesta para Luis.

1. ¿Está contento Luis?

2. ¿Qué hay en la mesa?

3. ¿Cuántas personas están en la fiesta?

4. ¿En qué cuarto de la casa están?

En contexto

VOCABULARIO

Luis's friends are finishing their preparations for his surprise birthday party. Look at all of the food!

A Hay mucha comida para la fiesta. En **el frigorífico** hay **una lata de zumo** y **crema**. ¿Y en **el congelador**? ¡**Helado**!

el congelador

el helado

la crema

el frigorífico

el horno

SAGÚ
jugo de pera

la lata de zumo

B Para hacer la tarta, Marta usa **harina**, **huevos**, **mantequilla** y **leche**. Acaba de hacer **galletas**.

los huevos

la leche

las galletas

la mantequilla

la harina

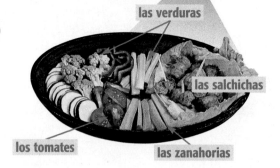

las verduras

las salchichas

los tomates

las zanahorias

C Hay **verduras**, **tomates** y **zanahorias**. También hay **salchichas**.

cocinar

las cebollas

la carne de res

la estufa

D Iván **cocina** en **la estufa**. Cocina **carne de res** con **cebollas**.

el microondas

el lavaplatos

las patatas

la botella de aceite

la pimienta

la sal

E Para **las patatas** alioli, Beto usa patatas, un poco de **aceite**, **sal** y **pimienta**. También usa mayonesa y otros ingredientes.

¡Cállate!

apagar la luz

F Cuando Luis llega, Marta **apaga la luz**. Beto le dice a Marta «**¡Cállate!**». ¡Quieren silencio para darle la sorpresa a Luis!

Preguntas personales

1. ¿Te gusta cocinar?
2. ¿Qué postre prefieres, helado o galletas?
3. ¿Cuál usas más, la estufa o el microondas?
4. ¿Qué preparas?
5. ¿Qué hay en tu frigorífico?

En vivo

VIDEO   DVD   AUDIO

DIÁLOGO

Álvaro   Marta   Iván   Beto

¡De compras!

▶ **PARA ESCUCHAR** • STRATEGY: LISTENING

Listen and take notes There are many different ways to celebrate a birthday. Luis's friends have prepared a meal for him. Listen and write down the menu. Were all categories mentioned?

Bebidas	Carne	Verduras	Postre

1▶ Luis: No lo puedo creer. Limpié la cocina, saqué la basura y tú, Carmen, pasaste la aspiradora.

Mercedes: ¿Y qué, Luis? ¿Qué es lo que no puedes creer?

Luis: Que es mi cumpleaños.

5▶ Luis: Trabajé en casa toda la mañana. Y ¡también tengo que cuidar a Carmen!

Álvaro: Ven a casa con Mercedes. Y trae a Carmen también.

Luis: Gracias. Nos vemos pronto.

6▶ Marta: ¡La tarta está lista, Álvaro! ¡Mírala!

Álvaro: ¡Quedó deliciosa! ¡Es la más deliciosa de Barcelona!

Marta: ¡Álvaro!

Álvaro: ¡Iván! ¿Está lista la carne de res?

Iván: Sí, claro.

7▶ Álvaro: ¡Beto! ¿Qué haces?

Beto: Estoy preparando un plato de verduras. ¡No te comas las zanahorias! ¿No ves que hay pocas?

2 ▶ Luis: ¡El día empezó con demasiados quehaceres!

Carmen: ¡Yo te ayudé, Luis!

Luis: Sí, Carmen, tú me ayudaste y Mercedes también me ayudó.

3 ▶ Luis: Lo más increíble es que son las dos y ¡todavía no terminamos!

Mercedes: No te preocupes, Luis. ¿Por qué no llamas a Álvaro?

Luis: Buena idea. Os veo en la tienda.

4 ▶ Luis: Hola, Álvaro, soy Luis.

Álvaro: ¡Hola, Luis! ¿Dónde estás?

Luis: Voy a la tienda con Mercedes y Carmen. Tengo que hacer unas compras.

Álvaro: ¿Ahora? Hombre, te estoy esperando.

8 ▶ Luis: Necesito comprar leche, zumo, huevos y mantequilla.

Carmen: ¡No olvides el helado! ¡Es lo más rico del mundo!

Luis: Tenemos que llevar estas cosas a casa. Vamos, pronto.

9 ▶ Todos: ¡Feliz cumpleaños, Luis!

Luis: ¿Cómo puede ser? ¡Mercedes! ¡Álvaro!

Álvaro: Sí, amigo. Lo planeamos todo.

Luis: Pues, por fin, dime, Mercedes, ¿para qué son esas fotos?

10 ▶ Mercedes: Son para un concurso. ¡Y tú eres la estrella de mi proyecto! Y el título de mi proyecto es «Un día especial en la vida de un joven español».

Luis: ¡Te voy a decir definitivamente que este día es muy especial!

En acción

VOCABULARIO Y GRAMÁTICA

ACTIVIDAD 1

En otras palabras

Escuchar Según el diálogo, escoge la oración que mejor describe lo que pasa en cada foto.
(*Hint: Match the sentences with the photos.*)

a. Luis está hablando por teléfono.

b. Los amigos preparan la comida.

c. Luis y su hermana van de compras.

d. Los amigos de Luis le dicen «¡Feliz cumpleaños!»

También se dice

Sometimes **el frigorífico** is used in Spain to talk about the refrigerator. Other words are also used for this appliance.

- **la nevera:** Ecuador, Puerto Rico, parts of Spain
- **la heladera:** Argentina
- **el refrigerador:** Mexico

Also, Spaniards say **zumo** for *juice*.
Latin Americans use **jugo.**

228

¿Cierto o falso?

Escuchar ¿Son ciertas o falsas las oraciones que describen el diálogo? Si las oraciones son falsas, di la frase cierta. *(Hint: Tell whether the sentences are true or false. If they are false, correct them.)*

1. A Luis le gusta hacer los quehaceres.
2. Luis tiene que hacer unas compras.
3. Iván prepara la carne de res.
4. Carmen quiere comprar una tarta.
5. Las fotos son para los abuelos de Luis.

NOTA CULTURAL

You may have tasted a Mexican tortilla, but have you ever tasted a **tortilla española**? In Spain it's a popular dish made with potatoes, eggs, olive oil, salt, and pepper.

tortilla española

The Mexican tortilla, on the other hand, is made from a corn or wheat flour dough. The dough is patted into flat cakes and baked in an oven. People fill them with meat, vegetables, cheese, or beans. The **tortilla española** is more like a potato omelet that is cooked on the stove. While most people like to eat their Mexican tortillas warm, the **tortilla española** can be enjoyed hot or cold!

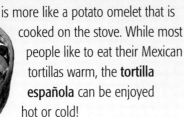

tortillas

La tortilla española

Hablar ¿Qué necesitas para hacer una tortilla española? *(Hint: Say what you need.)*

modelo

Necesito **pimienta**.

1.

2.

3.

4.

♻ ¿Qué comes?

Hablar Trabaja con otro(a) estudiante. Indica con qué frecuencia comes esta comida, usando estas frases: **a veces, todos los días, nunca.** *(Hint: Tell how often you eat the following foods.)*

modelo

Estudiante A: *¿Comes **tomates**?*

Estudiante B: *Sí, a veces los como.* **o:** *Sí, los como todos los días.*
o: *¡Nunca los como! No me gustan.*

1. 2. 3. 4.

5. 6. 7. 8.

Vocabulario

La comida

el cereal   la pasta   el pescado

el puerco   el yogur

¿Qué te gusta comer?

¡La fiesta!

Leer/Hablar Todos están muy ocupados con los preparativos para la fiesta de Luis. Explica lo que hacen. *(Hint: Explain what they do.)*

1. Marta saca la leche _____ .
   a. de la estufa
   b. del frigorífico
   c. del lavaplatos

2. Álvaro pone el helado en _____ .
   a. el congelador
   b. la mantequilla
   c. la harina

3. Iván cocina _____ .
   a. la pimienta
   b. el zumo
   c. la carne de res

4. Beto saca _____ para el café.
   a. el azúcar
   b. la sal
   c. el aceite

5. Mercedes pone los platos sucios en _____ .
   a. el lavaplatos
   b. el microondas
   c. la estufa

Conexiones

Las matemáticas On December 31, 2001, banks all over Europe scrambled to stock their automated teller machines with euros. In Spain, it replaced the **peseta**, which was the national monetary unit. A euro is divided into 100 **céntimos**. The symbol for the euro is €.

una camiseta
1.800 ptas

unos jeans
5.250 ptas

una entrada al cine
900 ptas

PARA HACER:
166 pesetas were exchanged for each euro in Jan. 2002. The prices you see here were typical in Spain at the end of 2001. Find out what they were in Jan. 2002 when they were posted in euros.

Talking About Extremes: Superlatives

♻ **¿RECUERDAS?** *p. 69* Remember how you make comparisons? These phrases say that one item has **more** or **less** of a certain quality than another item has.

más... que

menos... que

▶ When you want to say that something has the **most** or the **least** of a certain quality, use a **superlative**.

el más...	**el** menos...
los más...	**los** menos...
la más...	**la** menos...
las más...	**las** menos...

Luis es **el** más **alto.** Carmen es **la** más **pequeña.** Mercedes es **la** menos **cansada.**

*Luis is **the tallest.** Carmen is **the smallest.** Mercedes is **the least tired.***

▶ To use a **noun** with the superlative form, put it **after** the article.

matches

Luis es **el chico** más **alto.** Mercedes es **la chica** menos **cansada.**

*Luis is **the tallest boy.** Mercedes is **the least tired girl.***

matches

Iván prepara **las comidas** más **sabrosas.**

*Iván makes **the tastiest meals.***

> Be sure the adjective matches the noun in both gender and number.

▶ When you refer to an idea or concept, which has no gender, use the neuter article **lo**.

Luis says: —**Lo** más **increíble** es que son las dos...

The most incredible (thing) is that it's two o'clock...

▶ Remember to use these **irregular** forms you learned with comparatives when referring to the *best, worst, oldest,* and *youngest.*

el mejor   **el peor**   **el mayor**   **el menor**

Luis es **el mayor.** Carmen es **la menor.**

*Luis is **the oldest.** Carmen is **the youngest.***

> Use **mayor** and **menor** to describe the age of people, not objects.

ACTIVIDAD 6 Gramática

¿Qué decides?

Leer/Hablar ¿Qué decides después de comparar? Lee y compara la información. Luego contesta las preguntas. *(Hint: Read and compare the information. Then answer the questions.)*

modelo

Tina: diez cuartos

Emilio: ocho cuartos

Carlos: seis cuartos

¿Quién tiene la casa más pequeña?

Carlos tiene la casa más pequeña.

1. cebollas: /€.55
   patatas: /€.70
   zanahorias: /€.85
   ¿Cuáles son las menos caras?

2. Eva: 12 años
   Celia: 14 años
   Juana: 15 años
   ¿Quién es la menor?

3. la doctora: 1,7 metros
   el profesor: 1,8 metros
   el policía: 1,9 metros
   ¿Quién es el más alto?

4. Pablo: A en música
   Ramón: B en música
   Tomás: C en música
   ¿Quién es el mejor estudiante?

MÁS PRÁCTICA *cuaderno* p. 45
PARA HISPANOHABLANTES *cuaderno* p. 43

Online Workbook
CLASSZONE.COM

ACTIVIDAD 7

 ### Cosas del baño

Hablar/Escribir Estas cosas se encuentran en el baño de Luis. Compáralas. *(Hint: Compare the items.)*

modelo

corto / largo

*El peine azul es el más **corto**.*

*El peine negro es el más **largo**.*

1. sucio / limpio

2. barato / caro

3. grande / pequeño

4. nuevo / viejo

En mi opinión...

> **PARA CONVERSAR**
>
> **STRATEGY: SPEAKING**
>
> **Saying what is the best and worst** After Activity 8, decide which is the best **(el mejor)** or the worst **(el peor)** of these categories: **equipo de baloncesto, grupo musical, película del año.**

Hablar Todos tienen opiniones. Da tu opinión sobre las siguientes cosas. *(Hint: Give your opinion on the following topics.)*

modelo

la comida más rica

Estudiante A: *¿Cuál es **la comida más rica** para ti?*

Estudiante B: *El bistec es **la comida más rica**.*

1. la música más popular
2. el deporte menos divertido
3. la clase menos difícil
4. el peor quehacer
5. el lugar más bonito
6. la película menos interesante
7. el actor más guapo
8. la actriz más bonita
9. la clase más difícil
10. el libro más cómico

 MÁS COMUNICACIÓN p. R6

Talking About the Past: The Preterite of Regular -ar Verbs

When you want to talk about actions completed in the past, use the **preterite tense**. To form the preterite of a regular **-ar** verb, add the appropriate preterite **ending** to the verb's **stem**.

limpiar *to clean*

Notice that the first and third person singular forms have an **accent** over the final vowel.

limpié	**limpiamos**
limpiaste	**limpiasteis**
limpió	**limpiaron**

The **nosotros(as)** form is the same in the **preterite** as in the **present** tense.

Luis says:

—**Limpié** la cocina...
—Sí, Carmen, tú me **ayudaste** y Mercedes también me **ayudó.**

I cleaned the kitchen...
*Yes, Carmen, **you helped** me and Mercedes **helped** me also.*

ACTIVIDAD 9 Gramática

Las compras

Leer/Escribir Álvaro le explica a Beto qué compraron para la fiesta. Completa lo que dice con la forma correcta de **comprar**.
(Hint: Use correct forms of the preterite tense of comprar.)

Nosotros __1__ cosas riquísimas para la fiesta de Luis, ¿verdad? Marta __2__ los huevos, la harina, la mantequilla y la leche para hacer la tarta. Iván __3__ la carne de res y las cebollas para hacer su plato riquísimo. Tú __4__ las patatas y el aceite para hacer las patatas alioli. Bárbara y Luisa __5__ los refrescos. ¿Y yo? Pues, yo __6__ lo más rico de todo, ¡el helado!

ACTIVIDAD 10 Gramática

♻ Esta mañana

Escribir Estas personas hicieron varias cosas esta mañana. Usa la forma correcta del verbo para escribir lo que hicieron. *(Hint: Use the correct preterite verb form to describe what these people did this morning.)*

modelo

Luis / levantarse temprano

Esta mañana **Luis se levantó temprano**.

1. mis hermanas / bañarse
2. yo / ducharse
3. mi padre / afeitarse
4. nosotros / lavarse los dientes
5. tú / lavarse la cara
6. vosotros / peinarse

■ **MÁS PRÁCTICA**
cuaderno pp. 46–47

Online Workbook
CLASSZONE.COM

■ **PARA HISPANOHABLANTES**
cuaderno pp. 44–45

ACTIVIDAD 11

¿Por qué no me invitaste?

Escuchar Juana y su amigo Miguel hablan de una fiesta. Escucha su conversación. Luego, contesta las preguntas.
(Hint: Listen to the conversation between Juana and Miguel and answer the questions.)

1. ¿Qué celebraron las chicas?
2. ¿Cuándo celebraron?
3. ¿Por qué Juana no invitó a Miguel?
4. ¿A cuántas chicas invitó?
5. ¿Cómo pasaron la noche?

Vocabulario

El pasado

anoche *last night*

anteayer *the day before yesterday*

el año pasado *last year*

ayer *yesterday*

el mes pasado *last month*

la semana pasada *last week*

¿Cuándo patinaste (nadaste, cocinaste)?

♻ ¿Cuándo lo terminaron?

Hablar/Escribir Luis habla de los quehaceres que él y sus amigos hicieron. ¿Cuándo los terminaron? *(Hint: Say when Luis and his friends did various chores.)*

modelo

Luis / quitar la mesa / anoche
Luis quitó la mesa anoche.

1. Álvaro / pasar la aspiradora / ayer
2. Ana y Marta / lavar los platos / anoche
3. Mercedes y yo / limpiar la sala / la semana pasada
4. tú / cocinar en la estufa / anteayer
5. yo / quitar el polvo / el domingo pasado
6. ellos / preparar las tapas / ayer por la tarde

NOTA CULTURAL

Another of Barcelona's intriguing sights is a lizard-shaped fountain located in the arcade of the **Parque Güell.** Designed by Barcelona's beloved Gaudí, the park, originally intended as a housing complex, is known for its unusual architecture.

¿Y ustedes?

Hablar/Escribir Pregúntales a cuatro estudiantes cuándo hicieron varias actividades. Después, infórmale a la clase. *(Hint: Ask four classmates when they did various things and report back to the class.)*

modelo

quitar la mesa

Estudiante A: *¿Cuándo quitaste la mesa?*

Estudiante B: *Quité la mesa anoche.*

Estudiante A (a la clase): *Irene quitó la mesa anoche.*

¿Qué?	¿Cuándo?
lavar los platos	anteayer
estudiar para un examen	ayer
pasar la aspiradora	el mes pasado
limpiar tu habitación	el año pasado
usar la computadora	la semana pasada
celebrar tu cumpleaños	anoche
¿?	¿?

APOYO PARA ESTUDIAR

Preterite Tense

Since the **nosotros** form of a regular **-ar** verb is the same in both the preterite and the present tenses, how can you determine the tense? Use context clues to help you. Look for time indicators, like the phrases in the vocabulary box on p. 235 and the tense of other verbs.

Preterite of Verbs Ending in -car, -gar, and -zar

Regular verbs that end in -car, -gar, or -zar have a spelling change in the **yo form** of the preterite to maintain the original sound of the verb stem.

becomes

sa**car**	c	qu	(yo) sa**qu**é
pa**gar**	g	gu	(yo) pa**gu**é
empe**zar**	z	c	(yo) empe**c**é

Luis says: —…sa**qu**é la basura…

…***I took out*** the trash…

14 Gramática

¡Una semana llena!

Leer Mercedes habla de sus actividades de la semana pasada. ¿Qué dice? Completa sus oraciones con el pretérito de cada verbo. *(Hint: Complete what Mercedes says.)*

El lunes yo ___1___ (empezar) a leer un libro de historia muy largo. El martes ___2___ (jugar) al voleibol con mis amigas. El miércoles fui al centro comercial con mi mamá y ___3___ (buscar) unos jeans nuevos para la fiesta del sábado. El jueves ___4___ (practicar) el tenis con Elena. El viernes ___5___ (llegar) tarde a la escuela. ¡Por fin llegó el sábado! Fui a una fiesta donde ___6___ (tocar) la guitarra y ___7___ (sacar) muchas fotos. El domingo ___8___ (almorzar) en casa de mis abuelos.

■ **MÁS PRÁCTICA**
cuaderno p. 48

■ **PARA HISPANOHABLANTES**
cuaderno p. 46

Online Workbook
CLASSZONE.COM

15

Un sábado ocupado

Escribir Carmen tuvo un sábado ocupado. Completa las oraciones con el pretérito del verbo correcto. *(Hint: Complete the sentences to describe Carmen's Saturday.)*

empezar

llegar

almorzar

tocar

sacar

jugar

1. En la mañana, ella _____ la ropa del armario.

2. Luego _____ a desayunar.

3. A las diez _____ el piano.

4. Luego _____ en un restaurante.

5. _____ al béisbol por la tarde.

6. Por fin _____ a casa.

Palabras y números

Escribir ¿Cómo escribes los números? Si la oración tiene números, escríbela con palabras. Si la oración tiene palabras, escríbela con números. *(Hint: If the sentence has words, use numbers. If the sentence has numbers, use words.)*

---

modelo

Hay un millón de personas en esta ciudad.

Hay 1.000.000 de personas en esta ciudad.

---

1. La estufa cuesta 549 euros.
2. Esta noche el restaurante sirve a doscientas cuarenta y dos personas.
3. Carmen pagó la cuenta de 2.725 euros.
4. La casa cuesta más de 400.000 euros.
5. Quiero comprar la videograbadora que cuesta trescientos setenta y nueve dólares.
6. La mujer tiene 6.800 euros en el banco.

Vocabulario

Los números de 200 a 1.000.000

doscientos(as) 200

trescientos(as) 300

cuatrocientos(as) 400

quinientos(as) 500

seiscientos(as) 600

setecientos(as) 700

ochocientos(as) 800

novecientos(as) 900

mil 1.000

un millón 1.000.000

Periods are used instead of commas for thousands and millions. The word **y** is used as you previously learned. It is *not* used after hundreds, thousands, or millions.

148 = ciento cuarenta **y** ocho   1.968 = mil novecientos sesenta **y** ocho

250 = doscientos cincuenta   1.000.562 = un millón quinientos sesenta **y** dos

The word **ciento** is used instead of **cien** before numbers greater than 100.

La bicicleta costó **cien** euros.   El radio costó **ciento** **cincuenta** euros.

Numbers ending in 200–900 agree in gender and number with nouns.

Costó doscient**os** euros.   Compré doscient**as** galletas.

Un millón is followed by **de** before nouns.

un millón **de** dólares

¿Qué cuesta más de cien dólares?

¿Cuánto pagaron?

Escuchar Alicia, una amiga de Luis, habla de las cosas que ella y sus amigos compraron. Escucha lo que dice. ¿Cuánto pagaron por cada cosa? *(Hint: Listen to what Alicia says about things that she and her friends bought. How much did they pay for each item?)*

1.

2.

3.

4.

5.

Conexiones

Las matemáticas Spain and Spanish-speaking countries (as well as most non-English-speaking countries in the world), use the metric system of measurement. Liquids, such as milk and olive oil, are sold in **litros (l)**; certain items of food are sold in **kilogramos** (or **kilos**); and smaller food items, such as beans, grains, and nuts, are sold in **gramos (g)**. Also recall that distances are measured not in miles but in **kilómetros (km)**.

PARA HACER:
Give the U.S. equivalents for the following.
1/2 litro de leche
1 kilo de naranjas
500 gramos de pasta

1 l = 1.06 cuartos de galón (quarts)
1 kilo = 2.2 libras (pounds)
1 g = .002 libras

Las compras

Hablar Escribir El año pasado, los padres de Beto compraron algunas cosas nuevas. ¿Cuánto pagaron por cada una? *(Hint: How much did they pay?)*

modelo

Pagaron trescientos mil euros por la casa.

300.000 €

1. 600 €

2. 150 €

3. 28.000 €

4. 1.100 €

Vocabulario

Las cantidades

la docena *dozen*

el gramo *gram*

el kilo *kilogram*

el litro *liter*

el paquete *package*

el pedazo *piece*

cuarto(a) *quarter*

medio(a) *half*

Use the definite article when talking about the price of a specific quantity of food.

Los huevos cuestan un euro **la** docena.

El pescado cuesta nueve euros **el** kilo.

¿Cuándo usas estas cantidades?

Compras para la fiesta

Hablar/Leer Imagínate que estás en España. Tú y un(a) amigo(a) van a hacer una fiesta. Tienen 45 euros para comprar comida y refrescos. Lee el anuncio. ¿Qué van a comprar? *(Hint: You have 45 euros to buy food and drinks for a party. Read the advertisement and decide what you will buy.)*

modelo

Estudiante A: *¿Compramos salchicha?*

Estudiante B: *¿A cuánto está?*

Estudiante A: *Está a cuatro euros cincuenta el kilo.*

Estudiante B: *Bueno, vamos a comprar dos kilos.*

Nota

¿A cuánto está(n)…? is an expression used to ask how much something costs. It is often used with food items that may increase or decrease in price given a good or bad harvest. It may also indicate changing prices during a sale.

¡SuperEspeciales! — 1,25 €/ 2 botellas — 3 €

Supermercado BuenPrecio

4,50 €/ kilo — 3,25 €/ kilo

1,75 €/ kilo — 1,50 €/ kilo

1 €/ kilo — 3,30 €/ 6 botellas

2,40 €/ 3 latas — ¡Especiales de la semana!

¿Cuánto ganaron?

Hablar/Escribir Estas personas ganaron dinero en la lotería nacional de España. ¿Cuánto ganó cada una? *(Hint: How much did they win?)*

modelo

Alejandro Rey / 2.500 euros
Alejandro Rey ganó dos mil quinientos euros.

1. Pedro Fatás / 500
2. Mateo García / 200
3. Sandra Mendoza / 800
4. Carmen Ruiz / 80.000
5. Arturo Blanco / 25.000
6. Teresa Fierros / 750
7. Iván Orozco / 1.500
8. Miguel Palacios / 3.000
9. Roberto Cruz / 1.000.000
10. Elena Sánchez / 900

Una fiesta fantástica

Escribir Contesta las preguntas para describir una fiesta real o imaginaria. *(Hint: Describe a real or imaginary party, answering the questions.)*

- ¿Por qué organizasteis la fiesta?
- ¿Cuándo organizasteis la fiesta?
- ¿Dónde organizasteis la fiesta?
- ¿Cómo ayudó la familia?

modelo

El mes pasado celebramos el cumpleaños de mi tío Carlos con una fiesta en mi casa. Toda la familia ayudó. Mis hermanos limpiaron la casa. Mi papá cocinó la carne de res y mi mamá preparó las verduras y el arroz. Yo preparé un postre riquísimo. Cuando mi tío llegó…

MÁS COMUNICACIÓN p. R6

Online Workbook
CLASSZONE.COM

Pronunciación

Refranes

Linking words Native speakers may seem to speak quickly when they link their words together in breath groups. Instead of pronouncing each word separately, they run some words together. This is common in all languages. Practice linking words in the following sentences.

El que algo quiere, algo le cuesta.

Aceite de oliva, todo el mal quita.

La larga experiencia, más que los libros enseña.

En voces

PARA LEER

STRATEGY: READING

Noting details The e-mail below describes **festes,** cultural celebrations that take place in Cataluña. As you read, use a web to note details about the celebrations.

festes

Correo electrónico¹ desde Barcelona

Aquí tienes un mensaje que escribió un grupo de estudiantes norteamericanos que viajaron a España con su maestra de español.

●●■	**jeff carter**	11:52:31 AM

To: Rogers Middle School
From: Colegio San Marco
Subject: Barcelona festival

Queridos amigos:

El clima es muy bonito en Barcelona y la gente es muy alegre. Hay fiestas (o **festes** como dicen en catalán) todo el tiempo. Pero no son como las fiestas de nosotros. Algunas de las costumbres empezaron ¡hace casi 800 años!

Anoche caminamos al centro de la ciudad y enfrente de nosotros pasaron los gigantes. Son unas figuras grandes de madera² y papier-mâché. Después marcharon los dragones que echaron fuego³ ¡por las narices!

Luego, al final, los músicos tocaron una música especial. La gente empezó a formar los **castells** (torres⁴ humanas). Un grupo de personas formó la base y otro grupo subió encima del⁵ primero. Luego otro grupo subió encima del segundo⁶ grupo, etc., etc. Entonces, el niño más chico subió hasta lo más alto. Ahora nosotros queremos aprender a hacer los **castells** al regresar a Estados Unidos la semana próxima.

Con el cariño de siempre,

Jeff, Susan, Amy, Emily, Josh, Frank

| ¹ e-mail | ³ fire | ⁵ *subió encima del* climbed on top of |
| ² wood | ⁴ towers | ⁶ second |

¿Comprendiste?

1. ¿Quiénes mandaron el mensaje?
2. ¿Cómo es Barcelona?
3. ¿Qué hay en las fiestas de Barcelona?
4. ¿Qué les gustó más de todo a los muchachos?

¿Qué piensas?

1. ¿Cómo son diferentes o similares las fiestas de Barcelona a otras fiestas que conoces?
2. ¿Qué celebran las fiestas culturales?

En colores

VIDEO DVD

CULTURA Y COMPARACIONES

Casa Amatller

PARA CONOCERNOS

STRATEGY: CONNECTING CULTURES

Make a historical time line Place Barcelona's rich architectural history on a time line from ancient times to the present. First label each period with a word or two to identify it. Next add a word or pictorial symbol of an important detail from that time. Finally, use your time line to summarize for a classmate the main points of «**Barcelona: Joya de arquitectura**».

Barcelona

Joya de arquitectura

Escena típica del Barrio Gótico

NOTA CULTURAL

Barcelona's Gothic Quarter was built when the Spanish Empire was at its height. The profits from Spain's colonies funded the construction of palaces, churches, and public buildings.

Barcelona es una ciudad de muchos barrios[1] y de una gran variedad de estilos de arquitectura. Los romanos fueron los primeros en construir una ciudad aquí en el año 15 a.C.[2] Hoy no hay casi nada de la ciudad romana. Hay sólo unas ruinas y murallas[3] en el Barrio Gótico[4].

El Barrio Gótico de Barcelona es la ciudad vieja, un barrio de calles estrechas[5] y plazas pequeñas. Tiene muchos edificios[6] y monumentos impresionantes de los siglos XIII, XIV y XV, época[7] de la arquitectura gótica. Si caminas por la calle Montcada puedes ver las casas y los palacios de las

---

[1] districts   [3] walls   [5] narrow   [7] period
[2] B.C.   [4] Gothic Quarter   [6] buildings

Casa Batlló

Casa Viçens

La Pedrera–apartamentos

Parque Güell

familias principales de Barcelona de la época medieval. Hoy estas casas están convertidas en museos y galerías de arte.

La ciudad moderna tiene grandes avenidas, como Las Ramblas. El arquitecto catalán Antonio Gaudí (1852–1926) construyó[8] edificios originales de estilo modernista. Trabajó con formas y estructuras experimentales. Gaudí trabajó primero en el Parque de la Ciudadela, donde actualmente[9] está el Museo de Arte Moderno. Años más tarde diseñó el Parque Güell, ciudad y parque dentro de Barcelona. Gaudí también diseñó casas privadas, cada una con un diseño único. Su obra maestra[10], nunca terminada, es una iglesia, La Sagrada Familia[11].

---

[8] built   [9] nowadays   [10] masterpiece   [11] The Holy Family

More About Spain
CLASSZONE.COM

¿Comprendiste?

1. ¿Queda algo de la ciudad romana en Barcelona? Explica.
2. ¿Cómo se llama la ciudad vieja de Barcelona? ¿Por qué?
3. ¿Qué lugares de interés puedes ver en el Barrio Gótico?
4. ¿Cómo es la ciudad moderna?
5. ¿Qué importancia tiene Gaudí?

¿Qué piensas?

¿Es cierto que la historia de Barcelona empieza en la época medieval? Explica tus razones.

Hazlo tú

Eres guía y tienes que hablar de Barcelona. ¿Qué dices?

En uso

REPASO Y MÁS COMUNICACIÓN

 ¡A preparar!

Explica quiénes ayudaron y quiénes no ayudaron a preparar la fiesta en la casa de Álvaro. *(Hint: Tell who helped and who didn't help prepare for the party.)*

modelo

Luis: cuidar a Carmen

Luis** no ayudó. **Cuidó a Carmen.

tú: lavar los platos

Tú** ayudaste. **Lavaste los platos.

1. Álvaro: limpiar la casa
2. yo: nadar en la piscina
3. Iván: cocinar la carne de res
4. Elena y Arturo: escuchar música
5. tú: patinar en el parque
6. Beto: preparar las patatas y verduras
7. nosotros: hablar por teléfono
8. Marta: preparar la tarta

 ¡Una fiesta terrible!

Carmen habla con Luis sobre una fiesta muy mala que celebraron en su casa el mes pasado. ¿Qué dice? *(Hint: Tell what Carmen says about a terrible party.)*

modelo

yo (buscar) los vasos y no los (encontrar)
Yo busqué los vasos y no los encontré.

1. nadie (sacar) la basura antes de la fiesta
2. yo (pagar) todas las compras con mi dinero
3. pocas personas (llegar)
4. yo (tocar) el piano muy mal
5. yo no (almorzar) nada el día de la fiesta
6. nosotros (jugar) con unos videojuegos aburridos
7. yo (sacar) unas fotos terribles
8. tú (apagar) la luz durante la fiesta

Now you can...

• plan a party.

To review

• regular preterite **-ar** verbs, see p. 234.

Now you can...

• describe past activities.

To review

• preterite of **-car**, **-gar**, **-zar** verbs, see p. 237.

Now you can...
- express extremes.

To review
- superlatives, see p. 232.

ACTIVIDAD 3 Opiniones

Luis observa las siguientes cosas. ¿Qué dice? *(Hint: Give Luis's observations.)*

modelo

Carmen: más / joven (de mi familia)
Carmen es la **menor.**

1. Mercedes: más / bonito (de mis amigas)
2. helado: más / bueno (de los postres)
3. papá: más / viejo (de mi familia)
4. zanahorias: menos / delicioso (de las verduras)
5. tarta: más / sabroso (de los postres)
6. tenis: más / malo (de los deportes)
7. limonada: más / dulce (de las bebidas)
8. calamares: menos / rico (de las tapas)

Now you can...
- purchase food.

To review
- prices and quantity, see p. 238.

ACTIVIDAD 4 ¡Buenos precios!

Imagínate que estás comprando comida en España. ¿Cuáles son los precios de hoy? *(Hint: Tell prices of foods.)*

modelo

Las zanahorias están a un euro cuarenta y cinco el kilo.

ACTIVIDAD 5

El fin de semana pasado

PARA CONVERSAR

STRATEGY: SPEAKING

Maintain conversational flow To keep continuity in a conversation, acknowledge what was said, then add your own ideas. The model shows how this is done. You can build interest by withholding information: **Compré algo bonito. ¿Sabes qué es?**

Usando las actividades de la lista, habla con otro(a) estudiante sobre sus actividades del fin de semana pasado. *(Hint: Talk about what you did last weekend.)*

> almorzar en un restaurante
> limpiar la casa
> comprar algo interesante
> alquilar un video
> tocar algún instrumento
> practicar algún deporte
> trabajar

modelo

Estudiante A: *Compré algo interesante.*

Estudiante B: *¿Qué compraste?*

Estudiante A: *Compré…*

ACTIVIDAD 6 — En el supermercado

Imagínate que tú y un(a) amigo(a) están comprando comida en España. Hay tres papeles: un(a) comprador(a) optimista, un(a) comprador(a) pesimista y una persona que trabaja en el supermercado. Cambien de papel. *(Hint: Shop in the supermarket. One person is an optimist, another is a pessimist, and the third works at the supermarket. Change roles.)*

modelo

Optimista: *¿A cuánto están los tomates?*

Trabajador(a): *Nuestros tomates son los más sabrosos de la comunidad. Hoy están a…*

Optimista: *¡Qué bien! Los compro.*

Pesimista: *¡No los compres! Los tomates de aquí son…*

ACTIVIDAD 7 — *En tu propia voz*

Escritura Imagínate que tú y tus amigos celebraron una fiesta el sábado pasado. ¿Cómo participaron todos? *(Hint: Describe how everyone participated in a class party last Saturday.)*

modelo

Antes de la fiesta, todos limpiamos la casa. Sara pasó la aspiradora y yo lavé los platos. Durante la fiesta, Marcos tocó la guitarra y…

Conexiones

La salud What kind of food do you like the most? Which ethnic foods do you prefer? Is there a special dish from your region? Survey ten people at your school to find out their favorite food. Then create a menu featuring the foods chosen. Add prices and indicate the dishes that are good for your health.

Persona	La comida favorita

En resumen

REPASO DE VOCABULARIO

PLANNING A PARTY

apagar la luz	to turn off the light
¡Cállate!	Be quiet!

PURCHASING FOOD

¿A cuánto está(n)…?	How much is (are)…?

Food

el aceite	oil
la carne de res	beef
la cebolla	onion
el cereal	cereal
la crema	cream
la galleta	cookie, cracker
la harina	flour
el helado	ice cream
el huevo	egg
la leche	milk
la mantequilla	butter
la pasta	pasta
la patata	potato
el pescado	fish
la pimienta	pepper
el puerco	pork
la sal	salt
la salchicha	sausage
el tomate	tomato
la verdura	vegetable
el yogur	yogurt
la zanahoria	carrot
el zumo	juice

Packaging

la botella	bottle
la lata	can
el paquete	package

REQUESTING QUANTITIES

cuarto(a)	quarter
la docena	dozen
el gramo	gram
el kilo	kilogram
el litro	liter
medio(a)	half
el pedazo	piece
doscientos(as)	two hundred
trescientos(as)	three hundred
cuatrocientos(as)	four hundred
quinientos(as)	five hundred
seiscientos(as)	six hundred
setecientos(as)	seven hundred
ochocientos(as)	eight hundred
novecientos(as)	nine hundred
mil	one thousand
un millón	one million

DESCRIBING PAST ACTIVITIES

anoche	last night
anteayer	the day before yesterday
el año pasado	last year
ayer	yesterday
el mes pasado	last month
la semana pasada	last week

OTHER WORDS AND PHRASES

la estrella	star
sabroso(a)	tasty

In the Kitchen

cocinar	to cook
el congelador	freezer
la estufa	stove
el frigorífico	refrigerator
el horno	oven
el lavaplatos	dishwasher
el microondas	microwave

Juego

¿Qué son estas cosas? ¿Dónde las pones?

1. laheod
2. suplacitosos
3. elhce
4. neredecasr

Conexiones

OTRAS DISCIPLINAS Y PROYECTOS

La historia

A stunning example of Moorish influence, the Alhambra still stands in Granada, Spain.

In the summer of 711 when the Moors crossed the Strait of Gibraltar from northern Africa into Spain, they brought much more with them than their language and their religion. Many things you know and use every day were introduced to Europe by the North Africans. Until the Moorish influence, Europeans ate their meals with knives and their fingers—the Moors brought forks. Europeans hung tapestries in their castles to protect against cold drafts—the Moors brought carpets and pillows. In addition to these conveniences, the Moors also brought advanced medical techniques, new styles of architecture, astronomy, algebra, the concept of zero, and the game of chess!

Look through your Spanish dictionary and list nouns that begin with the letters al. Most of these words are adaptations of Arabic words brought by the North Africans.

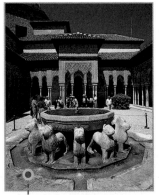

The Garden of Daraxa in the Alhambra includes this fountain of spouting lions.

Las ciencias

The Arabic people who lived in southern Spain (in the region called **Al-Andalus** then, and **Andalucía** now) were proficient astronomers. They invented instruments to observe the night skies and paved the way for later scientists like Copernicus and Galileo. By the twelfth century, many people were traveling to Spain to learn the new science of astronomy.

The following stars were named by Arabic astronomers. Look at this star map and find each one. What are the names of the constellations these stars appear in?

1. *Betelgueuze*

2. *Aldebarán*

3. *Rigel*

Proyecto cultural

There are several regions in Spain where residents speak another language in addition to Spanish. In Barcelona, tourists can expect to hear people speaking **catalán** as well as Spanish.

Create a bilingual travel reference for visitors to Barcelona.

1. Decide what to include in your bilingual travel guide. Do you want to focus on conversations or places?

Many signs in Barcelona are in **catalán** and Spanish.

español	catalán
aeropuerto	aeroport
banco	banca
iglesia	església
jardín	jardí
hotel	hotel
biblioteca	biblioteca
parque	parc
gente	gent
calle	carrer
tren	tren
chico	xicot

2. Use the Internet or reference books to find pictures of Barcelona. Write labels in **español** and **catalán,** using your research and the vocabulary given here. Plan where all the words and pictures will appear.

3. Present your travel guide to the class in Spanish. Then, have a class discussion about the differences and similarities each group notices between **catalán** and **español.**

español	catalán
hola	hola
adiós	adéu
¿Qué tal?	Que tal?
Bien, gracias.	Be, gracies.
Buenos días.	Bon dia.
Buenas noches.	Bona nit.

Bilingual Travel Guide

español	catalán
jardín	jardí
calle	carrer
iglesia	església

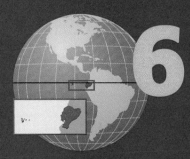

UNIDAD 6

STANDARDS

Communication
• Talking about the past
• Describing city buildings
• Talking about professions
• Pointing out people and things and where they are located
• Discussing the present and future
• Giving instructions

Cultures
• Quito, Ecuador, and its buildings
• The people of Otavalo, Ecuador
• Other interesting places to visit in Ecuador
• International foods

Connections
• Science: Finding out about animals
• Health: Preparing a typical meal from a Spanish-speaking country

Comparisons
• Place names in Ecuador and the U.S.
• Cultural groups in Ecuador and the U.S.
• Foods and typical family meals in Ecuador and the U.S.

Communities
• Using Spanish in the workplace
• Using Spanish to help others

INTERNET Preview
CLASSZONE.COM
• More About Ecuador   • Flashcards
• Webquest   • Writing Center
• Self-Check Quizzes   • Online Workbook
        • eEdition Plus Online

252

QUITO
ECUADOR

LA CIUDAD Y EL CAMPO

LA MITAD DEL MUNDO is a monument built where the equator was measured. Ecuador's name comes from the fact that the equator **(el ecuador)** runs through it. What other countries of the world lie along the equator?

POBLACIÓN: 1.610.800

ALTURA: 2.700 metros (8.775 pies)

CLIMA: 21° C (70° F) de día, 12° C (54° F) de noche

COMIDA TÍPICA: llapingachos, fritada

GENTE FAMOSA DE QUITO: Oswaldo Guayasamín (pintor), Jorge Icaza (escritor), Carlota Jaramillo (cantante)

¿VAS A QUITO? Quito es la capital de Ecuador. Su nombre viene de los indígenas quituas, un grupo muy antiguo.

More About Ecuador
CLASSZONE.COM

ATAHUALPA (1500–1533), son of the Incan king Huanya-Capac and grandson of Duchicela, king of Quito, is considered the first great Ecuadorian. He was heir to the kingdom of Quito and became leader of the Incan empire. Can you think of other Native American leaders?

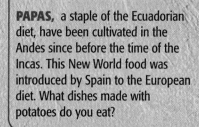

PAPAS, a staple of the Ecuadorian diet, have been cultivated in the Andes since before the time of the Incas. This New World food was introduced by Spain to the European diet. What dishes made with potatoes do you eat?

UN RONDADOR is a wind instrument that has been used for more than 2000 years. It is made of cane or bamboo pieces of different widths and lengths. Each produces a distinct musical note. What other wind instruments do you know?

LA CASA DE SUCRE was once the home of independence leader Mariscal Antonio José de Sucre. It houses items from Quito's colonial and independence periods. What historic museums have you visited?

TAPICES are woven wall hangings and rugs made from the wool of sheep or alpaca. You will find these multicolored wall hangings in stores and outdoor markets. Where have you seen weavings?

6

LA CIUDAD Y EL CAMPO

- Comunicación

- Culturas

- Conexiones

- Comparaciones

- **Comunidades**

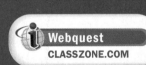
Webquest
CLASSZONE.COM

Explore communities in Ecuador through guided Web activities.

Comunidades

Have you heard Spanish in your community? You may be able to use Spanish to tutor other students or to be a volunteer. In this unit you will learn about a student who uses Spanish to volunteer at a Boy Scout camp. There are also many paid professions in which Spanish skills are helpful. Health care, journalism, and teaching are just a few. What are some others?

Comunidades en acción **Describe una profesión que utilice el español. Tus compañeros de clase tienen que adivinar qué profesión es.**

Comunicación

Often you need to understand the words of others and pass them on. Perhaps you are interviewing someone from another country, or researching places to visit in the Spanish-speaking world. Or maybe you want to pass along an interesting story someone just told you. As a student of Spanish, you can understand and report what others have said.

Culturas

The indigenous people of Ecuador maintain strong cultural traditions and are talented artisans. Their textiles and other wares can be found in **mercados** surrounded by colonial churches and modern buildings, a colorful mix of old and new in Latin America.

Los mercados artesanales de Otavalo son muy populares entre los turistas. ¿Qué vende la mujer de esta foto?

Conexiones

Ecuador is one of the most geographically diverse countries in the world. The geography of Ecuador includes the Pacific coast, the Andes mountains, the Amazon jungle, and the Galápagos Islands. How does Ecuador's geography affect its climate? What different weather zones exist in this one country?

Quito está en un valle, con montañas por todas partes. Cuando hace sol es posible ver volcanes a la distancia, cubiertos de nieve.

Comparaciones

Your focus has been on learning Spanish, but you have probably begun to look at the English language differently. Have you learned anything about English that you didn't realize before? Do you think it would be easy or hard to learn English as a second language? Why?

Fíjate

Each of the following statements relates to one or more of the areas described (**Comunidades, Comunicación, Culturas, Conexiones, Comparaciones**). Determine which one each statement best represents.

1. El inglés y el español tienen muchas diferencias.

2. No hay **un** clima en Ecuador. ¡Hay muchos!

3. En Ecuador la vida moderna es una combinación de tradiciones indígenas y tradiciones europeas.

4. ¿Quién te llamó anoche? ¿De qué hablaron?

5. Una persona que sabe dos lenguas vale por dos personas.

ETAPA

1

La vida de la ciudad

OBJECTIVES

- Tell what happened

- Make suggestions to a group

- Describe city buildings

- Talk about professions

¿Qué ves?

Mira la foto de un parque de Quito.

1. ¿Las montañas están cerca o lejos del parque?

2. ¿Qué hacen los dos jóvenes?

3. ¿Qué joyas lleva la señora?

4. ¿Cuántos parques hay en el mapa?

QUITO MODERNO

En contexto

VIDEO DVD AUDIO

VOCABULARIO

Patricia is interviewing different people in Quito about their jobs. As she walks through old and new Quito, she describes different professions.

A **¡Hola!** Me llamo Patricia y voy a explicarles cómo son las profesiones de varias personas. Ahora estoy hablando con **un bombero**. Quiero saber algo de su trabajo. Con mi **grabadora** le hago **una entrevista**.

el edificio moderno

el edificio antiguo y tradicional

la cámara

la fotógrafa

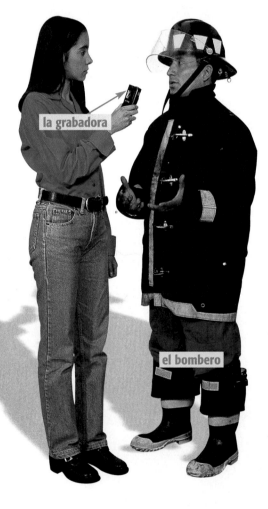

la grabadora

el bombero

B Ella es **fotógrafa**. Saca fotos con **una cámara**. Está sacando una foto de **un edificio** muy **antiguo** y **tradicional**.

el cartero

el taxista

C **El cartero** lleva cartas a todos los edificios. A veces trabaja en el correo.

D Él es **taxista**. En su taxi lleva a la gente por toda la ciudad.

E Mujer de negocios: Me gusta vender y comprar productos. Ser una mujer de negocios es el trabajo perfecto para mí.

Hombre de negocios: Siempre leo todas las revistas de economía. Para ser un hombre de negocios hay que saber mucho.

el hombre de negocios

la mujer de negocios

F Él trabaja para un periódico. Le gusta escribir y hacer entrevistas. Por eso es **periodista.**

el periodista

el arquitecto

G Él es **arquitecto.** Hace planos de construcción. El edificio que planea aquí es el más grande de Quito. ¡Su oficina está en un edificio **enorme** y muy **moderno**!

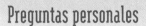
Online Workbook
CLASSZONE.COM

Preguntas personales

1. ¿Te gusta hacer entrevistas?
2. ¿Prefieres los edificios tradicionales o los modernos?
3. ¿Tienes una cámara o una grabadora?
4. ¿Quién te lleva cartas?
5. ¿Cuál de estos trabajos te gustaría hacer?

En vivo

DIÁLOGO

En la ciudad

 Patricia  Miguel Sra. Martínez  Sr. González

PARA ESCUCHAR • STRATEGY: LISTENING

Distinguish between what is said and not said Being a good listener means being careful and accurate. Which of these are mentioned in Patricia's interviews about city life? Which are not?

los trabajos	sí	mucha gente
la calidad del aire		muchos vehículos
el crimen		la vida aburrida

1 ▶ Patricia: Decidí participar en el concurso porque leí que los ganadores van a viajar. Quiero hacer entrevistas con personas en la ciudad y personas en el campo. Tú tienes familia en el campo, ¿no?

5 ▶ Sra. Martínez: Sí, pero también tiene sus problemas. La contaminación del aire, el tráfico…
Patricia: ¿Cómo se preparó para ser una mujer de negocios?

6 ▶ Sra. Martínez: Hice todo lo necesario. Fui a la universidad. Después me ofrecieron trabajo en el banco. Y llegué a ser gerente.
Patricia: ¿Y siempre vivió en Quito?
Sra. Martínez: Sí. Mis padres abrieron una panadería aquí.

7 ▶ Patricia: Buenas tardes, arquitecto González. Voy a escribir sobre el contraste entre la vida en la ciudad y en el campo.
Sr. González: ¿Qué quiere saber?
Patricia: ¿Le gusta vivir en la ciudad?

2 ▶ Miguel: Sí. ¿Los llamo?

Patricia: ¡Sí, muchas gracias, Miguel! Oye, vamos a pedir algo, ¿no? En un rato tengo que entrevistar a unas personas y no quiero llegar tarde.

3 ▶ Patricia: Buenos días. ¿Puede darme algunos minutos de su tiempo? Estoy preparando un artículo para un concurso.

Sra. Martínez: Claro que sí.

Patricia: Muy bien. ¿Cómo se llama y cuál es su profesión?

4 ▶ Sra. Martínez: Me llamo Ana Martínez. Soy una mujer de negocios. Trabajo en un banco aquí, en Quito.

Patricia: ¿Le gusta vivir en la ciudad?

8 ▶ Sr. González: La ciudad es interesante. Pero la vida en el campo es mucho más tranquila.

Patricia: ¿Vivió en el campo?

Sr. González: De niño viví en el campo, en casa de mis abuelos.

9 ▶ Patricia: ¿Y cuándo decidió venir a la ciudad?

Sr. González: Cuando entré a la universidad. Cuando recibí mi título de arquitecto, vi que en la ciudad hay más oportunidades que en el campo.

10 ▶ Patricia: ¿Miguel? Soy Patricia.

Miguel: ¿Cómo fueron las entrevistas?

Patricia: Excelente. Ya hice dos. ¿Llamaste a tu familia?

Miguel: Sí. Todo está listo para el sábado.

En acción

VOCABULARIO Y GRAMÁTICA

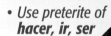

ACTIVIDAD 1

Un día en la ciudad

Escuchar Según el diálogo, señala la foto que mejor completa cada oración. *(Hint: Point to the photo that best completes each statement.)*

1. _____ quiere hacer entrevistas con personas.

2. Patricia habla con _____ sobre su familia.

3. _____ es una mujer de negocios.

4. _____ dice que la ciudad es interesante.

ACTIVIDAD 2

Las entrevistas

Escuchar ¿Son ciertas o falsas las oraciones? Si las oraciones son falsas, di la oración cierta. *(Hint: Tell whether the sentences are true or false. If they are false, correct them.)*

1. Patricia decidió participar en el concurso porque los ganadores van a viajar.

2. Patricia llegó tarde para entrevistar a la señora Martínez.

3. Patricia habla con la señora Martínez porque quiere ser una mujer de negocios.

4. La señora Martínez trabajó en una panadería.

5. El arquitecto dice que hay más oportunidades en la ciudad.

6. La señora Martínez vive en la ciudad.

7. El señor González piensa que la vida en la ciudad es tranquila.

8. Miguel llamó a su familia en el campo.

ACTIVIDAD 3

¿Quién soy yo?

Leer ¿Qué comentario va con cada dibujo? *(Hint: Match the remarks with the drawings of the persons who could make them.)*

1. Me gusta sacar fotos.

2. Hago planos de construcción.

3. Uso un vehículo rojo y grande.

4. Llevo a la gente por toda la ciudad.

5. Llevo cartas a los edificios.

6. Me gusta hacer entrevistas y escribir.

7. Leo revistas y periódicos de la economía.

¿Cómo son?

Escuchar Imagínate que haces una excursión por Quito. El guía describe los edificios. Indica el orden en que describe los edificios. *(Hint: Give the order.)*

a.

b.

c.

d.

En tu comunidad

Hablar/Escribir Con otro(a) estudiante, describe tres de los siguientes lugares de tu comunidad. *(Hint: Describe three of these places.)*

modelo

los supermercados

Estudiante A: *Los supermercados son grandes y modernos...*

Estudiante B: *Hay uno que es muy lujoso...*

a. la avenida principal

b. un hotel/motel

c. la escuela

d. una iglesia/un templo

e. las casas, en general

f. ¿?

Vocabulario

La ciudad

ancho(a) *wide*

estrecho(a) *narrow*

formal *formal*

informal *informal*

lujoso(a) *luxurious*

ordinario(a) *ordinary*

sencillo(a) *simple, plain*

¿Cómo son los edificios y las calles donde tú vives?

Una tarjeta postal

Escribir Haz una tarjeta postal de tu ciudad en español. *(Hint: Make a postcard.)*

1 Usa un papel de 6" x 8". *(Hint: Use 6" x 8" paper.)*

2 Pon una foto de un edificio o dibuja un edificio en el papel. *(Hint: Use a picture of a building.)*

3 Al revés, escribe tres o cuatro oraciones sobre el edificio y tu comunidad. *(Hint: On the other side, write some sentences about the building.)*

Querido John:
La Compañía es una iglesia muy antigua. Está en la Plaza Santo Domingo. Tiene pilares de piedra y mucho ornamento.
Tu amiga,
Carlota

John Vivas
4231 Avenue M
Galveston, TX 77550
EE.UU.

Saludos de Quito

¿Cuál es tu opinión?

PARA CONVERSAR

STRATEGY: SPEAKING

Exaggerate and react to exaggerations As you discuss your opinions, you can be truthful or you can exaggerate. If you question the truth of what you hear, you can use these ways of expressing disbelief: **¿de veras?, ¿verdad?, ¡increíble!, ¡no me digas!, ¡no lo creo!** Use them when necessary.

 Hablar Pregúntale a otro(a) estudiante cuál es su opinión. *(Hint: Give your opinion.)*

modelo

los edificios más interesantes

Estudiante A: *Los edificios más interesantes* son modernos. ¿Estás de acuerdo?

Estudiante B: No estoy de acuerdo. Para mí *los edificios más interesantes* son antiguos.

Nota

Estar de acuerdo means *to agree*.
To say *I agree*, say **estoy de acuerdo.**

1. el edificio más bonito
2. la profesión más peligrosa
3. el actor más popular
4. el deporte menos aburrido
5. el mejor lugar para vivir
6. la profesión más interesante
7. el edificio más feo
8. la comida más rica
9. la peor estación del año
10. el hotel más lujoso

GRAMÁTICA

Talking About the Past: The Preterite of -er and -ir Verbs

 ¿RECUERDAS? *p. 234* You've already learned to talk about completed past actions using regular -ar verbs.

▶ Regular -er and -ir verbs follow a similar pattern. Notice that in the preterite, -er and -ir verb endings match each other.

> The **yo** forms and the **usted, él, ella** forms take **accents**.

Patricia asks: —¿**Viv**ió en el campo?
Did you live in the country?

limpiar *to clean*

limpié	**limpi**amos
limpiaste	**limpi**asteis
limpió	**limpi**aron

ofrecer *to offer*

ofrecí	**ofrec**imos
ofreciste	**ofrec**isteis
ofreció	**ofrec**ieron

decidir *to decide*

decidí	**decid**imos
decidiste	**decid**isteis
decidió	**decid**ieron

ACTIVIDAD 8 Gramática

¡Qué desorden!

Hablar/Escribir Después de la fiesta, Patricia y sus amigos limpiaron la casa otra vez. Decide qué hicieron. (*Hint: Tell what Patricia and her friends did to clean up.*)

1. Enrique y Anita / mover la mesa
2. yo / abrir la ventana
3. Patricia y yo / salir para el supermercado
4. tú / devolver las sillas al comedor
5. Miguel y Enrique / barrer todos los suelos
6. Anita / ordenar la sala
7. nosotros / limpiar el baño
8. usted / escribir la lista de quehaceres

Vocabulario

These verbs you know are regular in the preterite tense:

-er verbs

aprender	**devolver**
barrer	**entender**
beber	**mover**
comer	**perder**
comprender	**vender**
correr	**volver**

-ir verbs

abrir	**recibir**
compartir	**salir**
escribir	**vivir**

■ **MÁS PRÁCTICA** *cuaderno* pp. 53–54

■ **PARA HISPANOHABLANTES** *cuaderno* pp. 51–52

Online Workbook
CLASSZONE.COM

¿Qué comiste?

Hablar Pregúntales a cinco estudiantes qué comieron y bebieron ayer. Preséntale a la clase un resumen de las respuestas. *(Hint: Ask five students what they ate and drank yesterday.)*

modelo

Estudiante A: *¿Qué comiste y bebiste para el desayuno?*

Estudiante B: *Comí cereal y bebí jugo.*

Resumen: *Para el desayuno, tres personas comieron cereal y dos comieron yogur. Cuatro personas bebieron jugo y una bebió leche.*

La comida	Estudiante B	Estudiante C
el desayuno	cereal, jugo	
el almuerzo		
la merienda		
la cena		

APOYO PARA ESTUDIAR

Preterite Tense

The **nosotros** forms of regular **-ir** verbs are the same in both the preterite and the present tenses, as are the **nosotros** forms of regular **-ar** verbs. Remember to use context clues to determine which tense is meant.

enseñar
escuchar
tocar

Una visita

Hablar/Escribir Con otro(a) estudiante, cuenta lo que pasó cuando Martina, la estudiante ecuatoriana, fue a Ecuador con su amiga Nancy a visitar a sus abuelos. *(Hint: Tell what happened in each frame using verbs from the list.)*

Nota

The verb **ver** is regular in the preterite but does not have accents in any of its forms.

comprar   vender   ofrecer   **ver**   visitar

recibir   **comer**   salir   ¿?

Talking About the Past: Verbs with a y Spelling Change

To write the third person **preterite** forms of **-er** and **-ir** verbs with stems that **end in a vowel**, change the **i** to **y**. Notice that all of these preterite forms require an accent, except the **ustedes, ellos(as)** forms.

o í r *to hear*

oí	oímos
oíste	oísteis
oyó	oyeron

le er *to read*

leí	leímos
leíste	leísteis
leyó	leyeron

cre er *to believe*

creí	creímos
creíste	creísteis
creyó	creyeron

Patricia le**yó** algo del concurso.

*Patricia **read** something about the contest.*

¿Oyó, leyó o creyó?

Hablar/Escribir Completa las oraciones con la forma correcta del pretérito de **oír, leer** o **creer**.
(Hint: Complete the sentences with the preterite.)

modelo

Arturo __oyó__ el carro.

1. Marta _____ una carta de su amiga.
2. Susana y Marcos _____ los perros.
3. Yo _____ el disco compacto de mi hermano.
4. ¿Tú _____ en Santa Claus alguna vez?
5. Mi amigo y yo _____ muchas novelas.
6. Mis padres _____ en la buena vida.
7. Yo _____ el periódico ayer.
8. Nosotros _____ la música de una guitarra.

MÁS PRÁCTICA *cuaderno* p. 55

PARA HISPANOHABLANTES *cuaderno* p. 53

 Online Workbook
CLASSZONE.COM

¡A leer!

Hablar/Escribir ¿Qué leyeron estas personas?
(Hint: What did they read?)

la revista
el poema
el menú
el periódico
la novela
la tarea
el libro

modelo

mi madre
Mi madre *leyó la revista.*

1. yo
2. mi amigo(a)
3. mis padres
4. mi padre
5. mi amigo(a) y yo
6. mis amigos
7. mi hermano(a)
8. mi maestro(a)

ACTIVIDAD 13

¿Verdad?

Hablar Los estudiantes oyeron muchas cosas en la cafetería ayer. Pregúntale a otro(a) estudiante lo que oyeron estas personas. *(Hint: Ask another student what these people heard yesterday.)*

modelo

tu hermano

Estudiante A: *¿Qué oyó **tu hermano**?*

Estudiante B: *Oyó que Paula estudió en la biblioteca.*

1. tu amigo(a)
2. tus amigos(as)
3. tú
4. tú y tu amigo(a)
5. tu maestro(a)
6. un(a) estudiante

NOTA CULTURAL

Quito is the second highest capital city in the world after La Paz, Bolivia. It is surrounded by mountains and volcanoes. The old city has colonial buildings with whitewashed walls and red-tiled roofs. The new city has many modern buildings.

ACTIVIDAD 14

¿Qué leyeron o...?

Hablar/Escribir ¿Qué leyeron u oyeron estas personas de niños? Si no sabes, usa tu imaginación. *(Hint: What did these people read or hear when they were children?)*

Heidi

los discos de canciones para niños

los discos de los Chipmunks

los misterios de los muchachos Hardy

¿?

los misterios de Nancy Drew

los casetes de música de Disney

modelo

mi padre

Mi padre leyó los libros de deportes.

1. mi madre
2. mis abuelos
3. mi amigo(a)
4. yo
5. mis amigos y yo
6. mis tíos

■ **MÁS COMUNICACIÓN** p. R7

GRAMÁTICA

Using Irregular Verbs in the Preterite: hacer, ir, ser

♻ **¿RECUERDAS?** *p. 145* Remember how to say *I went* and *you went* in Spanish?

fui	fuiste

The verb **ir** is irregular in the **preterite**. Its preterite forms are exactly the **same** as the preterite forms of **ser. Hacer** also has irregular **preterite** forms. These verbs don't have any accents in the preterite.

ir/ser *to go/to be*

fui	fuimos
fuiste	fuisteis
fue	fueron

hacer *to make, to do*

hice	hicimos
hiciste	hicisteis
hizo	hicieron

Notice that the c becomes z before o.

The businesswoman says:

—**Hice** todo lo necesario. **Fui** a la universidad…

I did everything necessary. I went to the university…

ACTIVIDAD 15 Gramática

El sábado en casa

Hablar/Escribir Todos trabajaron en casa el sábado pasado. Completa las oraciones con el pretérito del verbo **hacer.**
(Hint: Tell what people did at home last Saturday.)

1. Mamá _____ un vestido para mi hermana.
2. Papá y abuelito _____ los sándwiches para el almuerzo.
3. Yo _____ toda la tarea para el lunes.
4. Abuelita y yo _____ un pastel.
5. Mi hermana _____ una entrevista para su clase de historia.
6. Mis amigos y yo _____ ejercicio con un video.
7. Tú _____ las camas.
8. Mamá y abuelita _____ la cena.

APOYO PARA ESTUDIAR

Preterite of *ir* and *ser*

Since these verbs are the same in the preterite, how can you tell which is meant? Look at the context. If you see words that say where, **ir** is intended; if you see a description, **ser** is intended.

—¿Adónde **fuiste** anoche?

—**Fui** al cine. Vi una película de Antonio Banderas.

—¿**Fue** interesante?

—Sí, y también **fue** muy divertida.

ACTIVIDAD 16 Gramática

Recuerdos del pasado

Leer/Escribir Varias personas hablan de sus antiguas profesiones. Di qué ocupación tuvo cada persona. *(Hint: Tell each person's occupation.)*

modelo

Enseñó muchas clases de español. (escritor / maestro)

Fue maestro.

1. El señor Cano sacó muchas fotos de personas importantes. (recepcionista / fotógrafo)

2. Ellos hicieron muchas entrevistas. (periodista / bombero)

3. Alfredo llevó muchísimas cartas. (cartero / escritor)

4. Hiciste planos de casas modernas. (operador / arquitecto)

5. Contestamos el teléfono en la oficina. (operador / editor)

6. Llevaron a muchas personas al aeropuerto. (bombero / taxista)

7. Escribí más de mil cartas para mi jefa. (secretario / gerente)

8. La señora Flores leyó los manuscritos de muchos escritores. (jefa / editora)

■ **MÁS PRÁCTICA** *cuaderno* p. 56

■ **PARA HISPANOHABLANTES** *cuaderno* p. 54

Online Workbook
CLASSZONE.COM

Vocabulario

Las profesiones

la arquitectura *architecture*

la compañía *company*

el (la) contador(a) *accountant*

el (la) editor(a) *editor*

el (la) escritor(a) *writer*

el (la) gerente *manager*

el (la) jefe(a) *boss*

el (la) operador(a) *operator*

el (la) recepcionista *receptionist*

el (la) secretario(a) *secretary*

¿Cuándo visitas a estas personas?

Conexiones

La geografía Ecuador has several volcanoes, including the overactive **Tungurahua**, located south of Quito. **Tungurahua** has erupted at least seventeen times, most recently in 1944. The tallest volcano is **Chimborazo** (shown below) at 6310 m (20,697 ft) in altitude. Closer to Quito are the Iliniza sisters, **Iliniza Norte** at 5116 m (16,882 ft) and **Iliniza Sur** at 5263 m (17,367 ft), volcanic peaks that were originally one and were broken apart in a magma explosion.

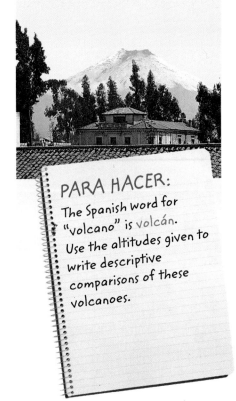

PARA HACER:
The Spanish word for "volcano" is volcán. Use the altitudes given to write descriptive comparisons of these volcanoes.

ACTIVIDAD 17

♻ Fuimos a...

Hablar Pregúntale a otro(a) estudiante adónde fueron estas personas ayer. *(Hint: Take turns with your partner asking and telling where these people went yesterday.)*

modelo

tu mamá

Estudiante A: ¿Adónde fue **tu mamá**?

Estudiante B: Fue al banco.

1. tu hermano

2. ustedes

3. tus abuelos

4. tus amigos y tú

5. tú

6. tu hermana

ACTIVIDAD 18

Un sábado especial

Escuchar Lee lo que hicieron Patricia, Marta y Andrea. Luego escucha la conversación y explica quién hizo cada actividad. *(Hint: Listen to the conversation and explain who did each activity.)*

1. Vio una película de acción.

2. Corrió en el parque.

3. Escribió una carta.

4. Comió en el restaurante Casa Linda.

5. Fue a un partido de fútbol.

6. Fue de compras.

También se dice

Ecuador has its own regionalisms for many of the items you already know in Spanish.

- **chompa:** chaqueta
- **departamento:** apartamento
- **esfero:** pluma, bolígrafo
- **saco:** suéter

ACTIVIDAD 19

¿Adónde fueron?

Hablar/Escribir Todos salieron ayer. Di adónde fue cada persona y cómo fue el día. *(Hint: Tell where each person went, and give their opinion of the day.)*

modelo

Patricia: interesante

Patricia *fue a la oficina del arquitecto. Fue* **interesante.**

1. Miguel: divertido

2. tú: aburrido

3. Miguel y yo: ¿?

4. ustedes: ¿?

5. yo: ¿?

6. mi familia: ¿?

ACTIVIDAD 20

¿Adónde fue...?

Hablar Pregúntale a otro(a) estudiante adónde fueron las personas y qué hicieron el fin de semana pasado. *(Hint: Ask where the people went and what they did.)*

modelo

tus hermanos

Estudiante A: *¿Adónde fueron y qué hicieron* **tus hermanos** *el fin de semana pasado?*

Estudiante B: *Fueron al campo. Vieron un partido de fútbol.*

1. tu mejor amigo(a)

2. tus amigos

3. tú

4. tú y tu amigo(a)

5. tus padres

6. tu hermano(a)

N O T A CULTURAL

One of Quito's most historic sights is the **Plaza de la Independencia,** also called the **Plaza Grande.** In this square you will find the sculpture of Liberty, a bronze and marble statue portraying Ecuador's struggle for independence from Spain.

Tu calendario

Hablar/Escribir Haz un calendario imaginario o real de lo que hiciste la semana pasada. Habla con otro(a) estudiante sobre lo que hicieron. *(Hint: Make a calendar of your activities last week.)*

modelo

Estudiante A: *¿Qué hiciste el lunes?*

Estudiante B: *Aprendí un poema.*

> lunes – aprendí un poema
> martes –
> miércoles –
> jueves –
> viernes –
> sábado –
> domingo –

NOTA CULTURAL

In 2000, Ecuador changed its currency from the **sucre** to the U.S. dollar. The **sucre** had been the national currency for 116 years.

Vamos a...

Hablar/Escribir Ana siempre quiere hacer algo con sus amigos. ¿Cómo los invita? *(Hint: What does Ana say when she invites her friends to do something with her?)*

modelo

¡Vamos a comer!

Nota

When you want to say *Let's…!* use **Vamos a** + an infinitive.

1.

2.

3.

4.

ACTIVIDAD 23

El año pasado

Hablar/Escribir ¿Qué hicieron tú, tu familia y tus amigos el año pasado? Describe una actividad que hiciste con tu familia o con tus amigos. *(Hint: Describe a fun activity you did with your family or friends last year.)*

modelo

El año pasado fui a la ciudad con mi familia. Mi mamá y yo visitamos un museo de arte. Mi padre y mi hermana fueron a un partido de béisbol. Nosotros vimos muchos lugares interesantes. Finalmente cenamos en un restaurante. Comimos una cena deliciosa.

■ **MÁS COMUNICACIÓN** p. R7

Online Workbook
CLASSZONE.COM

Conexiones

Las ciencias If you visit the Andean region of Ecuador, you might become ill from **soroche**, an illness suffered by people who are not used to living at high altitudes. Some of the symptoms are dizziness, fatigue, headache, and nausea. The body usually adapts to the high altitude after a day or two.

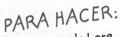

PARA HACER:
Use the words here together with ones you already know to write sentences describing what it feels like to suffer from soroche.
- fatiga
- vértigo
- náusea
- dolor de cabeza

Pronunciación

Trabalenguas

Pronunciación de la *d* When d begins a word or follows the letters **n** or **l**, it is pronounced with a hard sound, as it is in English. When d is between two vowels or at the end of a word, it is pronounced like the *th* in the English word *they*. To practice the **d,** try the following tongue twister.

Dos alcaldes, David Machado y Daniela Amador, danzan el fandango el sábado.

Alcalde Machado   Alcalde Amador

Un cuento ecuatoriano
El tigre y el conejo

Un día Tío Tigre pasó por el bosque camino a su casa. Tenía[1] una canasta[2] de comida muy rica. El amigo conejo lo vio y pensó: «¡Yo tengo hambre. Quiero esa comida!» y saltó[3] por el bosque y se adelantó[4] a Tío Tigre. Se echó como muerto[5]. Cuando llegó Tío Tigre, vio al conejo pero siguió el camino[6].

---

[1] He had	[4] got ahead
[2] basket	[5] *Se echó...muerto.* He pretended to be dead.
[3] hopped	[6] *siguió...camino* he continued on his way

El amigo conejo pensó y dijo: «Pues, voy a tratar[7] una vez más» y saltó y se adelantó otra vez a Tío Tigre. Otra vez se echó como muerto. Y una vez más pasó Tío Tigre, vio al conejo y siguió su camino.

El amigo conejo pensó: «Bueno, voy a tratar por última vez» y saltó camino adelante y otra vez se echó como muerto. Esta vez Tío Tigre se paró[8]. Decidió que tres conejos muertos en el camino era demasiado bueno para perder. Dejó la canasta y regresó por los otros dos conejos.

Y así el amigo conejo agarró[9] la canasta y le robó al tigre su comida.

---

[7] to try
[8] stopped
[9] grabbed

¿Comprendiste?

1. ¿Por dónde pasó el tigre?
2. ¿Qué tenía en la canasta?
3. ¿Qué pensó el conejo cuando vio la canasta?
4. ¿Qué hizo el conejo?
5. ¿Cómo terminó todo?

¿Qué piensas?

1. ¿Cuál de los dos animales es más fuerte? ¿Cuál es más inteligente? ¿Por qué?
2. En tu opinión, ¿qué nos dice este cuento?

En uso

REPASO Y MÁS COMUNICACIÓN

OBJECTIVES

- Tell what happened
- Make suggestions to a group
- Describe city buildings
- Talk about professions

ACTIVIDAD 1 ¡Muy ocupados!

Todos participaron en un festival internacional el domingo pasado. ¿Qué hicieron? *(Hint: Tell what everyone did at the international festival last Sunday.)*

modelo

usted: *barrer el suelo después del festival*

Usted barrió el suelo después del festival.

1. tú: recibir un regalo
2. mis amigos y yo: aprender algunos bailes ecuatorianos
3. mi madre: vender unas tapas
4. los periodistas: escribir muchos artículos sobre el festival
5. yo: compartir un postre enorme con mis hermanos
6. nosotros: beber mucha limonada
7. los niños: correr por todas partes
8. el fotógrafo: decidir sacar fotos de todas las actividades
9. tú: comer muchos llapingachos
10. yo: ver artesanías muy interesantes

ACTIVIDAD 2 ¿Lo creíste tú?

Imagínate que Patricia ganó el concurso, pero nadie lo creyó. ¿Dónde oyeron o leyeron el anuncio? *(Hint: Nobody believed that Patricia won the contest. Tell where they heard or read about the winner.)*

modelo

Miguel: *por teléfono*

Miguel lo oyó **por teléfono,** *pero no lo creyó.*

el arquitecto: *en el periódico*

El arquitecto lo leyó **en el periódico,** *pero no lo creyó.*

1. Patricia: en una carta
2. tú: en la televisión
3. la mujer de negocios: en la radio
4. los tíos de Miguel: por teléfono
5. yo: en la revista
6. nosotros: en el periódico

Now you can...

- tell what happened.

To review

- preterite of regular **-er** and **-ir** verbs, see p. 266.

Now you can...

- tell what happened.

To review

- preterite of verbs with a **y** spelling change, see p. 268.

Now you can...

• describe city buildings.

• tell what happened.

• talk about professions.

To review

• preterite of **hacer, ir, ser,** see p. 270.

³ ¿Qué fuiste tú?

Todos hablan de sus antiguas profesiones. ¿Qué dicen?
(Hint: Talk about people's former jobs.)

modelo

ella / gerente de un restaurante lujoso: ¿trabajar en una oficina formal o informal?

Ella fue gerente de un restaurante lujoso. Trabajó en una oficina formal.

1. ellos / hombres de negocios: ¿hacer contratos o ejercicio?
2. nosotros / bomberos: ¿ir a muchos conciertos o edificios?
3. tú / recepcionista de una compañía grande: ¿trabajar en un edificio pequeño o enorme?
4. tú y yo / periodistas: ¿hacer muchas tareas o entrevistas?
5. él / taxista: ¿ir a muchos o pocos lugares diferentes?
6. yo / escritor(a): ¿escribir cartas o novelas?
7. tú / cartero(a): ¿ir a muchos parques o muchas casas?
8. usted / arquitecto(a): ¿hacer planos o preguntas?

Now you can...

• make suggestions to a group.

To review

• **vamos a** + infinitive, see p. 274.

⁴ ¡Vamos a divertirnos!

Tu amigo(a) te invita a participar en varias actividades hoy.
¿Qué dicen? *(Hint: Suggest activities for you and your friend to do today.)*

modelo

nadar

Tu amigo(a): *¡Vamos a **nadar**!*

Tú: *No, gracias. Voy al cine.*

1. levantar pesas
2. ir al cine
3. escuchar música
4. comer en un restaurante lujoso
5. jugar al tenis
6. ver la televisión
7. escribirle una carta al editor del periódico
8. pasear en el parque

ACTIVIDAD 5 · ¿Qué hiciste ayer?

PARA CONVERSAR
STRATEGY: SPEAKING

Relate details When retelling a past event, tell more than what you did (**¿qué hiciste?**). People like to know details, such as where (**¿dónde?**), with whom (**¿con quién?**), and how it was (**¿cómo fue?**). If your partner doesn't tell you all of the details, ask for them by using these questions.

Quieres saber lo que hizo otro(a) estudiante ayer. Usando los verbos de la lista, hazle preguntas. *(Hint: Use the verbs from the list to ask what another student did yesterday.)*

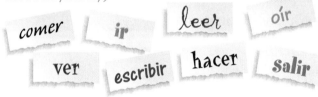

comer · ir · leer · oír
ver · escribir · hacer · salir

modelo

Estudiante A: *¿Hiciste ejercicio ayer?*

Estudiante B: *Sí, hice ejercicio en el parque. Caminé con mi perro. ¿Y tú?*

Estudiante A: *Yo jugué al tenis.*

Estudiante B: *¿Qué comiste anoche?*

Estudiante A: *Comí…*

ACTIVIDAD 6 · Profesiones interesantes

Eres una persona profesional que ya no trabaja. Ahora estás visitando la clase de español. Los estudiantes te hacen preguntas para identificar tu profesión. La persona que identifica la profesión correcta es el (la) nuevo(a) profesional. *(Hint: Ask questions to determine what people did for a living.)*

modelo

Estudiante A: *¿Sacó usted fotos en su trabajo?*

Profesional: *No, no saqué fotos.*

Estudiante B: *¿Trabajó usted en una oficina?*

Profesional: *Sí. Trabajé en una oficina muy lujosa.*

Estudiante B: *¿Fue usted jefe(a)?*

Profesional: *Sí. Fui jefe(a) de una compañía enorme.*

ACTIVIDAD 7 · *En tu propia voz*

Escritura ¿Cómo es la ciudad ideal para ti? Dibújala y descríbela con un mínimo de seis oraciones. *(Hint: Draw and describe the ideal city.)*

modelo

En la ciudad ideal…

En la comunidad

Maynor, a native speaker of Spanish, is a high school student in California. He sometimes interprets for Spanish-speaking people who don't speak English when he's at his part-time job with a construction company. He also uses Spanish at his volunteer job at a Boy Scout camp. This helps boys who are more comfortable speaking in their native language. Additionally, he helps his friends who are learning Spanish to practice speaking the language. When do you use Spanish?

En resumen

REPASO DE VOCABULARIO

DESCRIBING CITY BUILDINGS

ancho(a)	wide
antiguo(a)	old, ancient
el edificio	building
enorme	huge, enormous
estrecho(a)	narrow
formal	formal
informal	informal
lujoso(a)	luxurious
moderno(a)	modern
ordinario(a)	ordinary
sencillo(a)	simple, plain
tradicional	traditional

MAKING SUGGESTIONS TO A GROUP

Vamos a...	Let's...

OTHER WORDS AND PHRASES

la contaminación del aire	air pollution
decidir	to decide
estar de acuerdo	to agree
el (la) ganador(a)	winner
ofrecer	to offer
el tráfico	traffic

TALKING ABOUT PROFESSIONS

el (la) arquitecto(a)	architect
la arquitectura	architecture
el bombero	firefighter
la cámara	camera
el (la) cartero(a)	mail carrier
la compañía	company
el (la) contador(a)	accountant
el (la) editor(a)	editor
la entrevista	interview
el (la) escritor(a)	writer
el (la) fotógrafo(a)	photographer
el (la) gerente	manager
la grabadora	tape recorder
el hombre de negocios	businessman
el (la) jefe(a)	boss
la mujer de negocios	businesswoman
el (la) operador(a)	operator
el (la) periodista	journalist
la profesión	profession
el (la) recepcionista	receptionist
el (la) secretario(a)	secretary
el (la) taxista	taxi driver

Juego

¿Qué hacen sus padres?

El padre de Susana usa una cámara. El Sr. Rodríguez tiene un trabajo peligroso. Al papá de Adriana le gusta trabajar con los números.

1. ¿Quién es contador?

2. ¿Quién es fotógrafo?

3. ¿Quién es bombero?

ETAPA

A conocer el campo

OBJECTIVES

- Point out specific people and things

- Tell where things are located

- Talk about the past

¿Qué ves?

Mira la foto de un taller en el campo de Ecuador.

1. ¿Las personas de la foto están contentas o tristes?

2. ¿Hay muchos o pocos sacos?

3. ¿De qué colores son los sacos?

4. ¿Cuál es el teléfono del taller?

CENTRO ARTESANAL

Juan León Mera 804   Fax 502-301
Telf. 548-235

VIDEO   DVD   AUDIO

En contexto
VOCABULARIO

Patricia has left the city and is visiting the country. Look at the sights she sees and the people she meets.

A Aquí, en **el taller, la artesana** hace mucha ropa. Usa **lana** de muchos colores. La lana azul está **encima de** la mesa. La lana roja está **debajo de** la mesa.

la artesana

la lana

el taller

arriba

abajo

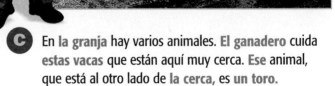

el ganadero

el toro

la cerca

la vaca

B La mujer quiere el saco de **arriba.** Patricia quiere un gorro de **abajo.**

C En **la granja** hay varios animales. **El ganadero** cuida **estas vacas** que están aquí muy cerca. **Ese** animal, que está al otro lado de **la cerca,** es **un toro.**

284 doscientos ochenta y cuatro
Unidad 6

CD-ROM
Take-Home Tutor

las llamas

el pastor

E **Aquellos** animales, que están lejos, son **llamas**. **El pastor** cuida las llamas.

la granja

los cerdos

F Aquí hay unos **cerdos**. El ganadero también tiene **un caballo**.

el corral

las gallinas

el gallo

D Aquí hay **unas gallinas** y **un gallo**. Las gallinas están **dentro del corral**. El gallo está **fuera**.

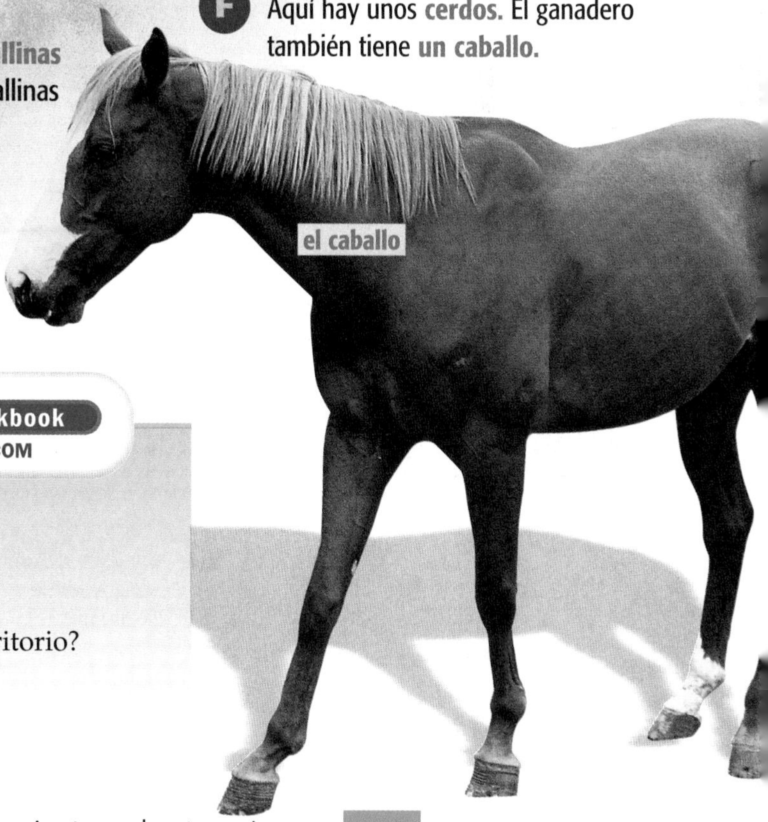

el caballo

Online Workbook
CLASSZONE.COM

Preguntas personales

1. ¿Te gustan los caballos?
2. ¿Vives en el campo o en la ciudad?
3. ¿Te gustaría trabajar en una granja o en un taller?
4. ¿Qué hay encima de tu escritorio? ¿Debajo de tu escritorio?
5. ¿Qué ropa de lana tienes?

En vivo

DIÁLOGO

Patricia   Miguel   Bárbara   Julio

En el campo

PARA ESCUCHAR • STRATEGY: LISTENING

Listen for implied statements Some things are said directly; others are suggested, but not stated. They are implied. Listen and decide which of the following are implied:

1. A slow, quiet life is boring.

2. Farm life requires hard work.

3. Life in both the city and the country is interesting.

What did you hear that influenced your decision?

1▶ Miguel: ¡Buenos días, tía Bárbara!

Bárbara: ¡Miguel! ¡Bienvenidos! ¿Y tú eres Patricia?

Patricia: Sí. Es un placer.

Bárbara: ¿Te gusta mi taller?

Patricia: Sí, mucho.

5▶ Bárbara: Sí, ya lo sé. Miguel, ¿me bajas aquel saco? Está allí arriba.

Patricia: ¡Ay! No es necesario.

Bárbara: Miguel, busca un saco para ti también.

Miguel: Gracias, tía Bárbara.

6▶ Julio: Soy de una familia de ganaderos. Esta granja fue de mi abuelo. Todos los días mi hijo les da de comer a las gallinas y a las vacas. Mi hija menor cuida los cerdos y los caballos. Y hablando de caballos…

7▶ Julio: Miguel, ¿recuerdas la primera vez que viniste a visitarnos?

Miguel: Patricia no quiere oír esas viejas historias.

Julio: Pues, fue al corral, abrió la cerca y el caballo se escapó.

2▶ Patricia: ¿Cuándo vino usted a vivir aquí?

Bárbara: Vine en el año 1990.

Patricia: ¿Y le gusta vivir en el campo, en este pueblo pequeño?

Bárbara: Sí, es muy tranquilo.

3▶ Bárbara: A ver… ¿dónde están las tijeras? Ah, sí, allí están. Miguel, ¿me das las tijeras que están sobre la mesa?

Patricia: ¿Cómo fueron sus primeros años aquí?

Bárbara: Tuvimos que trabajar muchísimo.

4▶ Patricia: ¿Y venden los sacos y los gorros?

Bárbara: Sí, el mejor mercado es el mercado de Otavalo. Estuvimos ahí el domingo pasado.

Miguel: ¡A mí me gusta mucho ese mercado! ¡Vamos hoy!

8▶ Julio: Luego les dio de comer a las gallinas. ¡Les dio una bolsa de comida!

Miguel: ¡Tío Julio, por favor!

Julio: ¿Sabes, Patricia? ¡Miguel debe vivir en la ciudad!

9▶ Patricia: ¿Qué piensa usted de la ciudad?

Julio: Vamos a Quito todos los meses para visitar a mi hija mayor y su familia. Es muy interesante y hay mucho trabajo, pero vivimos aquí y estamos felices.

Patricia: Gracias, Julio.

10▶ Julio: Dice Miguel que ustedes van a Otavalo esta tarde.

Patricia: Sí.

Julio: ¿Te contó Miguel de la segunda vez que él nos acompañó a Otavalo?

Miguel: ¡Tío Julio!

En acción

VOCABULARIO Y GRAMÁTICA

ACTIVIDAD 1

Un día en el campo

Escuchar Según el diálogo, indica quién es cada persona. *(Hint: Match each photo to its description.)*

1. Vende sacos y gorros en su taller.

2. Tiene una granja; es de una familia de ganaderos.

3. Julio es su tío.

4. Le hace entrevistas a la gente del campo.

288

ACTIVIDAD 2

Las entrevistas

Escuchar Combina las frases para hacer oraciones basadas en el diálogo. *(Hint: Make sentences based on the dialog.)*

1. A Bárbara le gusta vivir en el campo...
2. Bárbara vende ropa...
3. La granja de Julio fue...
4. Los hijos de Julio...
5. Después de visitar a Julio, Patricia y Miguel...

a. de su abuelo.
b. lo ayudan con el trabajo.
c. van a Otavalo.
d. porque es muy tranquilo.
e. en el mercado de Otavalo.

También se dice

In Spanish there are various words to describe people who work on farms or ranches. **Ganadero(a)** refers to a breeder of cattle or other livestock. **Granjero(a)** generally describes a worker on a poultry or dairy farm. To talk about a farmer who raises agricultural produce or plants, the word **agricultor(a)** is used. **Pastor(a)** describes someone who tends sheep.

ACTIVIDAD 3

Miau, miau...

Hablar Con otro(a) estudiante, haz preguntas para identificar los animales. *(Hint: With your partner, ask questions to identify the animals.)*

modelo

Estudiante A: *Es un caballo, ¿verdad?*

Estudiante B: *¡Claro que no! Es un toro.*

ACTIVIDAD 4

Animales felices

Leer/Hablar Patricia y Miguel ven este anuncio en el camino al campo. Lee el anuncio y contesta las preguntas. *(Hint: Answer the questions.)*

Tienda Villagómez

Vendemos alimento para todos los animales.

¡Alimento bueno, animales felices!

Avenida Chimborazo 138
Otavalo, Ecuador
Días: lunes a sábado
Horas: 7:00 a 6:00
tel: 23-83-69

1. ¿Quién compra artículos de esta tienda?
2. ¿Qué vende la tienda?
3. ¿Qué animales ves en el anuncio?
4. ¿Qué días y horas está abierta la tienda?
5. ¿Dónde queda la tienda?

ACTIVIDAD 5

♻ ¿Qué son?

Escuchar Todos hablan de su profesión. Escucha lo que dice cada persona e indica qué es, escogiendo la foto apropiada. *(Hint: Choose the correct picture.)*

a.

b.

c.

d.

¡Debate!

Hablar/Escribir ¿Cuál es mejor, vivir en el campo o en la ciudad? Trabaja con otro(a) estudiante para convencer a los otros compañeros que su opinión es la mejor. *(Hint: Is the country or the city a better place to live? Convince your classmates.)*

1 Decidan ustedes si prefieren el campo o la ciudad. *(Hint: Do you prefer the country or the city?)*

2 Piensen ustedes en todas las palabras que puedan asociarse con el campo y la ciudad. *(Hint: What words do you associate with the country and the city?)*

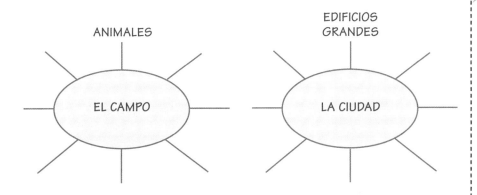

ANIMALES

EL CAMPO

EDIFICIOS GRANDES

LA CIUDAD

3 Organicen y escriban estas palabras en dos gráficas: una para la ciudad; otra para el campo. *(Hint: Write the words in word webs.)*

4 Escriban una lista de ideas que pueden usar en el debate. *(Hint: Make a list of ideas you can use in the debate.)*

♻ ¿Dónde?

Hablar Son las nueve de la mañana. Adivina dónde están estas personas. *(Hint: Guess where these people most likely are.)*

modelo

el cartero

El cartero está en el correo.

1. yo
2. mi mejor amigo(a)
3. mi maestro(a) de...
4. la artesana
5. el ganadero
6. el pastor
7. la arquitecta
8. el equipo de fútbol
9. la mesera
10. el taxista

N O T A CULTURAL

Quichua, an indigenous language, is still commonly spoken in certain regions of Ecuador, particularly in the mountains. Here is a Quichua expression used in Ecuador today.

¡Achachái!
(¡Qué frío!)

GRAMÁTICA

Saying Where Things Are Located

♻ **¿RECUERDAS?** *p. 97* Remember prepositions of location?

▶ You can also talk about the location of things using these words that you learned in **En contexto:**

cerca (de)	**entre**
delante (de)	**a la izquierda (de)**
a la derecha (de)	**al lado (de)**
detrás (de)	**lejos (de)**

The words **arriba** and **abajo** are never followed by **de.**

abajo	**debajo (de)**	**encima (de)**
arriba	**dentro (de)**	**fuera (de)**

Use **de** only when a **specific location** follows the expression.

Están **dentro de**l taller.
*They are **inside** the workshop.*

—Miguel, ¿me bajas aquel saco? Está allí **arriba.**
*Miguel, (will you) get down that sweater for me? It's **up** there.*

ACTIVIDAD 8 · Gramática

¿Dónde están?

Escribir Explica dónde están las personas y los animales, según los dibujos. *(Hint: Complete each sentence to tell where the people and animals are.)*

1. El gato está _____ de la cerca.

2. El artesano está _____ de su taller.

3. El cerdo está _____ del corral.

4. La periodista está _____ .

5. El perro está _____ de la mesa.

🟦 **MÁS PRÁCTICA** *cuaderno* p. 61

🟦 **PARA HISPANOHABLANTES** *cuaderno* p. 59

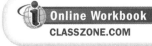
ⓘ **Online Workbook**
CLASSZONE.COM

ACTIVIDAD
9 Para el viaje

Hablar Mira las cosas que Patricia va a llevar en su viaje al campo. Trabaja con otro(a) estudiante para preguntar dónde está cada cosa, según el dibujo. *(Hint: Work with a partner to ask and answer questions about where each thing is.)*

modelo

1. el dinero

Estudiante A: *¿Dónde está **el dinero**?*

Estudiante B: *Está encima de la cama.*

ACTIVIDAD 10

¿Limpia o sucia?

Hablar ¿Cómo está tu habitación? ¿Está limpia o sucia? ¿Qué cosas hay allí? ¿Dónde están? Haz un dibujo de tu habitación (o de una habitación imaginaria) y dáselo a otro(a) estudiante. El (La) otro(a) estudiante tiene que describirlo. *(Hint: Draw a picture of your bedroom or of an imaginary one. Your partner will describe it to you.)*

modelo

La habitación está muy limpia. Toda la ropa está en el armario. Los zapatos están en el suelo del armario. En el escritorio hay papel y lápices…

Conexiones

Las ciencias When the Spanish came to the Americas at the end of the fifteenth century, they found animals that were unknown in Europe. Why? Look at a map of the world. The Americas are separated from the other continents by the Atlantic and Pacific Oceans. It makes sense that animals would develop differently in Europe than in the Americas.

la alpaca

el hámster

PARA HACER: Sort the animals shown here into two groups: Animales de las Américas and Animales del resto del mundo.

el búfalo

el caballo

la llama

el gato

Pointing Out Specific Things Using Demonstratives

When you point out specific things, you use **demonstrative** adjectives and pronouns. In **En contexto** you saw how demonstrative adjectives are used. A **demonstrative** adjective describes the location of a **noun** in relation to a person.

Masculine

Singular	Plural
este **cerdo**	estos **cerdos**
this pig	*these pigs*
ese **cerdo**	esos **cerdos**
that pig	*those pigs*
aquel **cerdo**	aquellos **cerdos**
that pig (over there)	*those pigs (over there)*

Feminine

Singular	Plural
esta **mesa**	estas **mesas**
this table	*these tables*
esa **mesa**	esas **mesas**
that table	*those tables*
aquella **mesa**	aquellas **mesas**
that table (over there)	*those tables (over there)*

Bárbara says:

—Miguel, ¿me bajas aquel **saco**?
*Miguel, (will you) get down **that sweater** for me?*

*Adjective **relates location** of the **noun** to a person.*

Demonstrative pronouns are used in place of the **adjective** and the **noun**. They are the same as the demonstrative adjectives except that they have an accent.

Masculine

Singular	Plural
éste *this one*	éstos *these*
ése *that one*	ésos *those*
aquél *that one (over there)*	aquéllos *those (over there)*

Feminine

Singular	Plural
ésta *this one*	éstas *these*
ésa *that one*	ésas *those*
aquélla *that one (over there)*	aquéllas *those (over there)*

Bárbara might have said: —Miguel, ¿me bajas aquél que está arriba?
*Miguel, would you get down **that one** up there for me?*

There are also **demonstrative** pronouns that refer to ideas or unidentified things that do not have a specific gender.

Esto es importante.
***This** is important.*

¿Qué es eso?
*What's **that**?*

¿Qué es aquello?
*What's **that over there**?*

En el mercado

Leer Patricia y Miguel están en una tienda. Completa sus oraciones con un adjetivo demostrativo. *(Hint: Complete what they say.)*

Patricia: ¿Te gusta ___1___ bufanda amarilla?

Miguel: Prefiero ___2___ bufanda blanca.

Patricia: ¿Y ___3___ saco marrón?

Miguel: No es mi color favorito. Prefiero ___4___ saco verde.

Patricia: Bueno, si te gusta el color verde, ¿por qué no compras ___5___ mochila verde?

Miguel: La verdad es que prefiero ___6___ mochila marrón.

Patricia: Ay, Miguel, ¡no te entiendo!

■ **MÁS PRÁCTICA** *cuaderno* p. 62

■ **PARA HISPANOHABLANTES** *cuaderno* p. 60

Online Workbook
CLASSZONE.COM

En la granja

Escribir Estás en una granja con unos amigos. Todos hablan de varios animales. Completa sus comentarios con un adjetivo demostrativo y una distancia apropiada. Usa las distancias **muy cerca, cerca** y **lejos**. *(Hint: Talk about the animals. Use a demonstrative adjective to tell whether they are very close, nearby, or far.)*

modelo

_____ cerdos son muy grandes.

  <u>Esos</u> **cerdos son muy grandes.** *Están cerca.*

1. _____ gallinas comen mucho.

2. ¡Mira _____ llamas tan cómicas!

3. No me gusta _____ toro.

4. _____ caballos corren muy rápidamente.

5. _____ vaca es mi favorita. Se llama Verónica.

6. _____ gallo me despierta todas las mañanas ¡a las cinco!

7. ¡_____ cerdos son gordísimos!

8. _____ gallina vive en mi casa.

También se dice

There are several words for *farm*.

- **la chacra:** many countries
- **la finca:** Colombia, Puerto Rico
- **la granja:** Argentina, Ecuador, Spain
- **la hacienda:** many countries
- **el rancho:** Mexico

Conexiones

Los estudios sociales One of farming's most important technologies emerged from the Incan civilization in Ecuador, a civilization of expert farmers. Most of the productive soil was in the steep Andes, so their crops were often devastated by mudslides during the rainy seasons. In order to reduce this devastation, they developed a system of farming on terraces (**los andenes**).

PARA HACER:

Draw a map of a terraced field using the crops given here. Label each terrace with an ordinal number.

- maíz
- batata
- papa
- calabaza
- mandioca

ACTIVIDAD 13

♻ Nuestras cosas

Hablar En grupos de tres personas, comparen las cosas que tiene cada persona. Usen estas palabras. *(Hint: Compare your things.)*

modelo

cuaderno(s)

*Esos **cuadernos** son más nuevos que éstos.*

sillas   libros

escritorios

plumas   borradores

¿?   mochilas   ropa

◼ **MÁS COMUNICACIÓN** p. R8

GRAMÁTICA

Ordinal Numbers

When you talk about the order of items, use ordinal numbers. At the right are the first ten ordinal numbers.

- When used with nouns, they must agree in number and gender.
- Ordinals are placed before **nouns**.
- Primero and tercero drop the o before a **masculine singular** noun.

primera   segunda   tercera   cuarta   quinta   sexta   séptima   octava   novena   décima

Patricia asks: *before the noun*

—¿Cómo fueron sus primeros **años** aquí?
*How were your **first** years here?*

Bárbara might say: *drops the o*

—Fue muy difícil hasta el tercer año.
*It was very difficult until the **third** year.*

To say *last,* use último(a).   La última vez que Miguel fue a Otavalo…
*The **last** time Miguel went to Otavalo…*

ACTIVIDAD 14 Gramática

El orden

Hablar Patricia está con un grupo de amigos. Hacen cola para ver una película. Tú le preguntas a tu amigo(a) quiénes son. *(Hint: Ask who they are.)*

modelo

Patricia

Tú: ¿Quién es **Patricia**?

Tu amigo(a): *Ella es la segunda.*

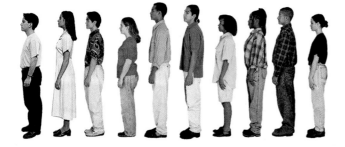

Miguel   Patricia   Antonio   Linda   Carlos   Felipe   Ramona   Marta   Diego   Ana

I. Felipe	**4.** Antonio	**7.** Diego
2. Miguel	**5.** Marta	**8.** Ana
3. Carlos	**6.** Ramona	**9.** Linda

MÁS PRÁCTICA *cuaderno* p. 63

PARA HISPANOHABLANTES *cuaderno* p. 61

Online Workbook
CLASSZONE.COM

ACTIVIDAD 15

¿Quién llegó primero?

Hablar/Escribir Patricia y sus amigos participaron en una carrera. ¿En qué orden llegaron? *(Hint: Give their order in the race.)*

modelo

Patricia: 2   **Patricia** fue la **segunda** chica en llegar.

I. Elena: 7	**4.** Linda: 8	**7.** Marta: 6
2. Antonio: 1	**5.** Carlos: 10	**8.** Alfredo: 9
3. Ramón: 3	**6.** Miguel: 4	**9.** Diego: 5

ACTIVIDAD 16

Las vacaciones

Escribir Piensa en unas vacaciones memorables. Explica en qué día hiciste las cosas. *(Hint: What did you do on each day of your vacation?)*

modelo

*El primer día mis tíos y yo llegamos en avión a Quito...
El segundo día fui a un museo.*

I. primero(a)	**3.** tercero(a)	**5.** quinto(a)
2. segundo(a)	**4.** cuarto(a)	**6.** último(a)

ir al campo   *visitar a los amigos*

nadar en la piscina

pescar en el lago   *cenar en el restaurante*

ir de compras   *descansar*

Gramática

Irregular Preterite Verbs

You've learned that **hacer, ir,** and **ser** are irregular in the preterite. Here are some other irregular preterite verbs. Notice that the forms for dar are similar to those for **ver.** Decir and venir have their own special forms.

dar *to give*

di	dimos
diste	disteis
dio	dieron

decir *to say, to tell*

dije	dijimos
dijiste	dijisteis
dijo	dijeron

venir *to come*

vine	vinimos
viniste	vinisteis
vino	vinieron

Although the verbs tener and estar have irregular endings in the preterite, their forms follow similar patterns.

tener *to have*

tuve	tuvimos
tuviste	tuvisteis
tuvo	tuvieron

estar *to be*

estuve	estuvimos
estuviste	estuvisteis
estuvo	estuvieron

Bárbara says:

—**Vine** al campo en el año 1990.
I came to the country in 1990.

—**Tuvimos** que trabajar muchísimo.
We had to work a whole lot.

—**Estuvimos** ahí el domingo pasado.
We were there last Sunday.

Do not use **estar** in the preterite to express feelings.

Todos ayudaron en la granja

Escribir Hay muchos animales en la granja del tío Julio. Muchas personas lo ayudaron con el trabajo. ¿A qué animales les dio de comer cada persona?
(Hint: Which animals did they feed?)

modelo

Patricia: los cerdos

Patricia *les dio de comer a* **los cerdos.**

Nota

The expression **darle(s) de comer** means *to feed.*

Le di de comer a mi gato.
I fed my cat.

1. yo: el toro
2. ustedes: los gatos
3. Miguel: las llamas
4. tú: el gallo
5. mi hija: los caballos
6. mis hijos y yo: las vacas
7. los niños: las gallinas
8. el ganadero: los cerdos

MÁS PRÁCTICA *cuaderno* p. 64

PARA HISPANOHABLANTES
cuaderno p. 62

ACTIVIDAD 18

En la biblioteca

Hablar Muchos amigos están en la biblioteca hoy. Con otro(a) estudiante, háganse preguntas. (*Hint: Ask why everybody came to the library today.*)

modelo

Ana (leer un libro)

Estudiante A: ¿Por qué vino **Ana?**

Estudiante B: **Ana** vino porque tuvo que **leer un libro.**

1. Juan y Jorge (estudiar)
2. tú (usar la computadora)
3. Felipe (hacer su tarea)
4. tu hermana y tú (buscar un libro sobre los indios quechua)
5. Enrique (leer el periódico)
6. Carlos y Alicia (alquilar unos videos)
7. Elena y yo (devolver un libro)
8. el señor Martínez (trabajar por la tarde)

ACTIVIDAD 19

Un día ocupado

Escribir Ayer fue un día ocupado. Describe lo que hicieron estas personas. (*Hint: Describe what these people did yesterday.*)

darle de comer a un cerdo   ir de compras

ir a una fiesta de cumpleaños

decir algo importante

estar en una tienda de ropa

tener un buen día

sacar la basura

empezar a leer un libro

hacer un viaje al campo

ver una película cómica

estar en la oficina de la contadora

modelo

Miguel

Miguel tuvo un buen día.

1. mis padres
2. tú
3. Ana y yo
4. ustedes
5. Julio
6. yo
7. nosotros
8. Amelia
9. mi padre
10. la mujer de negocios

Un día bonito

Escuchar Escucha el párrafo sobre el viaje que hizo Luisa. Luego ordena las fotos según lo que escuchaste. *(Hint: Listen to the paragraph. Then put the photographs in order.)*

a.

b.

c.

d.

¡Qué bien lo pasé!

Escribir Escribe un párrafo sobre un viaje real o imaginario que hiciste. Usa las preguntas como ayuda. *(Hint: Write a paragraph about a trip you once took.)*

- ¿Adónde fuiste?
- ¿Qué hiciste?
- ¿Oíste música? ¿Qué tipo? ¿Te gustó?
- ¿Con quiénes fuiste?
- ¿Qué viste?
- ¿Cuánto tiempo estuviste allí?
- ¿Qué les dijiste a tus amigos cuando los viste?

MÁS COMUNICACIÓN p. R8

Pronunciación

Trabalenguas

Pronunciación de la l The letter l is pronounced like the *l* in the English word *lucky.* Practice its sound by saying this tongue twister.

Lana, Lena, Lina y Lulú
van y ven al león con el balón.
Al león con el balón ven
Lana, Lena, Lina y Lulú.

En colores
CULTURA Y COMPARACIONES

LOS OTAVALEÑOS

PARA CONOCERNOS

STRATEGY:
CONNECTING CULTURES

Research cultural groups The term *indigenous people* is used to refer to the original or native inhabitants of a region. Who were or are the indigenous people where you live? When researching, make sure to ask the five W questions: *who?*, *what?*, *when?*, *where?*, and *why?* Make up five research questions about the original people of your area, using these words as prompts.

¿Quién?	
¿Qué?	
¿Cuándo?	
¿Dónde?	
¿Por qué?	

Use these questions to gather information as you read «Los otavaleños».

Si sales de Quito por la Carretera Panamericana[1] hacia el norte del país, vas a ver un paisaje[2] impresionante. Hay espléndidas vistas de montañas, volcanes y lagos. Entre Quito y la frontera[3] con Colombia hay un valle entre las montañas Imbabura y Cotacachi. Allí queda el pueblo de Otavalo.

Aquí viven los otavaleños. Este grupo indígena se conoce[4] por su artesanía, su éxito[5] económico y la preservación de sus costumbres folclóricas. Los sábados, los otavaleños organizan un mercado tradicional. Hay frutas y verduras, animales y lo más interesante para los turistas: tejidos[6] y artesanías. En este mercado

---

[1] Pan-American Highway	[3] border	[5] success
[2] landscape	[4] is known	[6] woven goods

puedes comprar ponchos, chompas y tapices de lana hechos[7] por los otavaleños. Los otavaleños también venden sombreros hechos a medida[8]. Como en todo mercado, ¡es importante regatear!

Hacer tejidos es una tradición de los indígenas de Otavalo. En 1917 empezaron a imitar los casimires[9] ingleses y así nació[10] la industria textil. Las personas que hacen los tejidos son de Otavalo y los pueblos cercanos, como Peguche, Ilumán, Carabuela y Quinchuqui.

Si visitas Otavalo, debes conocer la Plaza Bolívar, donde está la estatua del general inca Rumiñahui. También puedes aprender un poco de la historia y la arqueología de esta región en el Instituto Otavaleño de Antropología.

More About Ecuador
CLASSZONE.COM

[7] made
[8] custom-made
[9] tweeds
[10] was born

Ropa tradicional otavaleña

¿Comprendiste?

1. ¿Dónde queda Otavalo? ¿Cómo llegas?
2. ¿Qué importancia tiene Otavalo?
3. ¿Qué cosas venden en el mercado de Otavalo?
4. ¿Cómo y cuándo empezó la industria textil?
5. ¿Qué lugares puedes conocer en Otavalo?

¿Qué piensas?

1. ¿Por qué debes regatear si visitas Otavalo?
2. ¿Qué puedes hacer para aprender más de la vida de los otavaleños de hoy?

Hazlo tú

¿Hay artesanos en tu comunidad? Explica qué hacen. Si no hay, investiga alguna artesanía de Estados Unidos y haz un reportaje sobre esto.

En uso

REPASO Y MÁS COMUNICACIÓN

OBJECTIVES

• Point out specific people and things
• Tell where things are located
• Talk about the past

Now you can...

• tell where things are located.

To review

• location words, see p. 292.

ACTIVIDAD 1 En el campo

Imagínate que estás en el campo. ¿Qué ves? *(Hint: Tell what you see in the country.)*

modelo

dentro del corral, con los cerdos

*El ganadero está **dentro del corral, con los cerdos.***

1. debajo del árbol
2. arriba, con las llamas
3. encima de la cerca
4. abajo
5. fuera de su casa
6. dentro del corral, con el ganadero

Now you can...

• point out specific people and things.

To review

• ordinal numbers, see p. 297.

ACTIVIDAD 2 ¿En qué carro?

Estas personas participaron en una carrera. ¿En qué carro manejó cada uno? *(Hint: Say who drove what car in the race.)*

modelo

Campos: 4

***Campos** manejó el cuarto carro.*

1. Molina: 2
2. Anaya: 7
3. Valencia: 9
4. Ibarra: 1
5. Quintana: 5
6. Blanco: 10
7. Rojas: 8
8. Espinoza: 3
9. Santana: 6

Now you can...

- point out specific people and things.

To review

- demonstratives, see p. 295.

③ ¿Quiénes son?

Hay una fiesta de disfraces hoy. ¿Quiénes son estas personas?
(Hint: Identify the people at the costume party.)

modelo

maestra   *Esa mujer es **maestra.***

1. policías
2. fotógrafa
3. bomberos
4. periodista
5. cartero
6. taxista
7. mujeres de negocios
8. doctor

④ Un día especial

Now you can...

- talk about the past.

To review

- irregular preterite verbs, see p. 299.

Patricia se encuentra con una amiga en Otavalo. Completa lo que dice con la forma correcta de los verbos **dar, decir, estar, tener** o **venir.** *(Hint: Complete Patricia's story of her day in Otavalo with the correct form of the verb.)*

Hoy Miguel y yo ___**1**___ en el campo toda la mañana. Yo ___**2**___ tiempo de hacer algunas entrevistas para mi proyecto. Los parientes de Miguel me ___**3**___ muchas cosas interesantes sobre la vida en el campo. El tío Julio también me ___**4**___ algunas cosas cómicas sobre Miguel. Al final de la entrevista con Bárbara, ella me ___**5**___ un regalo: este saco bonito. Después de la segunda entrevista, el tío Julio y su esposa nos ___**6**___ de comer. Luego nosotros ___**7**___ aquí a Otavalo.

ACTIVIDAD 5 — ¿Y aquel caballo?

Imagínate que tienes dos mil dólares para comprar animales de la granja de un(a) ganadero(a). Regatea para recibir el mejor precio. *(Hint: You have $2000 to buy farm animals. Bargain for the best prices.)*

modelo

Tú: *¿Cuánto cuesta aquella vaca?*

Ganadero(a): *Aquélla es muy buena. Da mucha leche. Cuesta mil dólares.*

Tú: *¡Es demasiado! Le puedo ofrecer ochocientos.*

Ganadero(a): *No puedo vender aquélla por menos de novecientos, pero le dejo esta vaca más pequeña en setecientos.*

Tú: *Está bien. ¿Y ese cerdo que está en el corral?…*

ACTIVIDAD 6 — ¿Dónde está?

Tus amigos buscan algo en la clase. Sólo tú sabes qué es y dónde está. Contesta sus preguntas. *(Hint: Your friends are looking for something in the classroom. Only you know what and where it is. Answer their questions.)*

modelo

Estudiante A: *¿Está encima del escritorio de la maestra?*

Tú: *No, no está encima del escritorio de la maestra.*

Estudiante B: *¿Está dentro de tu mochila?*

Tú: *Sí, está dentro de mi mochila.*

Estudiante C: *¿Es tu libro de inglés?*

Tú: *Sí, es mi libro de inglés.*

ACTIVIDAD 7 — *En tu propia voz*

Escritura Haz una lista de diez cosas que pasaron en la escuela este año. Pon los sucesos en orden cronológico y escribe oraciones explicando cada uno. *(Hint: List in chronological order and explain ten things that happened at school this year.)*

modelo

Primero, las clases comenzaron en agosto y todos los estudiantes vinieron a la escuela. Segundo, tuvimos que aprender los nombres de los estudiantes en español durante la primera semana de clases. Tercero, en octubre…

Conexiones

Las ciencias Choose an animal whose name you've learned, such as the **llama,** or find out the Spanish name for another animal that is found in Ecuador. (**Vicuñas** and **alpacas** are close relatives of the **llama.**) Do some research on the animal. Draw a picture of it and write a short paragraph that answers the questions in the chart.

¿Cómo es el animal?
¿De qué color(es) es?
¿Dónde vive?
¿Qué come?
¿Es útil para la gente? ¿Para qué?

En resumen

REPASO DE VOCABULARIO

POINTING OUT SPECIFIC PEOPLE AND THINGS

Indicating Which One

aquel(la)	*that (over there)*
aquél(la)	*that one (over there)*
aquello	*that (over there)*
ese(a)	*that*
ése(a)	*that one*
eso	*that*
este(a)	*this*
éste(a)	*this one*
esto	*this*

Ordinal Numbers

primero(a)	*first*
segundo(a)	*second*
tercero(a)	*third*
cuarto(a)	*fourth*
quinto(a)	*fifth*
sexto(a)	*sixth*
séptimo(a)	*seventh*
octavo(a)	*eighth*
noveno(a)	*ninth*
décimo(a)	*tenth*

People

el (la) artesano(a)	*artisan*
el (la) ganadero(a)	*rancher, farmer*
el (la) pastor(a)	*shepherd(ess)*

At the Farm

el caballo	*horse*
la cerca	*fence*
el cerdo	*pig*
el corral	*corral, pen*
la gallina	*hen*
el gallo	*rooster*
la granja	*farm*
la llama	*llama*
el toro	*bull*
la vaca	*cow*

TELLING WHERE THINGS ARE LOCATED

abajo	*down*
arriba	*up*
debajo (de)	*underneath, under*
dentro (de)	*inside (of)*
encima (de)	*on top (of)*
fuera (de)	*outside (of)*

OTHER WORDS AND PHRASES

el campo	*countryside, country*
darle(s) de comer	*to feed*
la lana	*wool*
el taller	*workshop*
las tijeras	*scissors*
último(a)	*last*

Juego

¿En qué orden terminaron la carrera?

UNIDAD 6

ETAPA 3

¡A ganar el concurso!

OBJECTIVES

- Talk about the present and future

- Give instructions to someone

- Discuss the past

¿Qué ves?

Mira la foto del mercado de Otavalo.

1. ¿Las vendedoras sólo venden ropa?

2. ¿Hace mucho calor o no? ¿Cómo lo sabes?

3. ¿De qué color es la blusa tradicional de las mujeres de Otavalo?

4. ¿Para qué es la carta que Patricia escribió?

Patricia López Correa
Calle Oriente 253 y P. Fermín Cevallos
Quito

Revista Onda Internacional

Concurso latino

Apartado 126

Quito

En contexto

VOCABULARIO ♻

Do you remember all that you have learned this year? You have learned to talk about the present, the future, and the past, and to give instructions. Take a look at these people and places for a quick review of what you have learned.

¡Hola! Aprendiste mucho este año. ¿Recuerdas todo lo que ves aquí?

MIAMI

A Talk about the present

Alma: Arturo, te **presento** a Francisco García. Él **es** mi vecino.

Arturo: Francisco, **es** un placer.

Francisco: Igualmente, Arturo.

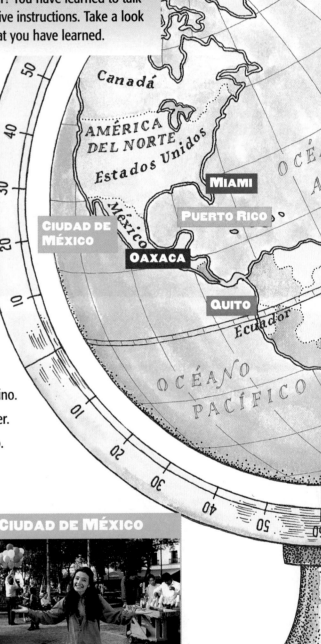

CIUDAD DE MÉXICO

B Talk about the future

Isabel: ¡Voy a participar en el concurso! Para conocer a los mexicanos, hay que ir a una plaza. La plaza es un poema.

PUERTO RICO

OAXACA

C Say what is happening

Ignacio: ¡Está lloviendo! ¡Y no tengo paraguas!

Roberto: Te estamos esperando, hombre.

D Give instructions

Carlos: Vas a llegar a un parque. **Cruza** el parque. Enfrente de la estatua está la calle Morelos.

Rosa: Muchas gracias…

E Discuss the past

Luis: ¡El día empezó con demasiados quehaceres!

Carmen: ¡Yo te ayudé, Luis!

Luis: Sí, Carmen, tú me ayudaste y Mercedes también me ayudó.

BARCELONA

QUITO

F Discuss the past

Miguel: ¿Cómo fueron las entrevistas?

Patricia: Excelente. Ya hice dos.

Online Workbook
CLASSZONE.COM

Preguntas personales

1. ¿Quién es tu mejor amigo? ¿amiga?
2. ¿Qué vas a hacer este fin de semana?
3. ¿Qué está pasando en tu clase?
4. Explica cómo llegar a tu casa.
5. ¿Qué hiciste este año?

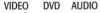

En vivo

 VIDEO DVD AUDIO

DIÁLOGO

Patricia

Miguel

¡Vamos a Otavalo!

PARA ESCUCHAR • STRATEGY: LISTENING

Listen and take notes This conversation sums up Patricia's work on her project. What does she think about her work? As you jot down her ideas, listen for answers to *who? what? when? where?* and *why?* Use your notes to make a summary statement about Patricia's project.

1► **Miguel:** ¿Estás feliz con tus entrevistas?

Patricia: Sí, estoy muy feliz. Hice entrevistas con un arquitecto, la gerente de un banco y también con tu tío Julio y Bárbara.

5► **Patricia:** Pero aprendí algo mucho más importante también.

Miguel: ¿Sí? Dime.

Patricia: Aprendí que no tienes ni idea de lo que hay que hacer en una granja. ¡Abriste la cerca!

6► **Patricia:** ¡Mira, Miguel! ¡Es un mercado fenomenal! Voy a comprarle un regalo a mi hermana. Su cumpleaños es este mes.

Miguel: Cómprale una bolsa o un artículo de cuero. La artesanía de Otavalo es excelente.

7► **Patricia:** No sé si tengo suficiente dinero… a ver… ¿Crees que puedo regatear aquí?

Miguel: ¡Claro que sí! Es un mercado, ¿no? ¡Ven!

2 ▶ Miguel: ¿Cuál fue la mejor entrevista?

Patricia: No sé… Creo que fue la entrevista con tu tío Julio.

Miguel: ¿Y por qué? ¿Porque te habló de la vida en una granja?

3 ▶ Patricia: No, ¡porque me dijo qué hiciste tú la primera vez que estuviste en la granja!

Miguel: ¡Patricia!… ¿Y aprendiste algo de tus entrevistas?

4 ▶ Patricia: Sí, mucho. Sobre todo aprendí que la gente que vive en el campo no es tan diferente de la gente que vive en la ciudad. Es sólo el estilo de vida que es diferente. ¡A cada pájaro le gusta su nido!

8 ▶ Miguel: ¿Cuándo mandas tu proyecto a la revista?

Patricia: Después del fin de semana. Todavía tengo que escribir mucho.

9 ▶ Miguel: Hazme un favor… ¿Puedo leerlo antes? ¡Creo que va a salir muy bien y lo quiero ver! Y también…

Patricia: ¿Sí?

Miguel: ¡Quiero ver si escribiste algo de mi experiencia con la cerca y el caballo!

10 ▶ Patricia: Hice todo lo posible. Trabajé mucho. Espero tener buena suerte.

En acción

♻ VOCABULARIO Y GRAMÁTICA

ACTIVIDAD 1

¿Patricia o Miguel?

Escuchar Según el diálogo, ¿a quién se refiere cada pregunta: a Patricia o a Miguel? *(Hint: Say who is being described.)*

Patricia   Miguel

1. ¿Quién está feliz?
2. ¿Quién hizo entrevistas?
3. ¿Quién abrió la cerca en la granja?
4. ¿Quién va a comprar un regalo?
5. ¿Quién quiere leer el proyecto?
6. ¿Quién trabajó mucho?

La conversación

Escuchar Escoge la mejor respuesta para cada frase. A veces tienes que escribir la respuesta. *(Hint: Choose or write the phrase that completes each sentence.)*

1. Patricia está hablando con…
   a. Julio.
   b. Miguel.
   c. ¿?

2. Los amigos hablan…
   a. del proyecto de Patricia.
   b. de varias profesiones.
   c. ¿?

3. Patricia y Miguel van…
   a. a la granja.
   b. al banco.
   c. ¿?

4. Van a comprar…
   a. un gorro o un artículo de lana.
   b. una bolsa de plástico.
   c. ¿?

5. Patricia está feliz porque…
   a. trabajó mucho y terminó su proyecto.
   b. va a trabajar para una revista.
   c. ¿?

Juego de palabras

Hablar Patricia y Miguel juegan a este juego de palabras. Tú también puedes jugar. Di qué palabra no debe estar en cada grupo y por qué. *(Hint: Why doesn't one word belong?)*

modelo

abrigo   bufanda   gorro   revista

Una revista no es ropa.

1. cerdo	jefe	vaca	gallo
2. raqueta	bola	patines	cansado
3. anillo	arete	casete	collar
4. casco	cuchara	cuchillo	tenedor
5. plato	bota	olla	jarra
6. cancha	contento	campo	estadio
7. hombre	chico	mujer	suelo
8. café	té	cuenta	limonada
9. espejos	orejas	piernas	brazos
10. cepillo	jabón	jamón	champú

También se dice

There are many ways to say "To each his own," or in other words, "Each person has his or her own taste."

• **«A cada pájaro le gusta su nido.»** *Every bird likes its nest.*

• **«Zapatero, a tus zapatos.»** *Shoemaker, (attend) to your shoes!*

• **«A cada cual lo suyo.»** *To each his own.*

• **«Cada oveja con su pareja.»** *Every sheep has its mate.*

¿Quién lo tiene?

Hablar ¿Quién en la clase tiene estas cosas? *(Hint: Find out who in the class has the items on your list.)*

① En una hoja de papel, escribe seis cosas de la lista. *(Hint: List six items.)*

② Pregúntales a los otros estudiantes si tienen las cosas. *(Hint: Ask classmates if they have the items.)*

③ Cuando una persona contesta que sí, él o ella debe escribir su nombre al lado del nombre de la cosa. ¿Cuántas firmas (*signatures*) consigues en cinco minutos? *(Hint: If they have an item, they sign their name. How many signatures can you get in five minutes?)*

- un vestido azul
- un suéter blanco
- una chaqueta negra
- unos zapatos marrones
- un gorro rojo
- una camiseta amarilla
- una blusa verde
- una falda negra
- unos calcetines blancos
- ¿?

Las actividades

Escuchar Todas estas personas están ocupadas. ¿Qué oración describe lo que hace cada una? *(Hint: Describe each picture.)*

ACTIVIDAD 6

La entrevista

Hablar/Escribir ¿Conoces bien a los otros estudiantes? Haz una entrevista con otro(a) estudiante. *(Hint: Interview a classmate.)*

1 Escoge seis preguntas de las siguientes tres categorías. Cópialas en una hoja de papel.
(Hint: Write six questions.)

2 Habla con otro(a) estudiante. Escribe sus respuestas al lado de las preguntas.
(Hint: Write down your friend's answers.)

3 Ahora, organiza las respuestas y escribe un párrafo sobre él o ella. *(Hint: Write a paragraph.)*

4 Lee el párrafo y busca errores.
(Hint: Correct errors.)

5 Comparte tu entrevista con la clase sin anunciar el nombre del otro(a) estudiante. ¿Puede la clase identificar quién es?
(Hint: Share the interview. Can the class guess who it is?)

La vida familiar

- ¿Cuántas personas hay en tu familia? ¿Cómo se llaman? ¿Cuántos años tienen?
- ¿Quiénes hacen los quehaceres en tu casa? ¿Cuáles son estos quehaceres?
- ¿Cuál es la fecha de tu cumpleaños? ¿Cuál es tu manera *(way)* favorita de celebrarlo?

La vida diaria

- ¿A qué hora te levantas? ¿Qué haces después de levantarte?
- ¿A qué hora te acuestas normalmente?
- ¿Cuál es tu clase favorita? ¿Por qué?

Los intereses

- ¿Qué te gusta hacer después de las clases?
- ¿Qué te gusta comer y beber?
- ¿Cuál es tu deporte favorito? ¿Por qué?

Conexiones

La geografía The Pan-American Highway runs as far north as the U.S. border with Mexico and as far south as the southern tip of Argentina. Part of this highway follows the **Camino Inca**, which was laid out by the Incas hundreds of years ago.

PARA HACER: How many countries does the Pan-American Highway pass through? Make a list of these countries.

Review: Present Progressive and **ir a** + infinitive

▶ You have learned to use verbs in the present tense three different ways:
- **simple present** tense
- **present progressive** tense
- **ir a** + *infinitive*

 ¿RECUERDAS? *pp. 80, 206* Remember the **present progressive**? The **present progressive** is used only to talk about actions that are **happening**. It is never used to refer to the future.

 ¿RECUERDAS? *p. 50* To talk about what you are going to do, use **ir a** + *infinitive*. Although this is a present tense, you are talking about something that is going to happen in the **future**.

estoy **habl**ando	estamos **habl**ando	voy a **hablar**	vamos a **hablar**
estás **com**iendo	estáis **com**iendo	vas a **comer**	vais a **comer**
está **escrib**iendo	están **escrib**iendo	va a **escribir**	van a **escribir**

Miguel y Patricia **están caminando** y **hablando**.
*Miguel and Patricia **are walking** and **talking**.*

Patricia says:
—**Voy a comprar**le un regalo a mi hermana.
*I'm **going to buy** a gift for my sister.*

▶ Remember to change **-iendo** to **-yendo** when the **stem** of an **-er** or an **-ir** verb ends in a **vowel**.

cr**e**er → cr**e**yendo   l**e**er → l**e**yendo   o**í**r → o**y**endo

 **ACTIVIDAD 7 Gramática**

¿Qué están haciendo?

Hablar/Escribir Patricia y Miguel hacen muchas cosas. ¿Qué están haciendo en estas fotos?
(Hint: What are they doing?)

modelo

Patricia y Miguel están caminando.

8 Gramática | Ir a...

Hablar/Escribir ¿Qué van a hacer estas personas? Escribe la forma correcta del verbo. *(Hint: Write the correct form of the verb to tell what these people are going to do.)*

modelo

Arturo (comprar) un disco compacto nuevo.

Arturo va a comprar **un disco compacto nuevo.**

1. Yo (leer) una revista interesante.
2. Tú (trabajar) en el jardín toda la mañana.
3. Antonio y José (comer) una merienda.
4. Mi mamá y yo (hacer ejercicio) en el gimnasio.
5. Elena (jugar) al voleibol con sus amigas.
6. Ustedes (sacar) fotos de la ciudad.
7. Nosotros (estudiar) para el examen de matemáticas.

■ **MÁS PRÁCTICA**
cuaderno p. 69

■ **PARA HISPANOHABLANTES**
cuaderno p. 67

Online Workbook
CLASSZONE.COM

ACTIVIDAD

9 En clase

Hablar/Escribir Describe lo que ustedes están haciendo en clase. *(Hint: Describe what you and your classmates are doing in class.)*

leer	escuchar	hacer	hablar	¿?
preparar	escribir	jugar	mirar	

modelo

mi compañero y yo **Mi compañero y yo** *estamos haciendo la tarea.*

1. todos los estudiantes
2. el (la) maestro(a)
3. los estudiantes y yo
4. mi amigo(a)
5. yo
6. un chico
7. una chica
8. ¿?

ACTIVIDAD

10

Un sábado loco

PARA CONVERSAR

STRATEGY: SPEAKING
Use storytelling techniques
Unexpected contrasts add interest to stories. Imagine an upside-down Saturday in which everyone decides to do spur-of-the-moment things. Example: **Mis padres no van a limpiar la casa. Van a buscar una nueva casa.**

Hablar Todos tienen planes para el sábado. Pero hay una diferencia —es un sábado loco. Trabaja con tu compañero(a) para inventar actividades locas. *(Hint: Take turns with a classmate to tell what the people are going to do on a crazy Saturday.)*

modelo

mi hermana

Mi hermana *no va a hacer la tarea. Va a bailar en la mesa y cantar en francés.*

1. mis padres
2. yo
3. mi maestro(a)
4. mi hermano(a)
5. mis amigos y yo
6. ¿?

ACTIVIDAD 11

Una carta

Escribir Estás de vacaciones en un lugar divertido. Escríbele una carta a un(a) amigo(a) describiendo tus actividades (reales o imaginarias). *(Hint: Write a letter telling about your activities on vacation, real or imaginary.)*

- ¿Dónde estás?
- ¿Cómo es?
- ¿Qué están haciendo tu familia y tú?
- ¿Qué van a hacer mañana?

modelo

Querido Carlos:

Estamos en el campo. ¡Qué tranquilo es! Mis padres están tomando un refresco…

Mañana mis hermanos y yo vamos a…

REPASO

 Review: Affirmative tú Commands

¿RECUERDAS? *pp. 99, 181* Remember that **tú commands** are used to give instructions to a friend or family member. The **affirmative tú command** form of a regular verb is the same as the **third person singular** of the simple present tense.

hablar → Habla.   **comer** → Come.   **escribir** → Escribe.

Remember to attach **direct object, indirect object,** and **reflexive pronouns** to affirmative commands. When you do, you usually need to add an accent.

Cóme lo.   **Escríbe les.**   **Láva te.**
Eat it.   *Write to them.*   *Wash yourself.*

Miguel says: —**Cómpra le** una bolsa…
Buy her a handbag…

You also learned eight irregular **affirmative tú commands.**

decir → di	**ir** → ve	**salir** → sal	**tener** → ten
hacer → haz	**poner** → pon	**ser** → sé	**venir** → ven

ACTIVIDAD 12   Gramática   ¡Haz lo que te digo!

Hablar/Escribir Estás cuidando a tu primito. Dile lo que debe hacer. *(Hint: You're baby-sitting a six-year-old. Tell him what to do.)*

modelo

lavar los platos   *Lava los platos.*

1. comer tus verduras
2. tener cuidado con el gato
3. salir temprano para la escuela
4. decir «por favor» y «gracias»
5. ir a tu habitación
6. compartir tus cosas
7. venir conmigo al jardín
8. ser bueno con tu hermana

■ **MÁS PRÁCTICA** *cuaderno* p. 70

■ **PARA HISPANOHABLANTES** *cuaderno* p. 68

Online Workbook
CLASSZONE.COM

ACTIVIDAD 13

¡Hazlo ahora!

Hablar Tu amigo(a) quiere ayudarte. Dile lo que debe hacer. *(Hint: Tell your friend what to do to help you.)*

cerrar   apagar   **lavar**   hacer

preparar   sacar   **pasar**   contestar

poner   **tener**

1. ¡ _____ los platos!
2. ¡ _____ el teléfono!
3. ¡ _____ la luz!
4. ¡ _____ el almuerzo!
5. ¡ _____ las camas!
6. ¡ _____ la aspiradora!
7. ¡ _____ la puerta!
8. ¡ _____ cuidado!
9. ¡ _____ la basura!
10. ¡ _____ la mesa!

ACTIVIDAD 14

¡Ay, hermanito!

Escribir Tu hermanito(a) no está haciendo sus quehaceres. Haz una lista de los quehaceres que necesita hacer después de las clases. *(Hint: Make a list of chores for your little brother or sister to do after school.)*

Lava los platos.
Barre el suelo.

■ **MÁS COMUNICACIÓN** p. R9

Review: Regular Preterite

♻ **¿RECUERDAS?** *pp. 234, 237, 266, 268* To talk about completed actions in the past, use the preterite tense.

-ar verbs	
hablé	hablamos
hablaste	hablasteis
habló	hablaron

-er verbs	
comí	comimos
comiste	comisteis
comió	comieron

-ir verbs	
escribí	escribimos
escribiste	escribisteis
escribió	escribieron

- Remember that the verb ver is regular in the preterite but has no accents.

- Remember that verbs ending in -car, -gar, and -zar have a spelling change in the yo form of the preterite.

  marcar → marqué   llegar → llegué   cruzar → crucé

- Third person forms of -er and -ir verbs with stems that end in a vowel require a y in the preterite.

leí	leímos
leíste	leísteis
leyó	leyeron

Miguel says: —¿Y **aprendiste** algo de tus entrevistas?
*And **did you learn** something from your interviews?*

ACTIVIDAD 15 — Gramática

¡No lo hagas!

Escribir Cuidaste a un niño de seis años que se portó muy mal. Anotaste todas sus travesuras *(pranks)*. Haz un resumen de todo lo que hizo esta noche. *(Hint: You baby-sat a misbehaving child. Write down the things he did.)*

modelo

6:00 / Está escribiendo en las paredes.

A las seis escribió en las paredes.

1. 6:30 / Está patinando en la cocina.
2. 7:00 / Está jugando con la tarántula.
3. 7:13 / Está jugando con la computadora de su papá.
4. 7:30 / Está acostándose en el sofá con zapatos sucios.
5. 7:38 / Está lavando el gato con detergente.
6. 7:45 / Está comiendo chicharrones antes de la cena.
7. 8:10 / Está escribiendo en la lámpara.
8. 8:23 / Está usando el maquillaje de su hermana para dibujar.

MÁS PRÁCTICA *cuaderno* p. 71

PARA HISPANOHABLANTES *cuaderno* p. 69

Online Workbook
CLASSZONE.COM

ACTIVIDAD 16

¡Tanta actividad!

Escribir ¿Qué hicieron estas personas ayer por la mañana? *(Hint: What did these people do yesterday morning?)*

modelo

el señor Ruiz / afeitarse

El señor Ruiz se afeitó ayer.

1. ellos / lavarse los dientes

2. nosotros / desayunar

3. usted / quedarse en la cama

4. Luisa / limpiar la casa

Juego

Si tu mamá te dice «¡Sal para la escuela!», ¿qué vas a necesitar?

a.

b.

ACTIVIDAD 17

¿Qué hicieron?

Hablar/Escribir Describe qué hicieron todos. *(Hint: Describe what everyone did.)*

modelo

Patricia visitó una granja el sábado pasado.

Patricia y Miguel yo mi hermano(a) mis padres mi mejor amigo(a) mis amigos y yo ¿?	almorzar comer compartir escribir jugar leer ver visitar	ayer el sábado pasado anoche anteayer el año pasado el verano pasado la semana pasada

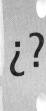

ACTIVIDAD 18

El domingo pasado

Escribir Imagínate qué hicieron varias personas y animales el domingo pasado. Escribe una lista de sus actividades. *(Hint: Write what various people and animals did last Sunday.)*

modelo

mis abuelos

Mis abuelos *salieron a comer a un restaurante elegante.*

1. el (la) maestro(a) de…
2. los bomberos
3. los caballos
4. el (la) cartero(a)
5. mis amigos y yo
6. el cerdo
7. los padres de mis amigos
8. los ganaderos

Conexiones

La música Latin American music is often characterized by lively percussion. Many percussion instruments are handmade and carefully constructed in order to produce the desired sound. Some instruments are filled with beans so that they rattle; others have jingling bells. **Maracas** come from Latin America, as do **claves**, a set of sticks that are hit together to produce a hollow, melodic sound.

PARA HACER:
Find out the names of some percussion instruments from Spanish-speaking countries, and draw a picture of each. Write a sentence or two to describe each one.

Review: Irregular Preterite

¿RECUERDAS? *pp. 270, 299* These are the **irregular preterite** verbs that you have learned.

dar *to give*

di	dimos
diste	disteis
dio	dieron

decir *to say, to tell*

dije	dijimos
dijiste	dijisteis
dijo	dijeron

estar *to be*

estuve	estuvimos
estuviste	estuvisteis
estuvo	estuvieron

hacer *to make, to do*

hice	hicimos
hiciste	hicisteis
hizo	hicieron

ir *to go* / **ser** *to be*

fui	fuimos
fuiste	fuisteis
fue	fueron

tener *to have*

tuve	tuvimos
tuviste	tuvisteis
tuvo	tuvieron

venir *to come*

vine	vinimos
viniste	vinisteis
vino	vinieron

Patricia might say:

—La entrevista con tu tío Julio **fue** la mejor porque él me **dijo** lo que **hiciste** tú la primera vez que **estuviste** en la granja.

*The interview with your Uncle Julio **was** the best because he **told** me what you **did** the first time you **were** on the farm.*

ACTIVIDAD 19 Gramática

Un buen fin de semana

Escuchar Escucha la conversación entre María y Rosa y completa las oraciones. *(Hint: Complete the sentences.)*

1. El fin de semana pasado, Rosa…
2. Las gallinas…
3. Por la tarde, Rosa…
4. Rosa no compró el saco porque…
5. El sábado por la noche, Rosa…

¡Excusas, excusas y más excusas!

Escribir La maestra no está contenta. Muchos estudiantes no hicieron la tarea. Explica por qué. *(Hint: Write why the students did not do their homework.)*

modelo

Ana y Horacio / hacer…

Ana y Horacio hicieron *un viaje con su familia.*

1. yo / ir…
2. mis amigos(as) y yo / tener…
3. mi abuelo(a) / venir…
4. mi familia y yo / estar…
5. mis amigos(as) / decir…
6. mis padres / dar…

 **MÁS PRÁCTICA** *cuaderno* p. 72

PARA HISPANOHABLANTES *cuaderno* p. 70

Online Workbook
CLASSZONE.COM

¿Y tus excusas?

Hablar/Escribir Imagínate que varias personas no vinieron a tu fiesta. ¿Qué excusas te dieron? Habla con cuatro estudiantes para oír sus excusas. Escribe un resumen. *(Hint: Ask four students about their excuses for not attending your party. Then write a summary.)*

modelo

Estudiante A: *¿Por qué no viniste a mi fiesta anoche?*

Estudiante B: *No vine porque fui a un concierto.*

Resumen: *Julio no vino porque fue a un concierto. Clara no vino porque sus padres le dijeron que no. Martín no vino porque tuvo un partido de béisbol. Alicia no vino porque tuvo que ayudar en casa.*

Conexiones

El arte The painting shown here, *Ésta es fiesta de Reyes Magos,* was painted by Hugo Licta, an Ecuadorian painter, and shows a village scene in the Andes. It is an example of the naif folk style of art. Painters using this style are known for creating simple images and for capturing the feel of a way of life.

PARA HACER: Describe in Spanish what you see in this painting. What does it tell you about village life in the Andes? What does its title tell you?

Animales de la granja

Hablar/Escribir Piensa en las actividades de estos animales. Imagínate qué hicieron ayer. (*Hint: What did the animals do yesterday?*)

modelo

los cerdos

Los cerdos comieron todas las verduras.

comer	ver
correr	ir
beber	estar
compartir	venir

1. los caballos
2. el gallo
3. la llama
4. el toro
5. las gallinas
6. las vacas

¡Qué noticias!

Leer/Hablar Estás leyendo un artículo sobre algo que pasó en Quito, y un(a) amigo(a) te pregunta sobre lo que leíste. Contesta sus preguntas. (*Hint: Read the article and answer your classmate's questions.*)

¿Cuándo?   ¿Qué?

¿Quién?   ¿Por qué?   ¿Dónde?

Un turista contentísimo

Redacción Puyó

Quito— Ayer, en el centro de Quito, un turista mexicano pasó un día interesante. El turista perdió una bolsa con su pasaporte, su dinero, su tarjeta de crédito… y algo más.

«No sé cómo la perdí», dijo el turista, «pero hablé con un policía y me ayudó de una manera interesante».

El policía mandó al turista a un departamento especial. ¡Allí el turista encontró un perro con su bolsa! Otro policía le explicó todo:

«Salí con mi perro Nacho para hacer nuestra rutina diaria y, al llegar a la esquina, Nacho vio a otro perro con la bolsa. Cuando el perro sacó un sándwich de la bolsa, llegó Nacho y la tomó.

Afortunadamente Nacho sabe hacer bien su trabajo. ¡No hay ningún robo, solamente mucha hambre!»

Ecuador is made up of three widely diverse regions: the Pacific coast, the Andes mountains, and the jungles of the Amazon. The variety of habitats makes Ecuador a popular ecotourism destination.

la Amazonia

Y el ganador es...

Hablar/Escribir Piensa en las personas de los diálogos. ¿Quién va a ganar el concurso? Escoge a una persona y explica por qué esta persona debe ganar. *(Hint: Choose a contest winner and explain why that person should win.)*

Francisco

Isabel

Ignacio

Carlos

Mercedes

Patricia

modelo

Pienso que Patricia debe ganar el concurso. Ella hizo… Trabajó mucho…

¿Cómo pasaste ayer?

Hablar/Escribir Describe cómo pasaste ayer. Preséntale tu historia a la clase. *(Hint: Describe what you did yesterday.)*

modelo

Me desperté a las seis y media, pero no me levanté hasta las siete. Desayuné y fui a la escuela. Aprendí mucho en la clase de matemáticas porque el maestro me dio…

■ **MÁS COMUNICACIÓN** p. R9

Online Workbook
CLASSZONE.COM

Pronunciación 🎧

Refrán

Pronunciación de la x The letter **x** is pronounced several different ways. Before a vowel, before the letters **ce** or **ci**, or at the end of a word, it sounds like the English *x* in the word *taxi*. At the beginning of a word or before a consonant, the **x** is pronounced like the *s* in *same*. To practice these sounds, pronounce the following.

¡Es un examen excepcional!   **Xochimilco y Taxco son lugares bonitos.**

In some words that come from other languages in Mexico and Central America, the letter **x** also has the following sounds:

j as in **jarra:**   **México, Oaxaca, Xalapa**

sh as in *shoe:*   **Ixtepec, Uxmal**

Now try the **refrán** about the taxi.

El taxi gratis no existe.

En voces

LECTURA

STRATEGY: READING

Use pictures In this legend, the **murciélago** is the main character of the narrative. Skim the reading and look at the pictures to remember what a **murciélago** is. What other characters are part of this reading?

El murciélago cobarde

Un día, los animales del bosque y los pájaros del cielo[1] decidieron luchar[2]. Los animales llamaron al murciélago y le dijeron: «Ven y pelea[3] con nosotros contra los pájaros.» Pero el murciélago contestó: «¿No ven ustedes que soy pájaro? ¿No ven que tengo alas[4]?»

Entonces, fueron los pájaros al murciélago y le dijeron: «Ven y pelea con nosotros contra los animales.» Pero el murciélago les dijo: «¿No ven que soy animal? Tengo dientes y no tengo plumas.»

---

[1] sky   [3] fight
[2] to fight   [4] wings

Empezó la lucha y, viendo que ganaban[5] los animales, el murciélago fue con ellos. Pero los animales lo rechazaron[6]. Luego vio que los pájaros ganaban y fue con ellos, pero los pájaros también lo rechazaron.

Por fin, fatigados por la lucha, los dos campos pusieron fin[7] al conflicto. Hicieron una fiesta para todos. El murciélago trató de[8] entrar a la fiesta. Cuando todos lo vieron, se pusieron[9] furiosos y lo expulsaron de la fiesta. Le gritaron: «¡De aquí en adelante vas a vivir en una cueva[10] y sólo vas a salir de noche porque eres un cobarde[11]!»

Y así, pues, el murciélago tiene miedo de los animales y los pájaros y por eso no quiere salir de día.

---

[5] were winning	[7] *pusieron fin* put an end	[10] cave
[6] rejected	[8] *trató de* tried to	[11] coward
	[9] became	

Online Workbook
CLASSZONE.COM

¿Comprendiste?

1. ¿Qué pasó entre los animales y los pájaros?
2. ¿Qué hicieron los animales después de la lucha?
3. ¿Qué hizo el murciélago después de la lucha?
4. ¿Qué le dijeron los animales y los pájaros al murciélago?

¿Qué piensas?

1. ¿Crees que es un cobarde el murciélago? ¿Por qué o por qué no?
2. ¿Qué es el murciélago, pájaro o mamífero (*mammal*)? ¿Cómo lo sabes?
3. ¿Qué otros cuentos explican cómo son los animales?

En colores

CULTURA Y COMPARACIONES

Cómo las Américas cambiaron la comida europea

PARA CONOCERNOS
STRATEGY:
CONNECTING CULTURES

Identify international foods Make a grocery list of fresh fruits and vegetables (4 or 5 items) that are regularly part of your family's diet. When is their growing season in the U.S.? Where do they come from when out-of-season? Check with the produce manager of your grocery store. Then decide which foods that your family eats come from other countries.

Comida	Estación
naranja	marzo-abril

¿**P**uedes imaginarte tu dieta sin papas? Pues, en Europa no había[1] papas hasta que los conquistadores llegaron a las Américas. Los europeos comieron la papa por primera vez en América. La papa, planta nativa de Perú, era[2] la comida principal de los incas, indígenas de esa zona. La palabra *papa* es de origen quechua, la lengua de los incas.

Los españoles empezaron a llevar papas a España. Comida barata para los marineros[3], así llegó la papa a Europa. Hoy la papa es una de las comidas principales de Irlanda, Alemania, Rusia y Polonia.

---

[1] there were no   [2] was   [3] sailors

El maíz[4] también es de las Américas. El cultivo de maíz empezó en México alrededor del año 3500 a.C.[5] Llegó a Perú alrededor de 3200 a.C., pero no fue tan importante en la dieta de los peruanos como en la dieta de los mexicanos. En México se hicieron las tortillas del maíz.

Otro producto americano que cambió la comida europea es el tomate. No sabemos exactamente cómo y cuándo el tomate llegó a Europa, pero su cultivo era fácil en los países mediterráneos.

Entonces, las papas fritas y la salsa de tomate para los espaguetis son de origen europeo, pero sus ingredientes principales llegaron a Europa de América. ¿Ves? Los viajes de Colón cambiaron muchas cosas, ¡entre ellas la comida europea!

More About Ecuador
CLASSZONE.COM

¿Comprendiste?

1. ¿De dónde vino la papa?
2. ¿Cómo llegó la papa a Europa?
3. ¿De dónde vino el maíz?
4. El maíz tuvo más importancia en la dieta de qué país, ¿Perú o México?
5. ¿Cómo llegó el tomate a Europa?

¿Qué piensas?

1. En tu opinión, ¿cómo sería la comida europea sin la papa y el tomate? ¿Y la comida norteamericana? ¿Por qué?
2. ¿Cómo crees que llegó la papa de España a otras partes de Europa?

Hazlo tú

Busca una receta con papas, tomates o maíz. Escribe la receta en español. Prepárala y comparte la comida con la clase. ¿Es una receta europea o americana? Explica su origen.

[4] corn   [5] B.C.

En uso

REPASO Y MÁS COMUNICACIÓN

OBJECTIVES

- Talk about the present and future
- Give instructions to someone
- Discuss the past

1 ¡Muy ocupados!

Miguel y sus amigos hablan por teléfono de sus actividades.
¿Qué dicen? *(Hint: Tell present and future activities.)*

modelo

yo: estudiar matemáticas / ir al campo

*Ahora **yo** estoy estudiando **matemáticas**, pero más tarde voy a **ir al campo**.*

1. Patricia: escribir cartas / hacer unas entrevistas
2. tú: hacer la tarea / alquilar un video
3. mis padres: limpiar la casa / caminar con el perro
4. yo: leer una novela / ir al cine
5. nosotros: ver la televisión / hacer ejercicio en el gimnasio
6. mi hermana: maquillarse / salir con Bernardo
7. ustedes: comer chicharrones / cenar en un restaurante elegante
8. tú: abrir unas cartas / andar en bicicleta

2 Una cena importante

El arquitecto que Patricia entrevistó viene a cenar
con ella y su familia esta noche. La madre de
Patricia necesita su ayuda. ¿Qué le dice? *(Hint: Say
what Patricia's mother tells her to do to prepare for a dinner guest.)*

modelo

limpiar el baño

Limpia el baño.

1. lavar los platos
2. barrer el suelo
3. poner la mesa
4. hacer los quehaceres cuidadosamente
5. tener cuidado
6. ir al supermercado a comprar más refrescos
7. ponerte un vestido
8. servir las bebidas
9. ser simpática durante la cena
10. pasar la aspiradora

Now you can...

- talk about the present and future.

To review

- present progressive and **ir a** + infinitive, see p. 318.

Now you can...

- give instructions to someone.

To review

- affirmative **tú** commands, see p. 320.

Now you can...

• discuss the past.

To review

• regular preterite verbs, see p. 321.

ACTIVIDAD 3 ¿Qué hiciste?

Patricia habla con una amiga sobre el fin de semana pasado. ¿Qué dice? *(Hint: Tell what happened last weekend.)*

modelo

yo: tomar el autobús al campo   Yo tomé el autobús al campo.

1. yo: visitar una granja en el campo
2. Miguel: decidir acompañarme
3. Miguel y yo: ver muchos animales
4. yo: sacar muchas fotos
5. mi madre: escribir cartas
6. mi padre: leer unas revistas
7. mis hermanos: correr en el parque
8. yo: ver a Ana en el mercado de Otavalo
9. ella: comprar algunas artesanías a muy buen precio
10. yo: llegar a casa muy tarde

Now you can...

• discuss the past.

To review

• irregular preterite verbs, see p. 324.

ACTIVIDAD 4 Un día especial

Patricia habla con su madre. Completa lo que dicen con el pretérito de los verbos. *(Hint: Complete what Patricia and her mother are saying about what happened yesterday.)*

Mamá: Patricia, tú __1__ (venir) a casa muy tarde ayer.

Patricia: Sí, mamá. Miguel y yo __2__ (ir) al campo.

Mamá: ¿Y qué __3__ (hacer) ustedes allí?

Patricia: Yo __4__ (hacer) entrevistas con el tío Julio y Bárbara.

Mamá: ¿Ellos te __5__ (decir) algo interesante?

Patricia: Sí. El tío Julio me __6__ (decir) mucho sobre la vida en una granja. La entrevista con Bárbara, la artesana, también __7__ (ser) interesante, y ella me __8__ (dar) este saco.

Mamá: ¡Qué bonito! ¿Ustedes __9__ (ir) a Otavalo por la tarde?

Patricia: Sí, mamá. Nosotros __10__ (estar) en el mercado por tres horas. Allí yo __11__ (tener) la oportunidad de entrevistar a un vendedor. Por eso, yo __12__ (venir) a casa tan tarde. Lo siento.

¿Quién soy yo?

PARA CONVERSAR

STRATEGY: SPEAKING

Rely on the basics You have practiced many speaking strategies for different contexts. These work in all situations. Keep them in mind as you speak.

1. Don't be afraid to make mistakes.
2. Encourage yourself; think positively.
3. Take your time.
4. Take risks; improvise.
5. Say more, rather than less.

And enjoy speaking… now that you have plenty you can say!

Imagínate que eres una de las personas de este libro. Dile a otro(a) estudiante qué hiciste ayer, qué estás haciendo ahora y qué vas a hacer mañana. Él o ella tiene que adivinar quién eres. *(Hint: Play the role of a character. Your partner must guess who you are.)*

Francisco   Ignacio   Mercedes   Diana

Alma   Ricardo   Patricia   Luis   Miguel

Isabel   Carlos   Sofía

¿Qué hago?

Vas a uno de estos lugares por primera vez. Los otros estudiantes van a decirte qué debes hacer allí. *(Hint: Select a place; classmates will tell you what to do there.)*

la playa   el campo   un bosque tropical

una granja   una ciudad grande   ¿?

un mercado mexicano   las montañas

modelo

Estudiante A: *Voy a una ciudad grande por primera vez. ¿Qué hago?*

Estudiante B: *Ve a un concierto.*

En tu propia voz

Escritura Estás pensando en las vacaciones de verano. Escribe un párrafo sobre lo que hiciste el verano pasado y otro párrafo sobre lo que vas a hacer este verano. *(Hint: Write a paragraph about what you did last summer and another paragraph about what you are going to do this summer.)*

Conexiones

La salud You have just read how New World foods changed European cuisine. Select a Spanish-speaking country and write a brief report about what people in that country typically eat. Prepare the food you would most like to taste. Was it difficult or easy to prepare? Is it nutritious?

¿Qué desayunan? ¿Almuerzan? ¿Cenan?
¿A qué hora almuerzan? ¿Cenan?
¿Qué meriendas hay?
¿Qué hay de postre?
¿Cuál es el plato más famoso de este país?

En resumen

♻ YA SABES

TALKING ABOUT THE PRESENT AND FUTURE

Simple Present

Estoy muy feliz.	*I am very happy.*
¡Es un mercado fenomenal!	*It's a phenomenal market!*
La artesanía de Otavalo es excelente.	*The handicrafts from Otavalo are excellent.*

Present Progressive

Miguel y Patricia están caminando y hablando.	*Miguel and Patricia are walking and talking.*

Ir a + *infinitive*

Voy a comprarle un regalo a mi hermana.	*I am going to buy a present for my sister.*
¡Creo que va a salir muy bien y lo quiero ver!	*I think that it is going to come out very well and I want to see it!*

DISCUSSING THE PAST

Regular Preterite

¿Porque te habló de la vida en una granja?	*Because he talked to you about life on a farm?*
¿Y aprendiste algo de tus entrevistas?	*And did you learn something from your interviews?*
Pero aprendí algo mucho más importante también.	*But I learned something much more important too.*
¡Abriste la cerca!	*You opened the fence!*
Trabajé mucho.	*I worked a lot.*

Irregular Preterite

¿Cuál fue la mejor entrevista?	*Which was the best interview?*
No, ¡porque me dijo qué hiciste tú la primera vez que estuviste en la granja!	*No, because he told me what you did the first time that you were at the farm!*
Hice todo lo posible.	*I did everything possible.*

GIVING INSTRUCTIONS TO SOMEONE

Dime.	*Tell me.*
¡Mira, Miguel!	*Look, Miguel!*
Cómprale una bolsa o un artículo de cuero.	*Buy her a handbag or leather goods.*
¡Ven!	*Come on!*
Hazme un favor.	*Do me a favor.*

Juego

1. ¿Qué pasa ahora? **3.** ¿Qué va a pasar?

2. ¿Qué pasó antes?

a. *¡El caballo se va a escapar del corral!*

b. *La llama está jugando con Rocío.*

c. *El ganadero buscó su merienda.*

Conexiones

OTRAS DISCIPLINAS Y PROYECTOS

Los estudios sociales

Although Ecuador is one of the smallest countries in South America, it has an extraordinary geography. The Andes mountains divide it down the middle.

Cotopaxi, at 5,897 meters, is among the three highest active volcanoes in the world. The Pacific Ocean lies to the west. The Amazon jungle is to the east.

In addition to coastal plains (**la llanura litoral**), jungles (**selvas**), and mountains (**montañas**), Ecuador has the rain forest (**el bosque tropical**), the cloud forest (**el bosque nuboso**), and the astonishing **Islas Galápagos**—13 volcanic islands. These islands have animals found nowhere else on earth. Visitors from all over the world visit the Galápagos each year.

1. Look at a Spanish-language topographical map of Ecuador. Locate each of the geographical regions mentioned.

2. Calculate the height of Cotopaxi in feet and miles. These formulas will help.

   un metro = 3,28 pies
   un milla = 5.280 pies

This now-calm bay in the Galápagos Islands was once a steamy sea of lava and ash.

La historia

The powerful Inca civilization began near Lake Titicaca, between Bolivia and Peru, in the twelfth century. Eventually, the Inca empire included territory from Colombia to Chile. The Incas developed sophisticated systems of government, architecture, agriculture, transportation, communications, and science.

ECUADOR
PERÚ
LAGO TITICACA
BOLIVIA
CHILE
ARGENTINA

Tierras de los incas, siglo XVI

Since they lived in a region prone to earthquakes (**temblores de tierra**), the Incas became very adept at building earthquake-resistant structures. Today you can still see ancient buildings that were constructed with stones weighing many tons, interconnecting like jigsaw puzzle pieces. The stones fit together so tightly that not even a knife blade can pass between them.

Draw or trace a map of South America. Color in and label the countries where the Inca empire once existed.

Ingapirca was built by the Incas in the 15th century. These are its ruins.

Proyecto cultural

Working in a group of three or four, prepare a presentation (in Spanish!) on one of Ecuador's diverse geographical areas.

1. Choose from among the following regions.

   - the Galápagos Islands
   - the Andes mountain range
   - the rain forest
   - the coast

2. Make a map of the area of your choice, carefully labeling distinctive landmarks.

3. Through the Internet or other resources available in your library, obtain copies of photos of your region.

4. Work together to prepare an informative report about your geographical area. Be sure to talk about both the human and animal populations inhabiting your region.

5. Share your work with the class.

The blue-footed booby is one of the many species found on the Galápagos Islands.

las islas Galápagos

ECUADOR

la costa

los Andes

el bosque tropical

RECURSOS

1 Unidad 4 Etapa 1 p. 98
¿Qué es?

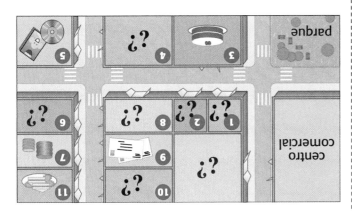

Estudiante A Tú no conoces el centro muy bien. Habla con tu amigo(a) para identificar todos los lugares. *(Hint: Identify the places.)*

modelo

Estudiante A: ¿Qué está enfrente del centro comercial?

Estudiante B: …está enfrente del centro comercial.

Estudiante B Tú no conoces el centro muy bien. Habla con tu amigo(a) para identificar todos los lugares. *(Hint: Identify the places.)*

modelo

Estudiante A: ¿Qué está enfrente del centro comercial?

Estudiante B: La estación de autobuses está enfrente del centro comercial.

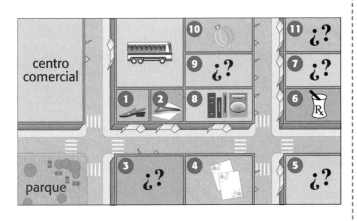

2 Unidad 4 Etapa 1 p. 103
¿Es posible?

1. sacar una foto
2. jugar al baloncesto
3. comer pizza
4. andar en bicicleta
5. beber un refresco
6. escribir tu nombre en un papel

modelo

tocar el piano

Estudiante A: Toca el piano.

Estudiante B: No es posible.

Estudiante A Dile a tu amigo(a) qué hacer. Si tiene lo necesario, va a dramatizarlo. Si no lo tiene, va a decirte que no es posible. Cambien de papel. *(Hint: Tell your partner what to do. If possible, your partner will act it out.)*

Estudiante B Tu amigo(a) te va a decir qué hacer. Si tienes el objeto necesario, dramatiza la actividad. Si no lo tienes, dile que no es posible. Cambien de papel. *(Hint: Your partner will say what to do. If possible, act it out. If not, say so.)*

modelo

tocar el piano

Estudiante A: Toca el piano.

Estudiante B: No es posible.

7. escribir en el pizarrón
8. usar la computadora
9. comer una hamburguesa
10. tocar la guitarra
11. correr en tu lugar
12. leer un libro

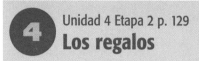

3 (Estudiante A — invertido)

mi madre	$30	
mis hermanos		carteras
mi padre	$25	
mis abuelos	olla	
mi prima		casete
mi amiga	$15	

Estudiante A: ¿Qué le da a su madre?

Estudiante B: Le da... a su madre. ¿Cuánto cuesta(n)...?

Estudiante A: Cuesta(n) treinta dólares.

modelo

Estudiante A Chabela hace una tabla de los regalos que da para la Navidad. Con tu amigo(a), completa la tabla. *(Hint: Complete the chart.)*

---

5. comprender los mapas
4. hablar español
3. trabajar con números
2. hacer un proyecto sobre los pájaros
1. hacer ejercicio

Estudiante B: …

Estudiante A: ¿Puede hacer ejercicio bien?

modelo

Estudiante A Tu amigo(a) tiene las notas de Emilia. Pregúntale si puede hacer las siguientes actividades bien. *(Hint: Ask if Emilia does these well.)*

Estudiante B (izquierda)

Estudiante B Mira las notas de Emilia y contesta las preguntas de tu amigo(a). *(Hint: Tell if Emilia does these well.)*

modelo

Estudiante A: ¿Puede hacer ejercicio bien?

Estudiante B: Sí, puede hacer ejercicio bien.

Colegio Alta Vista

Emilia Villarreal			
	1	**2**	**3**
Español	A		
Matemáticas	B		
Ciencias	D		
Estudios sociales	C−		
Educación física	A+		

Estudiante B (derecha)

Estudiante B Chabela hace una tabla de los regalos que da para la Navidad. Con tu amigo(a), completa la tabla. *(Hint: Complete the chart.)*

modelo

Estudiante A: ¿Qué le da a su madre?

Estudiante B: Le da unos aretes a su madre. ¿Cuánto cuestan los aretes?

Estudiante A: Cuesta(n)…

mi madre		aretes
mis hermanos	$20	
mi padre		cinturón
mis abuelos	$18	
mi prima	$9	
mi amiga		pulsera

Activity 5

Unidad 4 Etapa 3 p. 151

¿Riquísimo o no?

(upside-down portion)

	Memo	Mi amigo(a)
las enchiladas	sí	¿?
el té	no	¿?
los postres	sí	¿?
el arroz	sí	¿?
la ensalada	no	¿?

1. el bistec   2. la salsa   3. el flan
4. la limonada   5. los frijoles

Estudiante B: ...

Estudiante A: ¿Te gusta el bistec? ¿A Memo le gusta?

modelo

Estudiante A Vas a un restaurante con Memo y tu amigo(a). ¿A ellos les gustan estas comidas y bebidas? (*Hint: Do Memo and your partner like these?*)

Estudiante B Vas a un restaurante con Memo y tu amigo(a). ¿A ellos les gustan estas comidas y bebidas? (*Hint: Do Memo and your partner like these?*)

modelo

Estudiante A: ¿Te gusta el bistec? ¿A Memo le gusta?

Estudiante B: A mí me gusta el bistec. A Memo no le gusta.

6. las enchiladas   9. el arroz
7. el té   10. la ensalada
8. los postres

	Memo	Mi amigo(a)
el bistec	no	¿?
la salsa	sí	¿?
el flan	sí	¿?
la limonada	no	¿?
los frijoles	sí	¿?

Activity 6

Unidad 4 Etapa 3 p. 155

¿Qué sirven?

(upside-down portion)

6. bistec   12. arroz
5. pan   11. pan dulce
4. pollo   10. queso
3. sopa   9. enchiladas
2. flan   8. pastel
1. ensalada   7. hamburguesa

Estudiante B: ...

Estudiante A: Pide papas fritas.

papas fritas

modelo

(*Hint: Say what Roberto is ordering.*)

Estudiante A Roberto pide las siguientes comidas. ¿Las sirven en el Café Veracruz?

Estudiante B Dile a tu amigo(a) si sirven las comidas que pide Roberto en el Café Veracruz. (*Hint: Tell your partner if these are served.*)

modelo

papas fritas

Estudiante A: Pide papas fritas.

Estudiante B: Sí, sirven papas fritas.

7 — Unidad 5, Etapa 1 p. 183 — ¿Qué hago?

Estudiante A No recuerdas qué hacer hoy y tu amigo(a) tiene tu calendario. Adivina las cuatro actividades de la lista. *(Hint: Guess the four activities.)*

modelo

hacer la cama

Estudiante A: ¿Hago la cama hoy?

Estudiante B: Sí, haz la cama.

o: No, no está en tu calendario.

1. poner la mesa
2. tocar el piano
3. ir al mercado
4. salir a las 7:30
5. escribir una carta
6. hacer la tarea

Estudiante B Tu amigo(a) no recuerda qué hacer hoy y tú tienes su calendario. Cuando te pregunta, dile qué hacer según su calendario. *(Hint: Tell your partner what to do.)*

modelo

hacer la cama

Estudiante A: ¿Hago la cama hoy?

Estudiante B: Sí, haz la cama.

o: No, no está en tu calendario.

8 abril

poner la mesa
ir al mercado
salir a las 7:30
hacer la tarea

8 — Unidad 5 Etapa 1 p. 189 — Problemas y soluciones

Estudiante A Tú le dices varios problemas a tu amigo(a) y te dice una solución. Cambien de papel. *(Hint: Tell your partner your problems.)*

modelo

No tengo secador de pelo.

Estudiante A: No tengo secador de pelo.

Estudiante B: …

no ponerse shorts
no despertarse tan tarde
lavarse los dientes con
otra pasta de dientes
peinarse

1. Siempre estoy muy cansado(a).
2. Tengo mucho calor.
3. Quiero ver un programa a las diez.
4. No llevo nada en los pies.

Estudiante B Tu amigo(a) te dice sus problemas. Dile una solución con las expresiones de la lista. Cambien de papel. *(Hint: Suggest solutions to your partner.)*

ponerse los zapatos
bañarse en agua fresca
no acostarse tan tarde
secarse el pelo con una toalla
no dormirse antes de las diez

modelo

Estudiante A: No tengo secador de pelo.

Estudiante B: Sécate el pelo con una toalla.

5. Siempre llego tarde a la escuela.
6. No me gusta la pasta de dientes.
7. No me gusta mi pelo hoy.
8. Tengo frío.

9 Unidad 5 Etapa 2 p. 209
¿Dónde?

Estudiante A Diana y su familia preparan una fiesta. Pregúntale a tu amigo(a) dónde están haciendo los siguientes quehaceres. *(Hint: Ask where they do each chore.)*

modelo

ordenar las flores

Estudiante A: ¿Dónde están ordenando las flores?

Estudiante B: Están ordenándolas en...

1. barrer el suelo
2. pasar la aspiradora
3. planchar la ropa
4. quitar la mesa

Estudiante B Diana y su familia preparan una fiesta. Dile a tu amigo(a) dónde están haciendo los siguientes quehaceres. *(Hint: Tell where they do each chore.)*

modelo

ordenar las flores

Estudiante A: ¿Dónde están ordenando las flores?

Estudiante B: Están ordenándolas en la cocina.

10 Unidad 5 Etapa 2 p. 215
¿Cómo?

Estudiante A ¿Cómo debe hacer Pedro las siguientes actividades? *(Hint: How should Pedro do these?)*

modelo

quitar el polvo

Estudiante A: ¿Cómo debe quitar el polvo?

Estudiante B: Debe quitarlo...

1. pasar la aspiradora
2. sacar la basura
3. barrer el suelo
4. hacer la tarea
5. hacer la cama
6. manejar

Estudiante B ¿Cómo debe hacer Pedro las siguientes actividades? *(Hint: How should Pedro do these?)*

modelo

quitar el polvo: cuidadoso

Estudiante A: ¿Cómo debe quitar el polvo?

Estudiante B: Debe quitarlo cuidadosamente.

a. sacar la basura: rápido

b. hacer la tarea: paciente

c. manejar: tranquilo

d. pasar la aspiradora: lento

e. hacer la cama: fácil

f. barrer el suelo: frecuente

11 Unidad 5 Etapa 3 p. 234
¿Quién es?

Estudiante A Pregúntale a tu amigo(a) sobre tres nuevas estudiantes. *(Hint: Ask about three students.)*

modelo

Estudiante A: ¿Quién es la más alta?
Estudiante B: ... es la más alta.

más alta

1. ser menor
2. tener pelo más largo
3. estar más contenta
4. ser menos alta
5. tener pelo más corto
6. ser mayor
7. estar más cansada

Estudiante B Contesta las preguntas de tu amigo(a) sobre las tres nuevas estudiantes. *(Hint: Answer questions about three students.)*

modelo

Estudiante A: ¿Quién es la más alta?
Estudiante B: Olivia es la más alta.

Lina - 17 años   Olivia - 16 años   Inés - 15 años

12 Unidad 5 Etapa 3 p. 241
En el supermercado

2/ 5,79 €   4/ 8,29 €   2 kilos/ 1,50 €   2/ 3,45 €

4. Alejandra y Cristóbal / 8,55 €
3. tú / 1 €
2. la señora García / 1,89 €
1. ustedes / 7,35 €

Estudiante B: Compró...

Estudiante A: ¿Qué compró el señor Matute por cinco euros diecinueve?

el señor Matute / 5,19 €

modelo

Estudiante A Pregúntale a tu amigo(a) qué compraron las siguientes personas. Cambien de papel. *(Hint: Ask what they bought.)*

Estudiante B Dile a tu amigo(a) qué compraron. Cambien de papel. *(Hint: Say what they bought.)*

modelo

Estudiante A: ¿Qué compró el señor Matute por cinco euros diecinueve?

Estudiante B: Compró medio kilo de salchichas.

5. la señora Martínez / 8,29 €
6. tú / 3,45 €
7. tu amigo / 1,50 €
8. el señor Aguilera / 5,79 €

2 litros/ 1,89 €   4/ 7,35 €   1 kilo/ 8,55 €   12/ 1 €   1/2 kilo/ 5,19 €

13 Unidad 6 Etapa 1 p. 269
Una noche larga

Estudiante A ¿Qué leyeron u oyeron estas personas en sus camas? Completa la tabla con tu amigo(a). *(Hint: Complete the chart.)*

modelo

Estudiante A: *¿Ángela oyó o leyó algo?*

Estudiante B: *Ángela…*

Ángela	
María y Elena	una novela
Quique y Alex	
Gloria	
Alfredo y Paco	los aviones
Tavo	una revista

Estudiante B ¿Qué leyeron u oyeron estas personas en sus camas? Completa la tabla con tu amigo(a). *(Hint: Complete the chart.)*

modelo

Estudiante A: *¿Ángela oyó o leyó algo?*

Estudiante B: *Ángela oyó los pájaros.*

Ángela	los pájaros
María y Elena	
Quique y Alex	el periódico
Gloria	el tren
Alfredo y Paco	
Tavo	

14 Unidad 6 Etapa 1 p. 275
Vamos a…

Estudiante A Le sugieres a tu amigo(a) hacer algo. Tu amigo(a) te dice la última vez que lo hizo. Cambien de papel. *(Hint: Suggest you do an activity.)*

anoche · la semana pasada · anteayer · el… pasado · ayer

modelo

estudiar

Estudiante A: *Vamos a estudiar.*

Estudiante B: *Estudié ayer.*

1. jugar al baloncesto
2. ver la televisión
3. ¿?
4. ¿?
5. leer revistas
6. ir a una fiesta
7. ¿?
8. ¿?

Estudiante B Tu amigo(a) te sugiere hacer algo. Dile la última vez que lo hiciste. Cambien de papel. *(Hint: Say the last time you did an activity after you hear the suggestion.)*

la semana pasada · anteayer · anoche · el… pasado · ayer

modelo

Estudiante A: *Vamos a estudiar.*

Estudiante B: *Estudié ayer.*

1. ¿?
2. ¿?
3. ir al cine
4. correr
5. ¿?
6. ¿?
7. comer helado
8. escuchar música

15 Unidad 6 Etapa 2 p. 297
¿Dónde están?

Estudiante A Descríbele la granja a tu amigo(a). Él (Ella) la va a dibujar. Cambien de papel. *(Hint: Describe the farm.)*

modelo

Estudiante A: *Hay un corral en el centro…*

Estudiante B Tu amigo(a) te describe una granja. Dibuja lo que oyes. Cambien de papel. *(Hint: Draw the farm described.)*

modelo

Estudiante A: *Hay un corral en el centro…*

16 Unidad 6 Etapa 2 p. 301
La carrera

Estudiante A Hay una carrera y no puedes ver bien. Trabaja con tu amigo(a) para identificar a todos los participantes. *(Hint: Identify all the racers.)*

modelo

Estudiante A: *¿Quién es la primera?*

Estudiante B: *La primera es número…*

Estudiante B Hay una carrera y no puedes ver bien. Trabaja con tu amigo(a) para identificar a todos los participantes. *(Hint: Identify all the racers.)*

modelo

Estudiante A: *¿Quién es la primera?*

Estudiante B: *La primera es número cincuenta.*

17 Unidad 6 Etapa 3 p. 321
¿Lo hago?

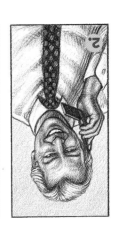

Estudiante A No recuerdas qué hacer hoy y tu amigo(a) tiene tu calendario. Pregúntale qué haces hoy. *(Hint: Ask what you'll do today.)*

modelo

barrer el suelo

Estudiante A: *¿Barro el suelo hoy?*

Estudiante B: *Sí, barre el suelo hoy.*

o: *Hoy no.*

1. almorzar con Angélica
2. estudiar en la biblioteca
3. sacar la basura
4. mandar una carta
5. ir al cine
6. estar en casa a las 8:30

Estudiante B Tu amigo(a) no recuerda qué hacer hoy y tú tienes su calendario. Cuando te pregunta, dile qué hacer según su calendario. *(Hint: Tell your partner what to do according to the calendar.)*

modelo

barrer el suelo

Estudiante A: *¿Barro el suelo hoy?*

Estudiante B: *Sí, barre el suelo hoy.*   **o:** *Hoy no.*

26   junio

almorzar con Angélica
sacar la basura
ir al cine
estar en casa a las 8:30

---

18 Unidad 6 Etapa 3 p. 327
Parte de la historia

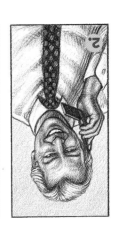

Estudiante A Viste algo en la televisión, pero solamente sabes parte de la historia. Con tu amigo(a), cuenta lo que pasó según los dibujos. Tu amigo(a) empieza. *(Hint: Take turns telling what happened.)*

modelo

Estudiante B: *Un hombre se levantó a las seis de la mañana.*

Estudiante B Viste algo en la televisión, pero solamente sabes parte de la historia. Con tu amigo(a), cuenta lo que pasó según los dibujos. Tú empiezas. *(Hint: Take turns telling what happened.)*

modelo

Estudiante B: *Un hombre se levantó a las seis de la mañana.*

1. 3. 5.

Juegos—respuestas

UNIDAD 1

Etapa 1   **En uso,** p. 51: A Marisol no le gusta hacer las actividades con la letra **c.**

Etapa 2   **En uso,** p. 77: b

Etapa 3   **En acción,** p. 93: El hermano de Marco tiene un año.; **En uso,** p. 105:
1. El abuelo tiene 61 años. 2. Carlos tiene 37 años. 3. Antonio tiene 2 años.

UNIDAD 2

Etapa 1   **En uso,** p. 137: 1. las matemáticas, 2. la computación, 3. el inglés,
4. la música

Etapa 2   **En uso,** p. 163: Marco va al auditorio. Maricarmen va a la biblioteca.
Josefina va a la oficina.

Etapa 3   **En acción,** p. 173: El perro tiene sed.; **En uso,** p. 191: Adriana camina
con el perro. José toca la guitarra. Jorge cuida a sus hermanos.

UNIDAD 3

Etapa 1   **En uso,** p. 223: 1. Miguel va a un concierto. 2. Mariela va al cine.
3. Martina y Martín van de compras (a la tienda).

Etapa 2   **En uso,** p. 249: 1. Ángela: levantar pesas, 2. Marco: surfing,
3. Juanito: fútbol

Etapa 3   **En acción,** p. 266: b; **En uso,** p. 277: c. Chile

Juegos—respuestas

BRIDGE UNIT

Etapa 1 **En resumen,** p. 11: A Marisol no le gusta hacer las actividades con la letra **c.**; **En resumen,** p. 19: b; **En resumen,** p. 27: 1. El abuelo tiene 61 años. 2. Carlos tiene 37 años. 3. Antonio tiene 2 años.

Etapa 2 **En resumen,** p. 37: 1. matemáticas, 2. computación, 3. inglés, 4. música; **En resumen,** p. 45: Marco va al auditorio. Maricarmen va a la biblioteca. Josefina va a la oficina.; **En resumen,** p. 53: Adriana camina con el perro. José toca la guitarra. Jorge cuida a sus hermanos.

Etapa 3 **En resumen,** p. 63: 1. Miguel va a un concierto. 2. Mariela va al cine. 3. Martina y Martín van de compras (a la tienda).; **En resumen,** p. 71: 1. Ángela: levantar pesas, 2. Marco: surfing, 3. Juanito: fútbol; **En resumen,** p. 79: c. Chile

UNIDAD 4

Etapa 1 **En uso,** p. 109: Adriana va al aeropuerto. Andrés va a la farmacia. Arturo va al banco.

Etapa 2 **En acción,** p. 124: Lola quiere darle la lila a Lidia.; **En uso,** p. 135: Compras un plato barato por pocos pesos.

Etapa 3 **En uso,** p. 163: Pablo le sirve sopa a Marco, ensalada a Martina y azúcar a Marisol.

UNIDAD 5

Etapa 1 **En acción,** p. 181: Necesita peinarse.; **En uso,** p. 195: 1. un despertador, 2. un secador de pelo, 3. un peine, 4. un espejo

Etapa 2 **En uso,** p. 221: 1. Sofía está en el comedor. 2. Felipe está en la sala. 3. Cristina está en la cocina.

Etapa 3 **En uso,** p. 249: 1. helado: el congelador, 2. platos sucios: el lavaplatos, 3. leche: el frigorífico, 4. carne de res: la estufa

UNIDAD 6

Etapa 1 **En uso,** p. 281: 1. El papá de Adriana es contador. 2. El padre de Susana es fotógrafo. 3. El Sr. Rodríguez es bombero.

Etapa 2 **En uso,** p. 307: El cerdo es el primero, la llama es la segunda y la vaca es la tercera.

Etapa 3 **En acción,** p. 322: a; **En uso,** p. 335: 1. b. La llama está jugando con Rocío. 2. c. El ganadero buscó su merienda. 3. a. ¡El caballo se va a escapar del corral!

Vocabulario adicional

Here are lists of additional vocabulary to supplement the words you know. They include musical instruments, animals, professions, classes, sports, and foods.

Los instrumentos

el acordeón	accordion
la armónica	harmonica
el arpa (fem.)	harp
el bajo	bass
el bajón	bassoon
el banjo	banjo
la batería	drum set
el clarinete	clarinet
el corno francés	French horn
el corno inglés	English horn
la flauta	flute
la flauta dulce	recorder
el flautín	piccolo
la mandolina	mandolin
el oboe	oboe
el órgano	organ
la pandereta	tambourine
el saxofón	saxophone
el sintetizador	synthesizer
el tambor	drum
el trombón	trombone
la trompeta	trumpet
la tuba	tuba
la viola	viola
el violín	violin
el violonchelo	cello
el xilófono	xylophone

Más animales

la abeja	bee	el león	lion
el águila (fem.)	eagle	el leopardo	leopard
el alce	moose	el lobo	wolf
la araña	spider	el loro	parrot
la ardilla	squirrel	el mono	monkey
la ballena	whale	el mapache	raccoon
el buey	ox	la mariposa	butterfly
el búho	owl	la mosca	fly
el burro	donkey	el mosquito	mosquito
la cabra	goat	el (la) oso(a)	bear
el cangrejo	crab	la oveja	sheep
el chapulín	grasshopper	la paloma	pigeon, dove
el cisne	swan	la pantera	panther
el conejillo de Indias	guinea pig	el pato	duck
el conejo	rabbit	el pavo	turkey
el coyote	coyote	el pavo real	peacock
el delfín	dolphin	el pingüino	penguin
el elefante	elephant	la rana	frog
el ganso	goose	la rata	rat
el gerbo	gerbil	el ratón	mouse
el grillo	cricket	el sapo	toad
el hámster	hamster	la serpiente	snake
la hormiga	ant	el tiburón	shark
el hurón	ferret	el tigre	tiger
el jaguar	jaguar	la tortuga	turtle
la jirafa	giraffe	el venado	deer
la lagartija	small lizard	el zorro	fox

Más profesiones

el (la) abogado(a)	lawyer
el actor	actor
la actriz	actress
el (la) agente de bolsa	stockbroker
el (la) agente de viajes	travel agent
el (la) alcalde	mayor
el (la) artista	artist
el (la) asistente social	social worker
el (la) atleta	athlete
el (la) auxiliar de vuelo	flight attendant
el (la) cantante	singer
el (la) carnicero(a)	butcher
el (la) carpintero(a)	carpenter
el (la) científico(a)	scientist
el (la) dentista	dentist
el (la) director(a)	principal, director
el (la) empleado(a) de banco	bank clerk
el (la) enfermero(a)	nurse
el (la) farmacéutico(a)	pharmacist
el (la) funcionario(a)	civil servant
el (la) guía	guide
el (la) ingeniero(a)	engineer
el (la) jardinero(a)	gardener
el (la) joyero(a)	jeweler
el (la) mecánico(a)	mechanic
el (la) militar	soldier
el (la) modelo	model
el (la) músico(a)	musician
el (la) panadero(a)	baker
el (la) peluquero(a)	hairstylist
el (la) pescador(a)	fisher
el (la) piloto(a)	pilot
el (la) plomero(a)	plumber
el (la) profesor(a)	teacher, professor
el (la) sastre	tailor
el (la) vendedor(a)	salesperson
el (la) veterinario(a)	veterinarian
el (la) zapatero(a)	shoemaker

Las clases

el alemán	German
el álgebra (fem.)	algebra
la biología	biology
el cálculo	calculus
la composición	writing
la contabilidad	accounting
la física	physics
el francés	French
la geografía	geography
la geología	geology
la geometría	geometry
el italiano	Italian
el japonés	Japanese
el latín	Latin
la química	chemistry
el ruso	Russian
la salud	health
la trigonometría	trigonometry

Los deportes

el árbitro	referee, umpire
el arquero	goalie
el (la) bateador(a)	batter
el boxeo	boxing
el (la) campeón(ona)	champion
el campeonato	championship
la carrera	race
el cesto	basket
el (la) entrenador(a)	trainer, coach
el esquí	ski
la gimnasia	gymnastics
el golf	golf
los juegos olímpicos	Olympics
el (la) lanzador(a)	pitcher
el marcador	scoreboard
el palo	stick, club
el (la) parador(a)	catcher
la pista	racetrack
la red	net
la tabla hawaiana	surfboard
el trofeo	trophy
el uniforme	uniform

Las frutas y las verduras

el aguacate	avocado
la alcachofa	artichoke
el apio	celery
el arándano	blueberry
la banana	banana
la berenjena	eggplant
el bróculi	broccoli
el calabacín	zucchini
la calabaza	squash
la cereza	cherry
la ciruela	plum
el coco	coconut
la col	cabbage
la coliflor	cauliflower
el dátil	date
el espárrago	asparagus
la espinaca	spinach
la frambuesa	raspberry
la fresa	strawberry
la guayaba	guava
el kiwi	kiwi
la lima	lime
el limón	lemon
el mango	mango
la manzana	apple
el melocotón	peach
el melón	melon
la mora	blackberry
la naranja	orange
la papaya	papaya
el pepino	cucumber
la pera	pear
el plátano	banana, plantain
la sandía	watermelon
la toronja	grapefruit

Gramática—resumen

Grammar Terms

Adjective (1A, pp. 65, 67): a word that describes a noun

Adverb (1A, p. 125; 1B, p. 213): a word that describes a verb, an adjective, or another adverb

Article (1A, pp. 62, 64): a word that identifies the class of a noun (masculine or feminine, singular or plural); English articles are *a, an,* or *the*

Command (1B, p. 99): a verb form used to tell someone to do something

Comparative (1A, p. 240): a phrase that compares two things

Conjugation (1A, p. 122; 1B, p. 234): a verb form that uses the stem of an infinitive and adds endings that reflect subject and tense

Direct Object (1A, p. 265): the noun, pronoun, or phrase that receives the action of the main verb in a sentence

Gender (1A, p. 65): a property that divides adjectives, nouns, pronouns, and articles into masculine and feminine groups

Indirect Object (1B, p. 123): a noun, pronoun, or phrase that tells to whom/what or for whom/what an action is done

Infinitive (1A, p. 43): the basic form of a verb; it names the action without giving tense, person, or number

Interrogative (1A, p. 154): a word that asks a question

Noun (1A, p. 62): a word that names a thing, person, animal, place, feeling, or situation

Number (1A, p. 67): a property that divides adjectives, nouns, pronouns, articles, and verbs into singular and plural groups

Preposition (1A, p. 90): a word that shows the relationship between its object and another word in the sentence

Pronoun (1A, p. 38): a word that can be used in place of a noun

Reflexive Verb (1B, p. 179): a verb for which the subject and the direct object are the same participant

Subject (1A, p. 38): the noun, pronoun, or phrase in a sentence that performs the action and is the focus of attention

Superlative (1B, p. 232): a phrase that describes which item has the most or least of a quality

Tense (1A, p. 122; 1B, p. 234): when the action of a verb takes place

Nouns, Articles, and Pronouns

Nouns

Nouns identify things, people, animals, places, feelings, or situations. Spanish nouns are either masculine or feminine. They are also either **singular** or **plural**. **Masculine nouns** usually end in **-o** and **feminine nouns** usually end in **-a.**

To make a noun **plural**, add **-s** to a word ending in a vowel and **-es** to a word ending in a consonant.

Singular Nouns		Plural Nouns	
Masculine	**Feminine**	**Masculine**	**Feminine**
amigo	amiga	amigos	amigas
chico	chica	chicos	chicas
hombre	mujer	hombres	mujeres
suéter	blusa	suéteres	blusas
zapato	falda	zapatos	faldas

Articles

Articles identify the class of a noun: masculine or feminine, singular or plural. **Definite articles** are the equivalent of the English word *the*. **Indefinite articles** are the equivalent of *a*, *an*, or *some*.

Definite Articles		
	Masculine	**Feminine**
Singular	**el** amigo	**la** amiga
Plural	**los** amigos	**las** amigas

Indefinite Articles		
	Masculine	**Feminine**
Singular	**un** amigo	**una** amiga
Plural	**unos** amigos	**unas** amigas

Pronouns

A **pronoun** takes the place of a noun. The pronoun used is determined by its function or purpose in the sentence.

Subject Pronouns	
yo	nosotros(as)
tú	vosotros(as)
usted	ustedes
él, ella	ellos(as)

Pronouns Used After Prepositions	
de **mí**	de **nosotros(as)**
de **ti**	de **vosotros(as)**
de **usted**	de **ustedes**
de **él, ella**	de **ellos(as)**

Direct Object Pronouns	
me	nos
te	os
lo, la	los, las

Indirect Object Pronouns	
me	nos
te	os
le	les

Reflexive Pronouns	
me	nos
te	os
se	se

Demonstrative Pronouns	
éste(a), esto	éstos(as)
ése(a), eso	ésos(as)
aquél(la), aquello	aquéllos(as)

Adjectives

Adjectives describe nouns. In Spanish, adjectives must match the **number** and **gender** of the nouns they describe. When an adjective describes a group with both genders, the masculine form is used. To make an adjective plural, apply the same rules that are used for making a noun plural. Most adjectives are placed after the noun.

Adjectives		
	Masculine	**Feminine**
Singular	el chico **guapo**	la chica **guapa**
	el chico **paciente**	la chica **paciente**
	el chico **fenomenal**	la chica **fenomenal**
	el chico **trabajador**	la chica **trabajadora**
Plural	los chicos guapo**s**	las chicas guapa**s**
	los chicos paciente**s**	las chicas paciente**s**
	los chicos fenomenal**es**	las chicas fenomenal**es**
	los chicos trabajador**es**	las chicas trabajadora**s**

Adjectives cont.

Sometimes adjectives are placed before the noun and **shortened**. **Grande** is shortened before any singular noun. Several others are shortened before a masculine singular noun.

Shortened Forms			
alguno	**algún** chico	primero	**primer** chico
bueno	**buen** chico	tercero	**tercer** chico
malo	**mal** chico		
ninguno	**ningún** chico	grande	**gran** chico(a)

Possessive adjectives identify to whom something belongs. They agree in gender and number with the noun possessed, not with the person who possesses it.

Possessive Adjectives	Masculine		Feminine	
Singular	**mi** amigo	**nuestro** amigo	**mi** amiga	**nuestra** amiga
	tu amigo	**vuestro** amigo	**tu** amiga	**vuestra** amiga
	su amigo	**su** amigo	**su** amiga	**su** amiga
Plural	**mis** amigos	**nuestros** amigos	**mis** amigas	**nuestras** amigas
	tus amigos	**vuestros** amigos	**tus** amigas	**vuestras** amigas
	sus amigos	**sus** amigos	**sus** amigas	**sus** amigas

Demonstrative adjectives point out which noun is being referred to. Their English equivalents are *this*, *that*, *these*, and *those*.

Demonstrative Adjectives	Masculine	Feminine
Singular	**este** amigo	**esta** amiga
	ese amigo	**esa** amiga
	aquel amigo	**aquella** amiga
Plural	**estos** amigos	**estas** amigas
	esos amigos	**esas** amigas
	aquellos amigos	**aquellas** amigas

Interrogatives

Interrogative words are used to ask questions.

Interrogatives		
¿Adónde?	¿Cuándo?	¿Por qué?
¿Cómo?	¿Cuánto(a)? ¿Cuántos(as)?	¿Qué?
¿Cuál(es)?	¿Dónde?	¿Quién(es)?

Comparatives and Superlatives

Comparatives

Comparatives are used when comparing two different things.

Comparatives		
más (+) **más** interesante **que...** Me gusta correr **más que** nadar.	menos (−) **menos** interesante **que...** Me gusta nadar **menos que** correr.	tan(to) (=) **tan** interesante **como...** Me gusta leer **tanto como** escribir.

There are a few irregular comparatives. When talking about the age of people, use **mayor** and **menor**.

Age	Quality
mayor	mejor
menor	peor

When talking about numbers, **de** is used instead of **que**.

> **más (menos) de** cien...

Superlatives

Superlatives are used to distinguish one item from a group. They describe which item has the most or least of a quality.

The ending **-ísimo(a)** can be added to an adjective to form a superlative.

Superlatives		
	Masculine	**Feminine**
Singular	**el** chico **más** alto **el** chico **menos** alto	**la** chica **más** alta **la** chica **menos** alta
Plural	**los** chicos **más** altos **los** chicos **menos** altos	**las** chicas **más** altas **las** chicas **menos** altas
Singular	mole buen**ísimo**	pasta buen**ísima**
Plural	frijoles buen**ísimos**	enchiladas buen**ísimas**

Affirmative and Negative Words

Affirmative words are used to talk about something or someone, or to say that an event also or always happens. **Negative** words are used to refer to no one or nothing, or to say that events do not happen.

Affirmative	Negative
algo	nada
alguien	nadie
algún (alguna)	ningún (ninguna)
alguno(a)	ninguno(a)
siempre	nunca
también	tampoco

Adverbs

Adverbs modify a verb, an adjective, or another adverb. Many adverbs in Spanish are made by changing an existing adjective.

Adjective	→	Adverb
reciente	→	reciente**mente**
frecuente	→	frecuente**mente**
fácil	→	fácil**mente**
normal	→	normal**mente**
especial	→	especial**mente**
feliz	→	feliz**mente**
cuidadoso(a)	→	cuidadosa**mente**
rápido(a)	→	rápida**mente**
lento(a)	→	lenta**mente**
tranquilo(a)	→	tranquila**mente**

Verbs: Present Tense

Regular Verbs

Regular verbs ending in **-ar**, **-er**, or **-ir** always have regular endings in the present.

-ar Verbs		-er Verbs		-ir Verbs	
habl**o**	habl**amos**	com**o**	com**emos**	viv**o**	viv**imos**
habl**as**	habl**áis**	com**es**	com**éis**	viv**es**	viv**ís**
habl**a**	habl**an**	com**e**	com**en**	viv**e**	viv**en**

Verbs with Irregular yo Forms

Some verbs have regular forms in the present except for their **yo** forms.

Infinitive	→	Yo form
conocer	→	conozco
dar	→	doy
hacer	→	hago
ofrecer	→	ofrezco
poner	→	pongo
saber	→	sé
salir	→	salgo
traer	→	traigo
ver	→	veo

Stem-Changing Verbs

u → ue	
ju**e**go	jugamos
ju**e**gas	jugáis
ju**e**ga	ju**e**gan

Jugar is the only verb with a **u → ue** stem change.

e → ie	
c**ie**rro	cerramos
c**ie**rras	cerráis
c**ie**rra	c**ie**rran

Other **e → ie** verbs: **empezar, entender, merendar, nevar, pensar, perder, preferir, querer.** Reflexive: **despertarse.**

o → ue	
v**ue**lvo	volvemos
v**ue**lves	volvéis
v**ue**lve	v**ue**lven

Other **o → ue** verbs: **almorzar, contar, costar, devolver, dormir, encontrar, llover, mover, poder, recordar.** Reflexive: **acostarse.**

e → i	
p**i**do	pedimos
p**i**des	pedís
p**i**de	p**i**den

Other **e → i** verbs: **repetir, seguir, servir.**

Irregular Verbs

decir	
digo	decimos
dices	decís
dice	dicen

esquiar	
esquío	esquiamos
esquías	esquiáis
esquía	esquían

estar	
estoy	estamos
estás	estáis
está	están

ir	
voy	vamos
vas	vais
va	van

oír	
oigo	oímos
oyes	oís
oye	oyen

ser	
soy	somos
eres	sois
es	son

tener	
tengo	tenemos
tienes	tenéis
tiene	tienen

venir	
vengo	venimos
vienes	venís
viene	vienen

Verbs: Present Participles

Present participles are used with a form of **estar** to talk about something that is in the process of happening.

Regular Participles		
-ar Verbs	**-er Verbs**	**-ir Verbs**
habl**ando**	com**iendo**	compart**iendo**
toc**ando**	hac**iendo**	sal**iendo**
us**ando**	perd**iendo**	viv**iendo**

y Spelling Change		
creer	→	creyendo
leer	→	leyendo
oír	→	oyendo
traer	→	trayendo

Stem Changes		
decir	→	diciendo
dormir	→	durmiendo
pedir	→	pidiendo
servir	→	sirviendo
venir	→	viniendo

Verbs: tú Commands

Affirmative tú Commands

Affirmative tú commands are used to tell a friend or family member to do something. Regular **tú** commands are the same as the third person singular form of the present tense.

Regular Commands		
-ar Verbs	**-er Verbs**	**-ir Verbs**
habla	come	vive
piensa	entiende	pide
almuerza	vuelve	sirve

Irregular Commands		
Infinitive	→	**Tú Command**
decir	→	di
hacer	→	haz
ir	→	ve
poner	→	pon
salir	→	sal
ser	→	sé
tener	→	ten
venir	→	ven

Negative tú Commands

Negative tú commands are used to tell a friend or family member **not** to do something.

Regular Commands		
-ar Verbs	**-er Verbs**	**-ir Verbs**
no hables	no comas	no vivas
no mires	no hagas	no oigas
no entres	no vuelvas	no vengas

Commands with Spelling Changes		
-car Verbs	**-gar Verbs**	**-zar Verbs**
no busques	no juegues	no almuerces
no practiques	no llegues	no cruces
no toques	no pagues	no empieces

Irregular Commands		
Infinitive	→	**Tú Command**
dar	→	no des
estar	→	no estés
ir	→	no vayas
ser	→	no seas

Verbs: Preterite Tense

Regular Verbs

Regular preterite verbs ending in **-ar**, **-er**, or **-ir** have regular endings.

-ar Verbs		-er Verbs		-ir Verbs	
bailé	bailamos	corrí	corrimos	abrí	abrimos
bailaste	bailasteis	corriste	corristeis	abriste	abristeis
bailó	bailaron	corrió	corrieron	abrió	abrieron

Verbs with Spelling Changes

-car Verbs	
c → qu	
practiqué	practicamos
practicaste	practicasteis
practicó	practicaron

-gar Verbs	
g → gu	
pagué	pagamos
pagaste	pagasteis
pagó	pagaron

-zar Verbs	
z → c	
crucé	cruzamos
cruzaste	cruzasteis
cruzó	cruzaron

creer	
i → y	
creí	creímos
creíste	creísteis
creyó	creyeron

leer	
i → y	
leí	leímos
leíste	leísteis
leyó	leyeron

oír	
i → y	
oí	oímos
oíste	oísteis
oyó	oyeron

Irregular Verbs

dar	
di	dimos
diste	disteis
dio	dieron

decir	
dije	dijimos
dijiste	dijisteis
dijo	dijeron

estar	
estuve	estuvimos
estuviste	estuvisteis
estuvo	estuvieron

hacer	
hice	hicimos
hiciste	hicisteis
hizo	hicieron

ir	
fui	fuimos
fuiste	fuisteis
fue	fueron

ser	
fui	fuimos
fuiste	fuisteis
fue	fueron

tener	
tuve	tuvimos
tuviste	tuvisteis
tuvo	tuvieron

venir	
vine	vinimos
viniste	vinisteis
vino	vinieron

GLOSARIO
español-inglés

This Spanish-English glossary contains all of the active vocabulary words that appear in the text as well as passive vocabulary from readings, culture sections, and extra vocabulary lists. Most inactive cognates have been omitted. The active words are accompanied by the number of the unit and **etapa** in which they are presented. For example, **a pie** can be found in **4.1** (*Unidad 4, Etapa 1*). **EP** refers to the *Etapa preliminar.* Stem-changing verbs are indicated by the change inside the parentheses—**poder (ue)**, as are verbs that are irregular only in the **yo** form.

a to, at
  A la(s)… At…. o'clock. **2.2**
  a la derecha (de)
    to the right (of) **4.1**
  a la izquierda (de)
    to the left (of) **4.1**
  a pie on foot **4.1**
  ¿A qué hora es…?
    (At) What time is…? **2.2**
  a veces sometimes **2.1**
abajo down **6.2**
abierto(a) open **5.2**
el abogado lawyer
el abrigo coat **3.3**
abril April **1.3**
abrir to open **2.3**
la abuela grandmother **1.3**
el abuelo grandfather **1.3**
los abuelos grandparents **1.3**
aburrido(a) boring **1.2**
acá here **4.1**
acabar de… to have just… **3.1**
el aceite oil **5.3**
las aceitunas olives **5.2**
acostarse (ue) to go to bed **5.1**
actualmente nowadays
Adiós. Good-bye. **EP**
adónde (to) where **2.2**
la aduana customs
el aeropuerto airport **4.1**

afeitarse to shave oneself **5.1**
agosto August **1.3**
el agua (fem.) water **2.2**
el águila (fem.) eagle
ahora now **1.3**
  ¡Ahora mismo! Right now! **2.1**
al to the **2.2**
  al aire libre outdoors **3.2**
  al lado (de) beside, next to **4.1**
el ala wing (fem.)
alegre happy **3.1**
algo something **4.3**
alguien someone **4.3**
  conocer a alguien to know, to
    be familiar with someone **2.3**
alguno(a) some **4.3**
allá there **4.1**
allí there **4.1**
almorzar (ue) to eat lunch **4.2**
el almuerzo lunch **2.2**
alquilar un video
  to rent a video **3.1**
alto(a) tall **1.2**
amarillo(a) yellow **1.2**
el (la) amigo(a) friend **1.1**
anaranjado(a) orange **1.2**
ancho(a) wide **6.1**
andar
  andar en bicicleta
    to ride a bike **2.3**
  andar en patineta
    to skateboard **3.2**
el anillo ring **4.2**
el animal animal **2.3**

anoche last night **5.3**
anteayer day before yesterday **5.3**
antes (de) before **2.3**
antiguo(a) old, ancient **6.1**
el año year **1.3**
  el año pasado last year **5.3**
  ¿Cuántos años tiene…?
    How old is…? **1.3**
  Tiene… años.
    He/She is… years old. **1.3**
apagar la luz
  to turn off the light **5.3**
el apartamento apartment **1.1**
aparte separate
  Es aparte. Separate checks. **4.3**
el apellido last name, surname **EP**
el apoyo support
aprender to learn **2.3**
aquel(la) that (over there) **6.2**
aquél(la) that one (over there) **6.2**
aquello that (over there) **6.2**
aquí here **4.1**
el árbol tree **3.3**
el arete earring **4.2**
el armario closet **5.2**
el (la) arquitecto(a) architect **6.1**
la arquitectura architecture **6.1**
arriba up **6.2**
el arroz rice **4.3**
el arte art **2.1**
la artesanía handicraft **4.2**
el (la) artesano(a) artisan **6.2**
los artículos de cuero
  leather goods **4.2**

asado(a) roasted
el auditorio auditorium **2.2**
el autobús bus **4.1**
la avenida avenue **4.1**
el avión airplane **4.1**
ayer yesterday **5.3**
ayudar (a) to help **2.1**
    ¿Me ayuda a pedir? Could
      you help me order? **4.3**
el azúcar sugar **4.3**
azul blue **1.2**

bailar to dance **1.1**
bajo(a) short (height) **1.2**
el baloncesto basketball **3.2**
el banco bank **4.1**
bañarse to take a bath **5.1**
el baño bathroom **5.2**
barato(a) cheap, inexpensive **4.2**
el barco ship **4.1**
barrer el suelo to sweep the
    floor **5.2**
el barrio district
el bate bat **3.2**
beber to drink **2.3**
    ¿Quieres beber…?
      Do you want to drink…? **2.2**
    Quiero beber…
      I want to drink… **2.2**
la bebida beverage, drink **4.3**
el béisbol baseball **3.2**
la biblioteca library **2.2**
bien well **1.1**
    (No muy) Bien, ¿y tú/usted?
      (Not very) Well, and you? **1.1**
bienvenido(a) welcome **1.1**
el bistec steak **4.3**
blanco(a) white **1.2**
la blusa blouse **1.2**
la boca mouth **5.1**
el bohique storyteller
la bola ball **3.2**
la bolsa bag **1.2**; handbag **4.2**
el bombero firefighter **6.1**
bonito(a) pretty **1.2**
el borrador eraser **2.1**
el bosque forest **3.3**
las botas boots **4.2**
la botella bottle **5.3**

el brazo arm **5.1**
el bronceador suntan lotion **3.3**
bueno(a) good **1.2**
    Buenas noches.
      Good evening. **EP**
    Buenas tardes.
      Good afternoon. **EP**
    Buenos días. Good morning. **EP**
la bufanda scarf **3.3**
buscar to look for, to search **2.1**

el caballo horse **6.2**
la cabeza head **5.1**
    lavarse la cabeza
      to wash one's hair **5.1**
cada each, every **2.3**
el café café **4.1**; coffee **4.3**
la cafetería cafeteria,
    coffee shop **2.2**
los calamares squid **5.2**
el calcetín sock **1.2**
la calculadora calculator **2.1**
la calidad quality **4.2**
caliente hot, warm **4.3**
¡Cállate! Be quiet! **5.3**
la calle street **4.1**
calor
    Hace calor. It is hot. **3.3**
    tener calor to be hot **3.3**
la cama bed **5.1**
    hacer la cama
      to make the bed **5.1**
la cámara camera **6.1**
los camarones shrimp
cambiar to change, to exchange **4.2**
el cambio change,
    money exchange **4.2**
caminar con el perro
    to walk the dog **2.3**
el camino road **4.1**
el camión truck
la camisa shirt **1.2**
la camiseta T-shirt **1.2**
el campo field **3.2**;
    countryside, country **6.2**
la canasta basket
la cancha court **3.2**
la canción song
cansado(a) tired **3.1**

cantar to sing **1.1**
la cara face **5.1**
la carne meat **4.3**
la carne de res beef **5.3**
la carnicería butcher's shop **4.1**
caro(a) expensive **4.2**
    ¡Es muy caro(a)!
      It's very expensive! **4.2**
el carro car **4.1**
la cartera wallet **4.2**
el (la) cartero(a) mail carrier **6.1**
la casa house **1.1**
el casco helmet **3.2**
el casete cassette **4.2**
castaño(a) brown (hair) **1.2**
catorce fourteen **1.3**
la cebolla onion **5.3**
la cena supper, dinner **2.3**
cenar to have dinner, supper **2.3**
el centro center, downtown **4.1**
    el centro comercial
      shopping center **4.1**
el cepillo (de dientes)
    brush (toothbrush) **5.1**
la cerámica ceramics **4.2**
la cerca fence **6.2**
cerca (de) near (to) **4.1**
el cerdo pig **6.2**
el cereal cereal **5.3**
cero zero **EP**
cerrado(a) closed **5.2**
cerrar (ie) to close **3.2**
el champú shampoo **5.1**
la chaqueta jacket **1.2**
chévere awesome
    ¡Qué chévere!
      How awesome! **1.3**
la chica girl **1.1**
los chicharrones pork rinds **2.3**
el chico boy **1.1**
el chorizo sausage **5.2**
cien one hundred **1.3**
las ciencias science **2.1**
cinco five **EP**
cincuenta fifty **1.3**
el cinturón belt **4.2**
la cita appointment **2.2**
la ciudad city **1.3**
¡Claro que sí! Of course! **3.1**
la clase class, classroom **2.1**
cobarde cowardly
la cocina kitchen **5.2**
cocinar to cook **5.3**

la **cola** tail
el **collar** necklace **4.2**
el **color** color **1.2**
   ¿De qué color…?
      What color…? **1.2**
el **comedor** dining room **5.2**
comer to eat **1.1**
   darle(s) de comer to feed **6.2**
   ¿Quieres comer…?
      Do you want to eat…? **2.2**
   Quiero comer…
      I want to eat… **2.2**
cómico(a) funny, comical **1.2**
la **comida** food, a meal **2.3**
como like, as
cómo how **2.2**
   ¿Cómo es?
      What is he/she like? **1.2**
   ¿Cómo está usted?
      How are you? (formal) **1.1**
   ¿Cómo estás?
      How are you? (familiar) **1.1**
   ¡Cómo no! Of course! **4.1**
   ¿Cómo se llama?
      What is his/her name? **EP**
   ¿Cómo te llamas?
      What is your name? **EP**
   Perdona(e), ¿cómo llego a…?
      Pardon, how do I get to…? **4.1**
la **compañía** company **6.1**
compartir to share **2.3**
comprar to buy **2.2**
comprender to understand **2.3**
la **computación**
   computer science **2.1**
la **computadora** computer **2.1**
la **comunidad** community **1.1**
con with **1.3**
   con rayas striped **3.3**
   Con razón. That's why. **2.1**
el **concierto** concert **3.1**
el **concurso** contest **1.1**
el **congelador** freezer **5.3**
conmigo with me **3.1**
conocer (conozco) to know,
   to be familiar with **2.3**
   conocer a alguien to know, to
      be familiar with someone **2.3**
el (la) **contador(a)** accountant **6.1**
la **contaminación del aire**
   air pollution **6.1**
contar (ue) to count, to (re)tell **4.2**

el **contenido** contents
contento(a) content, pleased **3.1**
contestar to answer **2.1**
contigo with you **3.1**
el **corazón** heart **2.3**
el **cordero** sheep
corto(a) short (length) **1.2**
el **corral** corral, pen **6.2**
el **correo** post office **4.1**
   el correo electrónico e-mail
correr to run **1.1**
la **cosa** thing **4.1**
costar (ue) to cost **4.2**
   ¿Cuánto cuesta(n)…?
      How much is (are)…? **4.2**
la **costumbre** custom
creer to think, to believe **3.3**
   Creo que sí/no. I think so./
      I don't think so. **3.3**
la **crema** cream **5.3**
cruzar to cross **4.1**
el **cuaderno** notebook **2.1**
la **cuadra** city block **4.1**
cuál(es) which (ones), what **2.2**
   ¿Cuál es la fecha?
      What is the date? **1.3**
   ¿Cuál es tu teléfono? What is
      your phone number? **EP**
cuando when, whenever **3.1**
cuándo when **2.2**
cuánto how much **4.2**
   ¿A cuánto está(n)…?
      How much is (are)…? **5.3**
   ¿Cuánto cuesta(n)…?
      How much is (are)…? **4.2**
   ¿Cuánto es?
      How much is it? **4.3**
   ¿Cuánto le doy de propina?
      How much do I tip? **4.3**
cuántos(as) how many
   ¿Cuántos años tiene…?
      How old is…? **1.3**
cuarenta forty **1.3**
cuarto(a) quarter **5.3**; fourth **6.2**
cuatro four **EP**
cuatrocientos(as) four hundred **5.3**
la **cuchara** spoon **4.3**
el **cuchillo** knife **4.3**
la **cuenta** bill, check **4.3**
   La cuenta, por favor.
      The check, please. **4.3**
la **cuerda** string

el **cuero** leather
   los artículos de cuero
      leather goods **4.2**
el **cuerpo** body **5.1**
la **cueva** cave
cuidadosamente carefully **5.2**
cuidadoso(a) careful **5.2**
cuidar (a) to take care of **2.3**
el **cumpleaños** birthday **1.3**

dar (doy) to give **4.2**
   darle(s) de comer to feed **6.2**
de of, from, about **1.1**
   de cuadros plaid, checked **3.3**
   de la mañana in the morning **2.2**
   de la noche at night **2.2**
   de la tarde in the afternoon **2.2**
   De nada. You're welcome. **1.1**
   de vez en cuando
      once in a while **2.1**
debajo (de) underneath, under **6.2**
deber should, ought to **5.2**
decidir to decide **6.1**
décimo(a) tenth **6.2**
decir to say, to tell **4.1**
dejar to leave (behind)
   dejar un mensaje
      to leave a message **3.1**
   **Deje un mensaje después
      del tono.** Leave a message
      after the tone. **3.1**
   Le dejo… en…
      I'll give… to you for… **4.2**
   **Quiero dejar un mensaje
      para…** I want to leave a
      message for… **3.1**
del from the **3.1**
delante (de) in front (of) **4.1**
delgado(a) thin **1.2**
delicioso(a) delicious **4.3**
demasiado(a) too much **4.2**
dentro (de) inside (of) **6.2**
(practicar) deportes
   (to play) sports **3.1**
deprimido(a) depressed **3.1**
la **derecha** right
   a la derecha (de)
      to the right (of) **4.1**

derecho straight ahead **4.1**
desayunar to have breakfast **4.3**
el desayuno breakfast **4.3**
descansar to rest **2.2**
desde from **4.1**
el desierto desert **3.3**
el despertador alarm clock **5.1**
despertarse (ie) to wake up **5.1**
después (de) after, afterward **2.3**
detrás (de) behind **4.1**
devolver (ue) to return (item) **4.2**
el día day **EP**
    Buenos días. Good morning. **EP**
    ¿Qué día es hoy?
      What day is today? **EP**
    todos los días every day **2.1**
el diccionario dictionary **2.1**
diciembre December **1.3**
diecinueve nineteen **1.3**
dieciocho eighteen **1.3**
dieciséis sixteen **1.3**
diecisiete seventeen **1.3**
el diente tooth **5.1**
    lavarse los dientes
      to brush one's teeth **5.1**
diez ten **EP**
difícil difficult, hard **2.1**
el dinero money **4.2**
el dios god
la dirección address, direction **4.1**
el disco compacto
    compact disc **4.2**
divertido(a) enjoyable, fun **1.2**
doblar to turn **4.1**
doce twelve **1.3**
la docena dozen **5.3**
el (la) doctor(a) doctor **1.1**
el dólar dollar **4.2**
domingo Sunday **EP**
dónde where **2.2**
    ¿De dónde eres?
      Where are you from? **EP**
    ¿De dónde es?
      Where is he/she from? **EP**
dormir (ue) to sleep **4.2**
dormirse (ue) to fall asleep **5.1**
dos two **EP**
doscientos(as) two hundred **5.3**
ducharse to take a shower **5.1**
dulce sweet **4.3**
durante during **2.2**
duro(a) hard, tough **5.1**

la edad age **1.3**
el edificio building **6.1**
el (la) editor(a) editor **6.1**
la educación física
    physical education **2.1**
el efectivo cash **4.2**
él he **1.1**
ella she **1.1**
ellos(as) they **1.1**
emocionado(a) excited **3.1**
empezar (ie) to begin **3.2**
Encantado(a). Delighted/
    Pleased to meet you. **EP**
la enchilada enchilada **4.3**
en in **1.1**
    en vez de instead of
encima (de) on top (of) **6.2**
encontrar (ue) to find, to meet **4.2**
enero January **1.3**
enfermo(a) sick **3.1**
enfrente (de) facing **4.1**
enojado(a) angry **3.1**
enorme huge, enormous **6.1**
la ensalada salad **4.3**
enseñar to teach **2.1**
entender (ie) to understand **3.2**
entonces then, so **2.3**
entrar (a, en) to enter **2.1**
entre between **4.1**
la entrevista interview **6.1**
la época period
el equipo team **3.2**
escribir to write **1.1**
el (la) escritor(a) writer **6.1**
el escritorio desk **2.1**
la escritura writing
escuchar to listen (to) **2.1**
la escuela school **2.1**
ese(a) that **6.2**
ése(a) that one **6.2**
eso that **6.2**
el español Spanish **2.1**
especial special **5.2**
especialmente (e)specially, **5.2**
el espejo mirror **5.1**
esperar to wait for, to expect **2.1**
la esposa wife
el esposo husband
esquiar to ski **3.2**

la esquina corner **4.1**
la estación de autobuses
    bus station **4.1**
las estaciones seasons **3.3**
el estadio stadium **3.2**
estar to be **2.2**
    ¿Está incluido(a)…?
      Is… included? **4.3**
    estar de acuerdo to agree **6.1**
este(a) this **6.2**
éste(a) this one **6.2**
esto this **6.2**
el estómago stomach **5.1**
estrecho(a) narrow **6.1**
la estrella star **5.3**
el (la) estudiante student **1.1**
estudiar to study **2.1**
los estudios sociales
    social studies **2.1**
la estufa stove **5.3**
la etapa step
el examen test **2.1**
el éxito success

fácil easy **2.1**
fácilmente easily **5.2**
la falda skirt **1.2**
la familia family **1.1**
la farmacia pharmacy,
    drugstore **4.1**
favorito(a) favorite **3.2**
febrero February **1.3**
la fecha date **1.3**
    ¿Cuál es la fecha?
      What is the date? **1.3**
felicidades congratulations **1.3**
feliz happy **1.3**
felizmente happily **5.2**
feo(a) ugly **1.2**
la fiesta party **5.2**
fíjate take a look
el fin de semana weekend
el flan caramel custard dessert **4.3**
la flor flower **3.3**
el folleto brochure
formal formal **6.1**
(sacar) fotos (to take) pictures **3.3**
el (la) fotógrafo(a) photographer **6.1**
frecuente frequent **5.2**

frecuentemente often, frequently **5.2**
el frigorífico refrigerator **5.3**
frío
   Hace frío. It is cold. **3.3**
   tener frío to be cold **3.3**
la frontera border
la fruta fruit **2.2**
el fuego fire
fuera (de) outside (of) **6.2**
fuerte strong **1.2**
el fútbol soccer **3.2**
el fútbol americano football **3.2**

las gafas de sol sunglasses **3.3**
la galleta cookie, cracker **5.3**
la gallina hen **6.2**
el gallo rooster **6.2**
el (la) ganadero(a) farmer **6.2**
el (la) ganador(a) winner **6.1**
ganar to win **3.2**
el (la) gato(a) cat **1.2**
la gente people **2.3**
el (la) gerente manager **6.1**
el gimnasio gymnasium **2.2**
el gobierno government
el gol goal **3.2**
gordo(a) fat **1.2**
la gorra baseball cap **3.2**
el gorro cap **3.3**
la grabadora tape recorder **6.1**
Gracias. Thank you. **1.1**
   Gracias, pero no puedo.
      Thanks, but I can't. **3.1**
el grado degree **3.3**
el gramo gram **5.3**
grande big, large; great **1.2**
la granja farm **6.2**
el guante glove **3.2**
guapo(a) good-looking **1.2**
la guerra war
el guerrero warrior
la guía telefónica phone book **3.1**
gustar to like
   Le gusta... He/She likes... **1.1**
   Me gusta... I like... **1.1**
   Me gustaría... I'd like... **3.1**
   Te gusta... You like... **1.1**
   ¿Te gustaría...?
      Would you like...? **3.1**

el gusto pleasure
   El gusto es mío.
      The pleasure is mine. **EP**
   Mucho gusto.
      Nice to meet you. **EP**

la habitación bedroom **5.2**
hablar to talk, to speak **2.1**
   ¿Puedo hablar con...?
      May I speak with...? **3.1**
hacer (hago) to make, to do **2.3**
   Hace buen (mal) tiempo.
      It is nice (bad) outside. **3.3**
   Hace calor. It is hot. **3.3**
   Hace fresco. It is cool. **3.3**
   Hace frío. It is cold. **3.3**
   Hace sol. It is sunny. **3.3**
   Hace viento. It is windy. **3.3**
   hacer ejercicio to exercise **2.3**
   hacer la cama
      to make the bed **5.1**
   ¿Qué tiempo hace?
      What is the weather like? **3.3**
la hamburguesa hamburger **2.2**
la harina flour **5.3**
hasta until, as far as **4.1**
   Hasta luego. See you later. **EP**
   Hasta mañana.
      See you tomorrow. **EP**
hay there is, there are **1.3**
   hay que one has to, must **2.1**
   Hay sol. It's sunny. **3.3**
   Hay viento. It's windy. **3.3**
hazlo do it
el helado ice cream **5.3**
la hermana sister **1.3**
la hermanastra stepsister
el hermanastro stepbrother
el hermano brother **1.3**
los hermanos brother(s) and
   sister(s) **1.3**
la hija daughter **1.3**
el hijo son **1.3**
los hijos son(s) and daughter(s),
   children **1.3**
la historia history **2.1**
el hockey hockey **3.2**
Hola. Hello. **EP**

el hombre man **1.1**
el hombre de negocios
   businessman **6.1**
el horario schedule **2.2**
el horno oven **5.3**
el hotel hotel **4.1**
hoy today **EP**
   Hoy es... Today is... **EP**
   ¿Qué día es hoy?
      What day is today? **EP**
el huevo egg **5.3**

la iglesia church **4.1**
Igualmente. Same here. **EP**
el impermeable raincoat **3.3**
la impresora printer **2.1**
informal informal **6.1**
el inglés English **2.1**
inteligente intelligent **1.2**
interesante interesting **1.2**
el invierno winter **3.3**
la invitación invitation **5.2**
invitar to invite
   Te invito. I'll treat you.
      I invite you. **3.1**
ir to go **2.2**
   ir a... to be going to... **2.3**
   ir al cine
      to go to a movie theater **3.1**
   ir al supermercado to go
      to the supermarket **2.3**
   ir de compras
      to go shopping **3.1**
   Vamos a... Let's... **6.1**
irse to leave, to go away **5.1**
la isla island
la izquierda left
   a la izquierda (de)
      to the left (of) **4.1**

el jabón soap **5.1**
el jamón ham **5.2**
el jardín garden **5.2**
la jarra pitcher **4.2**
los jeans jeans **1.2**

el (la) jefe(a) boss **6.1**
joven young **1.3**
las joyas jewelry **4.2**
la joyería jewelry store **4.1**
el juego game
jueves Thursday **EP**
el (la) jugador(a) player
jugar (ue) to play **3.2**
julio July **1.3**
junio June **1.3**
juntos together **4.2**

el kilo kilogram **5.3**

el lago lake **3.3**
la lámpara lamp **5.2**
la lana wool **6.2**
el lápiz pencil **2.1**
largo(a) long **1.2**
la lata can **5.3**
el lavaplatos dishwasher **5.3**
lavar los platos
   to wash the dishes **5.1**
lavarse to wash oneself **5.1**
   lavarse la cabeza
      to wash one's hair **5.1**
   lavarse los dientes
      to brush one's teeth **5.1**
la lección lesson **2.1**
la leche milk **5.3**
la lechuga lettuce **4.3**
la lectura reading
leer to read **1.1**
lejos (de) far (from) **4.1**
   ¿Queda lejos? Is it far? **4.1**
la lengua language **4.3**
lentamente slowly **5.2**
lento(a) slow **5.2**
el letrero sign
levantar pesas
   to lift weights **3.2**
levantarse to get up **5.1**
la librería bookstore **4.1**
el libro book **2.1**
la limonada lemonade **4.3**

limpiar el cuarto
   to clean the room **5.1**
limpio(a) clean **5.1**
listo(a) ready **4.3**
la literatura literature **2.1**
el litro liter **5.3**
la llama llama **6.2**
la llamada call **3.1**
llamar to call **3.1**
   Dile/Dígale que me llame.
      Tell him or her to call me. **3.1**
la llave key **5.2**
llegar to arrive **2.1**
   llegar a ser to become
llevar to wear, to carry **2.1**;
   to take along **3.3**
llover (ue) to rain **3.3**
la lluvia rain **3.3**
Lo siento… I'm sorry… **4.1**
loco(a) crazy **3.2**
el loro parrot
luego later **2.3**
   Hasta luego. See you later. **EP**
el lugar place **1.1**
lujoso(a) luxurious **6.1**
lunes Monday **EP**

la madrastra stepmother
la madre mother **1.3**
el (la) maestro(a) teacher **1.1**
la madera wood
el maíz corn
malo(a) bad **1.2**
mandar una carta
   to send a letter **2.3**
manejar to drive **4.1**
la mano hand **5.1**
la manta blanket **5.1**
la mantequilla butter **5.3**
mañana tomorrow **EP**
   Hasta mañana.
      See you tomorrow. **EP**
   Mañana es… Tomorrow is… **EP**
la mañana morning **2.2**
   de la mañana
      in the morning **2.2**
   por la mañana
      during the morning **2.2**
el mapa map **4.1**

maquillarse to put on makeup **5.1**
la máquina contestadora
   answering machine **3.1**
el mar sea **3.3**
marcar to dial **3.1**
marrón brown **1.2**
martes Tuesday **EP**
marzo March **1.3**
más more **1.3**
   más de more than **3.2**
   más… que more… than **3.2**
las matemáticas mathematics **2.1**
la materia subject **2.1**
mayo May **1.3**
mayor older **1.3**
Me llamo… My name is… **EP**
la media hermana half-sister
la medianoche midnight **2.2**
medio(a) half **5.3**
el medio hermano half-brother
el mediodía noon **2.2**
mejor better **3.2**
menor younger **1.3**
menos to, before **2.2**; less **3.2**
   menos de less than **3.2**
   menos… que less… than **3.2**
el menú menu **4.3**
el mercado market **4.2**
merendar (ie) to have a snack **3.2**
la merienda snack **2.2**
el mes month **1.3**
   el mes pasado last month **5.3**
la mesa table **5.2**
   poner (pongo) la mesa
      to set the table **4.3**
   quitar la mesa
      to clear the table **5.1**
el (la) mesero(a) waiter(ress) **4.3**
el metro subway **4.1**
mi my **1.3**
el microondas microwave **5.3**
miércoles Wednesday **EP**
mil one thousand **5.3**
un millón one million **5.3**
mirar to watch, to look at **2.1**
mismo(a) same **2.1**
la mochila backpack **2.1**
moderno(a) modern **6.1**
el momento moment
   Un momento. One moment. **3.1**
la montaña mountain **3.3**
morado(a) purple **1.2**
moreno(a) dark hair and skin **1.2**

la **moto(cicleta)** motorcycle **4.1**
mover (ue) los muebles
  to move the furniture **5.2**
la **muchacha** girl **1.1**
el **muchacho** boy **1.1**
mucho often **2.1**
mucho(a) much, many **1.1**
los **muebles** furniture **5.2**
la **mujer** woman **1.1**
la **mujer de negocios**
  businesswoman **6.1**
el **mundo** world **1.1**
el **museo** museum **2.3**
la **música** music **2.1**
muy very **1.3**

nada nothing **4.3**
nadar to swim **1.1**
nadie no one **4.3**
la **nariz** nose **5.1**
necesitar to need **2.1**
negro(a) black **1.2**
nervioso(a) nervous **3.1**
nevar (ie) to snow **3.3**
ni nor
la **nieta** granddaughter
el **nieto** grandson
los **nietos** grandchildren
la **nieve** snow **3.3**
ninguno(a) none, not any **4.3**
el **niño** boy
la **niña** girl
no no **EP**; not **1.1**
  ¡No digas eso! Don't say that! **1.2**
  ¡No te preocupes!
    Don't worry! **3.1**
la **noche** night, evening
  Buenas noches.
    Good evening. **EP**
  de la noche at night **2.2**
  por la noche
    during the evening **2.2**
el **nombre** name, first name **EP**
normal normal **5.2**
normalmente normally **5.2**
nosotros(as) we **1.1**
novecientos(as) nine hundred **5.3**
la **novela** novel **2.3**
noveno(a) ninth **6.2**

noventa ninety **1.3**
noviembre November **1.3**
nublado cloudy
  Está nublado. It is cloudy. **3.3**
nuestro(a) our **1.3**
nueve nine **EP**
nuevo(a) new **1.2**
nunca never **2.1**

o or **1.1**
la **obra** work
  la **obra maestra** masterpiece
ochenta eighty **1.3**
ocho eight **EP**
ochocientos(as) eight hundred **5.3**
octavo(a) eighth **6.2**
octubre October **1.3**
ocupado(a) busy **3.1**
la **oficina** office **2.2**
ofrecer (ofrezco) to offer **6.1**
  Le puedo ofrecer…
    I can offer you… **4.2**
oír to hear **2.3**
el **ojo** eye **1.2**
la **olla** pot **4.2**
olvidar to forget **5.2**
once eleven **1.3**
el **(la) operador(a)** operator **6.1**
ordenar to arrange **5.2**
ordinario(a) ordinary **6.1**
la **oreja** ear **5.1**
el **oro** gold **4.2**
el **otoño** fall **3.3**
otro(a) other, another **1.2**

paciente patient **1.2**
el **padrastro** stepfather
el **padre** father **1.3**
los **padres** parents **1.3**
pagar to pay **4.2**
el **país** country **1.1**
el **pájaro** bird **2.3**
el **pan** bread **4.3**
el **pan dulce** sweet roll **4.3**
la **panadería** bread bakery **4.1**

la **pantalla** screen **2.1**
los **pantalones** pants **1.2**
  los **pantalones cortos** shorts
la **papa** potato
las **papas fritas** french fries **2.2**
el **papel** paper **2.1**
la **papelería** stationery store **4.1**
el **paquete** package **5.3**
para for, in order to **4.2**
el **paraguas** umbrella **3.3**
la **pared** wall **5.2**
el **parque** park **2.3**
el **partido** game **3.2**
pasar to happen, to pass (by) **2.1**
  pasar la aspiradora
    to vacuum **5.2**
  pasar un rato con los amigos
    to spend time with friends **2.3**
pasear to go for a walk **2.3**
la **pasta** pasta **5.3**
la **pasta de dientes** toothpaste **5.1**
el **pastel** cake **4.3**
la **pastelería** pastry shop **4.1**
el **(la) pastor(a)** shepherd(ess) **6.2**
la **patata** potato **5.3**
patinar to skate **1.1**
los **patines** skates **3.2**
la **patineta** skateboard **3.2**
  andar en patineta
    to skateboard **3.2**
el **pedazo** piece **5.3**
pedir (i) to ask for, to order **4.3**
  ¿Me ayuda a pedir?
    Could you help me order? **4.3**
peinarse to comb one's hair **5.1**
el **peine** comb **5.1**
la **película** movie **3.1**
peligroso(a) dangerous **3.2**
pelirrojo(a) redhead **1.2**
el **pelo** hair **1.2**
la **pelota** baseball **3.2**
pensar (ie) to think, to plan **3.2**
peor worse **3.2**
pequeño(a) small **1.2**
perder (ie) to lose **3.2**
Perdona(e)… Pardon…
  Perdona(e), ¿cómo llego a…?
    Pardon, how do I get to…? **4.1**
perezoso(a) lazy **1.2**
perfecto(a) perfect **4.2**
el **periódico** newspaper **2.3**
el **(la) periodista** journalist **6.1**
pero but **1.1**

el (la) perro(a) dog **1.2**
  caminar con el perro
    to walk the dog **2.3**
el pescado fish **5.3**
el pez fish **2.3**
picante spicy **4.3**
el pie foot **5.1**
  a pie on foot **4.1**
la pierna leg **5.1**
la pimienta pepper **5.3**
pintar to paint **2.3**
la piña pineapple
la piscina swimming pool **3.2**
el pizarrón chalkboard **2.1**
(Es un) placer. (It's a) pleasure. **EP**
planchar to iron **5.2**
la planta plant **3.3**
la plata silver **4.2**
el plato plate **4.2**
la playa beach **3.3**
la plaza town square **4.1**
la pluma pen **2.1**
poco a little **2.1**
poder (ue) to be able, can **4.2**
  Gracias, pero no puedo.
    Thanks, but I can't. **3.1**
  Le puedo ofrecer…
    I can offer you… **4.2**
  ¿Puedes (Puede usted) decirme
    dónde queda…? Could you
    tell me where… is? **4.1**
  ¿Puedo hablar con…?
    May I speak with…? **3.1**
el poema poem **2.3**
la poesía poetry **2.3**
el (la) policía police officer **1.1**
el pollo chicken **4.3**
poner (pongo) to put **4.3**
  poner la mesa to set the table **4.3**
ponerse (me pongo) to put on **5.1**
  ponerse la ropa to get dressed **5.1**
por for, by, around **4.1**
  por favor please **2.2**
  por fin finally **2.3**
  por la mañana
    during the morning **2.2**
  por la noche
    during the evening **2.2**
  por la tarde
    during the afternoon **2.2**
  por qué why **2.2**
porque because **3.1**
el postre dessert **4.3**

practicar deportes to play sports **3.1**
el precio price **4.2**
preferir (ie) to prefer **3.2**
preocupado(a) worried **3.1**
preparar to prepare **2.1**
presentar to introduce
  Te/Le presento a…
    Let me introduce you to… **1.1**
la primavera spring **3.3**
primero first **2.3**
el primero first of the month **1.3**
primero(a) first **6.2**
el (la) primo(a) cousin **1.3**
el problema problem **2.3**
la profesión profession **6.1**
el programa program
pronto soon **2.1**
la propina tip **4.3**
  ¿Cuánto le doy de propina?
    How much do I tip? **4.3**
propio(a) own
la prueba quiz **2.1**
el pueblo town, village **4.3**
el puerco pork **5.3**
la puerta door **5.2**
pues well **1.2**
la pulsera bracelet **4.2**

que that
qué what **2.2**
  ¿A qué hora es…?
    (At) What time is…? **2.2**
  ¡Qué (divertido)! How (fun)! **1.2**
  ¿Qué día es hoy?
    What day is today? **EP**
  ¿Qué hora es? What time is it? **2.2**
  ¡Qué lástima! What a shame! **3.1**
  ¿Qué lleva?
    What is he/she wearing? **1.2**
  ¿Qué tal? How is it going? **1.1**
  ¿Qué tiempo hace?
    What is the weather like? **3.3**
quedar (en) to be (in a specific
  place), to agree on **4.1**
  ¿Puedes (Puede usted) decirme
    dónde queda…? Could you
    tell me where… is? **4.1**
  ¿Queda lejos? Is it far? **4.1**
los quehaceres chores **5.1**

querer (ie) to want **3.2**
  ¿Quieres beber…?
    Do you want to drink…? **2.2**
  ¿Quieres comer…?
    Do you want to eat…? **2.2**
  Quiero beber…
    I want to drink… **2.2**
  Quiero comer…
    I want to eat… **2.2**
  Quiero dejar un mensaje
    para… I want to leave a
    message for… **3.1**
el queso cheese **4.3**
quién(es) who **2.2**
  ¿De quién es…? Whose is…? **1.3**
  ¿Quién es? Who is it? **1.3**
  ¿Quiénes son? Who are they? **1.3**
quince fifteen **1.3**
quinientos(as) five hundred **5.3**
quinto(a) fifth **6.2**
Quisiera… I would like… **4.3**
quitar
  quitar el polvo to dust **5.2**
  quitar la mesa
    to clear the table **5.1**

el radio radio **4.2**
el radiocasete radio-tape player **4.2**
rápidamente quickly **5.2**
rápido(a) fast, quick **5.2**
la raqueta racket **3.2**
rara vez rarely **2.1**
el ratón mouse **2.1**
la razón reason **2.1**
  Con razón. That's why. **2.1**
  tener razón to be right **3.3**
el (la) recepcionista receptionist **6.1**
el receso break **2.2**
recibir to receive **2.3**
reciente recent **5.2**
recientemente lately, recently **5.2**
recordar (ue) to remember **4.2**
el recurso resource
el refrán saying
el refresco soft drink **2.2**
el regalo gift **4.2**
regatear to bargain **4.2**
la regla rule

regresar to return

    Regresa más tarde.

        He/She will return later. **3.1**

Regular. So-so. **1.1**

el reloj clock, watch **2.2**

el repaso review

el restaurante restaurant **4.3**

el resumen summary

el retrato portrait

la revista magazine **2.3**

rico(a) tasty **4.3**; rich

el río river **3.3**

riquísimo(a) very tasty **4.3**

rojo(a) red **1.2**

la ropa clothing **1.2**

    ponerse la ropa to get dressed **5.1**

rosado(a) pink **1.2**

rubio(a) blond **1.2**

sábado Saturday **EP**

saber (sé) to know **3.2**

sabroso(a) tasty **5.3**

sacar

    sacar fotos to take pictures **3.3**

    sacar la basura

        to take out the trash **5.2**

    sacar una buena nota

        to get a good grade **2.1**

la sal salt **5.3**

la sala living room **5.2**

    la sala de espera waiting room

la salchicha sausage **5.3**

salir (salgo) to go out, to leave **4.1**

la salsa salsa **4.3**

Se llama… His/Her name is… **EP**

el secador de pelo hair dryer **5.1**

secarse to dry oneself **5.1**

el (la) secretario(a) secretary **6.1**

segundo(a) second **6.2**

seis six **EP**

seiscientos(as) six hundred **5.3**

la semana week **EP**

    la semana pasada last week **5.3**

el semestre semester **2.2**

sencillo(a) simple, plain **6.1**

la señal sign

el señor Mr. **1.1**

la señora Mrs. **1.1**

la señorita Miss **1.1**

septiembre September **1.3**

séptimo(a) seventh **6.2**

ser to be **1.1**

    Es la…/Son las…

        It is… o'clock. **2.2**

    ser de… to be from… **1.1**

serio(a) serious **1.2**

servir (i) to serve **4.3**

sesenta sixty **1.3**

setecientos(as) seven hundred **5.3**

setenta seventy **1.3**

sexto(a) sixth **6.2**

los shorts shorts **3.3**

si if **5.2**

sí yes **EP**

    Sí, me encantaría.

        Yes, I would love to. **3.1**

siempre always **2.1**

siete seven **EP**

el siglo century

la silla chair **5.2**

el sillón armchair **5.2**

simpático(a) nice **1.2**

sin without **4.3**

sobre on, about

    sobre hielo on ice **3.2**

el sofá sofa, couch **5.2**

el sol sun **3.3**

    las gafas de sol sunglasses **3.3**

    Hace sol. It is sunny. **3.3**

    Hay sol. It's sunny. **3.3**

    tomar el sol to sunbathe **3.3**

sólo only **1.3**

solo(a) alone **3.1**

el sombrero hat **1.2**

el sonido sound

la sopa soup **4.3**

sorprender to surprise **5.2**

la sorpresa surprise **5.2**

su your, his, her, its, their **1.3**

sucio(a) dirty **5.1**

el suelo floor **5.2**

    barrer el suelo

        to sweep the floor **5.2**

el suéter sweater **1.2**

el surfing surfing **3.2**

Tal vez otro día.

    Maybe another day. **3.1**

el taller workshop **6.2**

también also, too **1.1**

    también se dice you can also say

el tambor drum

tampoco neither, either **4.3**

tan… como as… as **3.2**

tanto como as much as **3.2**

las tapas appetizers **5.2**

tarde late **2.1**

la tarde afternoon **2.2**

    Buenas tardes.

        Good afternoon. **EP**

    de la tarde in the afternoon **2.2**

    por la tarde

        during the afternoon **2.2**

la tarea homework **2.1**

la tarjeta de crédito credit card **4.2**

el taxi taxi, cab **4.1**

el (la) taxista taxi driver **6.1**

la taza cup **4.3**

el té tea **4.3**

el teatro theater **2.3**

la tecla key (of an instrument)

el teclado keyboard **2.1**

el tejido textile

el teléfono telephone **3.1**

    ¿Cuál es tu teléfono? What is

        your phone number? **EP**

el televisor television set **5.2**

la temperatura temperature **3.3**

temprano early **3.1**

el tenedor fork **4.3**

tener to have **1.3**

    ¿Cuántos años tiene…?

        How old is…? **1.3**

    tener calor to be hot **3.3**

    tener cuidado to be careful **3.3**

    tener frío to be cold **3.3**

    tener ganas de… to feel like… **3.3**

    tener hambre to be hungry **2.3**

    tener miedo to be afraid **3.3**

    tener prisa to be in a hurry **3.3**

    tener que to have to **2.1**

    tener razón to be right **3.3**

    tener sed to be thirsty **2.3**

    tener sueño to be sleepy **3.3**

    tener suerte to be lucky **3.3**

Tiene… años.
He/She is… years old. **1.3**
el tenis tennis **3.2**
tercero(a) third **6.2**
terminar to finish **2.2**
Terrible. Terrible./Awful. **1.1**
la tía aunt **1.3**
el tiempo time **3.1**; weather **3.3**
Hace buen tiempo.
It is nice outside. **3.3**
Hace mal tiempo.
It is bad outside. **3.3**
¿Qué tiempo hace?
What is the weather like? **3.3**
el tiempo libre free time **3.1**
la tienda store **2.3**
la tienda de deportes
sporting goods store **3.2**
la tienda de música y videos
music and video store **4.1**
la tierra land
las tijeras scissors **6.2**
el tío uncle **1.3**
los tíos uncle(s) and aunt(s) **1.3**
la tiza chalk **2.1**
el tlacuache possum
la toalla towel **5.1**
tocar to play (an instrument)
tocar el piano
to play the piano **2.3**
tocar la guitarra
to play the guitar **2.3**
todavía still, yet **4.3**
todo(a) all **1.3**
todos los días every day **2.1**
tomar to take, to eat or drink **2.2**
tomar el sol to sunbathe **3.3**
el tomate tomato **5.3**
la tormenta storm **3.3**
el toro bull **6.2**
la torta sandwich (sub) **2.2**
la tortilla española potato omelet **5.2**
trabajador(a) hard-working **1.2**
trabajar to work **1.1**
el trabalenguas tongue twister
tradicional traditional **6.1**
traer (traigo) to bring **4.3**
¿Me trae…?
Could you bring me…? **4.3**
el tráfico traffic **6.1**
el traje de baño bathing suit **3.3**
tranquilamente calmly **5.2**
tranquilo(a) calm **3.1**

trece thirteen **1.3**
treinta thirty **1.3**
el tren train **4.1**
tres three **EP**
trescientos(as) three hundred **5.3**
triste sad **3.1**
tu your (familiar) **1.3**
tú you (familiar singular) **1.1**

último(a) last **6.2**
la unidad unit
uno one **EP**
usar to use **2.1**
el uso use
usted you (formal singular) **1.1**
ustedes you (plural) **1.1**

la vaca cow **6.2**
el vaso glass
el vaso de glass of **2.2**
el (la) vecino(a) neighbor
vegetariano(a) vegetarian **4.3**
veinte twenty **1.3**
veintiuno twenty-one **1.3**
vender to sell **2.3**
venir to come **3.1**
la ventana window **5.2**
ver (veo) to see **2.3**
¿Me deja ver…? May I see…? **4.2**
Nos vemos. See you later. **EP**
ver la televisión
to watch television **2.3**
el verano summer **3.3**
la verdad truth **2.2**
Es verdad. It's true. **1.2**
verde green **1.2**
la verdura vegetable **5.3**
el vestido dress **1.2**
viajar to travel **4.1**
el viaje trip **4.1**
la vida life **2.3**
el video video **4.2**
alquilar un video
to rent a video **3.1**
la videograbadora VCR **4.2**

el videojuego video game **4.2**
viejo(a) old **1.3**
el viento wind **3.3**
Hace viento. It is windy. **3.3**
Hay viento. It's windy. **3.3**
viernes Friday **EP**
visitar to visit **2.2**
vivir to live **2.3**
Vive en… He/She lives in… **1.1**
Vivo en… I live in… **1.1**
vivo(a) alive
el voleibol volleyball **3.2**
volver (ue) to return,
to come back **4.2**
vosotros(as) you (familiar plural) **1.1**
la voz voice
vuestro(a) your (familiar plural) **1.3**

y and **1.1**
y cuarto quarter past **2.2**
y media half past **2.2**
ya already, now
ya no no longer **3.1**
yo I **1.1**
el yogur yogurt **5.3**

la zanahoria carrot **5.3**
la zapatería shoe store **4.1**
el zapato shoe **1.2**
el zumo juice **5.3**

GLOSARIO
inglés-español

This English–Spanish glossary contains all of the active words that appear as well as passive ones from readings, culture sections, and extra vocabulary lists. Active words are indicated by the unit and **etapa** number when they appear.

about sobre
accountant el (la) contador(a) **6.1**
address la dirección **4.1**
to be afraid tener miedo **3.3**
after después (de) **2.3**
afternoon la tarde **2.2**
   during the afternoon
     por la tarde **2.2**
   Good afternoon
     Buenas tardes. **EP**
   in the afternoon de la tarde **2.2**
afterward después **2.3**
age la edad **1.3**
to agree (on) quedar (en) **4.1**,
   estar de acuerdo **6.1**
air pollution la contaminación
   del aire **6.1**
airplane el avión **4.1**
airport el aeropuerto **4.1**
alarm clock el despertador **5.1**
all todo(a) **1.3**
alone solo(a) **3.1**
already ya
also también **1.1**
always siempre **2.1**
ancient antiguo(a) **6.1**
and y **1.1**
angry enojado(a) **3.1**
animal el animal **2.3**
another otro(a) **1.2**
to answer contestar **2.1**
answering machine
   la máquina contestadora **3.1**
apartment el apartamento **1.1**
appetizers las tapas **5.2**

appointment la cita **2.2**
April abril **1.3**
architect el (la) arquitecto(a) **6.1**
architecture la arquitectura **6.1**
arm el brazo **5.1**
armchair el sillón **5.2**
around por **4.1**
to arrange ordenar **5.2**
to arrive llegar **2.1**
art el arte **2.1**
artisan el (la) artesano(a) **6.2**
as como
   as… as tan… como **3.2**
   as far as hasta **4.1**
   as much as tanto como **3.2**
to ask for pedir (i) **4.3**
at a
   At… o'clock. A la(s)… **2.2**
auditorium el auditorio **2.2**
August agosto **1.3**
aunt la tía **1.3**
avenue la avenida **4.1**
awesome: How awesome!
   ¡Qué chévere! **1.3**
awful terrible **1.1**

backpack la mochila **2.1**
bad malo(a) **1.2**
   It is bad outside.
     Hace mal tiempo. **3.3**
bag la bolsa **1.2**
bakery (bread) la panadería **4.1**,
   (pastry) pastelería **4.1**
ball la bola **3.2**
bank el banco **4.1**
to bargain regatear **4.2**

baseball (sport) el béisbol **3.2**;
   (ball) la pelota **3.2**
baseball cap la gorra **3.2**
basket la canasta
basketball el baloncesto **3.2**
bat el bate **3.2**
bathing suit el traje de baño **3.3**
bathroom el baño **5.2**
to be ser **1.1**; estar **2.2**
   to be (in a specific place)
     quedar (en) **4.1**
   to be able poder (ue) **4.2**
   to be afraid tener miedo **3.3**
   to be careful tener cuidado **3.3**
   to be cold tener frío **3.3**
   to be familiar with conocer **2.3**
   to be from… ser de… **1.1**
   to be going to… ir a… **2.3**
   to be hot tener calor **3.3**
   to be hungry tener hambre **2.3**
   to be in a hurry tener prisa **3.3**
   to be lucky tener suerte **3.3**
   to be right tener razón **3.3**
   to be sleepy tener sueño **3.3**
   to be thirsty tener sed **2.3**
beach la playa **3.3**
because porque **3.1**
to become llegar a ser
bed la cama **5.1**
   to go to bed acostarse (ue) **5.1**
   to make the bed
     hacer la cama **5.1**
bedroom la habitación **5.2**
beef la carne de res **5.3**
before antes (de) **2.3**
to begin empezar (ie) **3.2**
behind detrás (de) **4.1**
to believe creer **3.3**
belt el cinturón **4.2**

beside al lado (de) **4.1**
better mejor **3.2**
between entre **4.1**
beverage la bebida **4.3**
big grande **1.2**
bike la bicicleta
   to ride a bike
     andar en bicicleta **2.3**
bill la cuenta **4.3**
bird el pájaro **2.3**
birthday el cumpleaños **1.3**
black negro(a) **1.2**
blanket la manta **5.1**
blond rubio(a) **1.2**
blouse la blusa **1.2**
blue azul **1.2**
body el cuerpo **5.1**
book el libro **2.1**
bookstore la librería **4.1**
boots las botas **4.2**
border la frontera
boring aburrido(a) **1.2**
boss el (la) jefe(a) **6.1**
bottle la botella **5.3**
boy el chico **1.1**, el muchacho **1.1**,
   el niño
bracelet la pulsera **4.2**
bread el pan **4.3**
break el receso **2.2**
breakfast el desayuno **4.3**
to bring traer **4.3**
   Could you bring me…?
     ¿Me trae…? **4.3**
brochure el folleto
brother el hermano **1.3**
brown marrón **1.2**
brown (hair) castaño(a) **1.2**
brush el cepillo **5.1**
to brush one's teeth
   lavarse los dientes **5.1**
building el edificio **6.1**
bull el toro **6.2**
bus el autobús **4.1**
bus station
   la estación de autobuses **4.1**
businessman
   el hombre de negocios **6.1**
businesswoman
   la mujer de negocios **6.1**
busy ocupado(a) **3.1**
but pero **1.1**
butcher's shop la carnicería **4.1**
butter la mantequilla **5.3**

to buy comprar **2.2**
by por **4.1**

cab el taxi **4.1**
café el café **4.1**
cafeteria la cafetería **2.2**
cake el pastel **4.3**
calculator la calculadora **2.1**
call la llamada **3.1**
to call llamar **3.1**
calm tranquilo(a) **3.1**
calmly tranquilamente **5.2**
camera la cámara **6.1**
can la lata **5.3**
can (to be able) poder (ue) **4.2**
   I can offer you…
     Le puedo ofrecer… **4.2**
   Thanks, but I can't.
     Gracias, pero no puedo. **3.1**
cap (knit) el gorro **3.3**,
   (baseball) la gorra **3.2**
car el carro **4.1**
careful cuidadoso(a) **5.2**
   to be careful tener cuidado **3.3**
carefully cuidadosamente **5.2**
carrot la zanahoria **5.3**
to carry llevar **2.1**
cash el efectivo **4.2**
cassette el casete **4.2**
cat el (la) gato(a) **1.2**
cave la cueva
center el centro **4.1**
century el siglo
ceramics la cerámica **4.2**
cereal el cereal **5.3**
chair la silla **5.2**
chalk la tiza **2.1**
chalkboard el pizarrón **2.1**
change el cambio **4.2**
to change cambiar **4.2**
cheap barato(a) **4.2**
check la cuenta **4.3**
   Separate checks. Es aparte. **4.3**
   The check, please.
     La cuenta, por favor. **4.3**
checked de cuadros **3.3**
cheese el queso **4.3**
chicken el pollo **4.3**
chores los quehaceres **5.1**

church la iglesia **4.1**
city la ciudad **1.3**
   city block la cuadra **4.1**
class la clase **2.1**
classroom la clase **2.1**
to clean the room
   limpiar el cuarto **5.1**
clock el reloj **2.2**
to close cerrar (ie) **3.2**
closed cerrado(a) **5.2**
closet el armario **5.2**
clothing la ropa **1.2**
cloudy nublado
   It is cloudy. Está nublado. **3.3**
coat el abrigo **3.3**
coffee el café **4.3**
   coffee shop la cafetería **2.2**
cold
   to be cold tener frío **3.3**
   It is cold. Hace frío. **3.3**
color el color
   What color…?
     ¿De qué color…? **1.2**
comb el peine **5.1**
to comb one's hair peinarse **5.1**
to come venir **3.1**
   to come back volver(ue) **4.2**
comical cómico(a) **1.2**
community la comunidad **1.1**
compact disc
   el disco compacto **4.2**
company la compañía **6.1**
computer la computadora **2.1**
computer science
   la computación **2.1**
concert el concierto **3.1**
congratulations felicidades **1.3**
content contento(a) **3.1**
contest el concurso **1.1**
to cook cocinar **5.3**
cookie la galleta **5.3**
cool: It is cool. Hace fresco. **3.3**
corn el maíz
corner la esquina **4.1**
corral el corral **6.2**
to cost costar (ue) **4.2**
couch el sofá **5.2**
to count contar (ue) **4.2**
country el país **1.1**; el campo **6.2**
countryside el campo **6.2**
court la cancha **3.2**
cousin el (la) primo(a) **1.3**

cow la vaca **6.2**
coward el cobarde
cracker la galleta **5.3**
crazy loco(a) **3.2**
cream la crema **5.3**
credit card la tarjeta de crédito **4.2**
to cross cruzar **4.1**
cup la taza **4.3**
custom la costumbre
customs la aduana

to dance bailar **1.1**
dangerous peligroso(a) **3.2**
dark hair and skin moreno(a) **1.2**
date la fecha **1.3**
 What is the date?
  ¿Cuál es la fecha? **1.3**
daughter la hija **1.3**
day el día **EP**
 the day before yesterday
  anteayer **5.3**
 What day is today?
  ¿Qué día es hoy? **EP**
December diciembre **1.3**
to decide decidir **6.1**
degree el grado **3.3**
delicious delicioso(a) **4.3**
depressed deprimido(a) **3.1**
desert el desierto **3.3**
desk el escritorio **2.1**
dessert el postre **4.3**
to dial marcar **3.1**
dictionary el diccionario **2.1**
difficult difícil **2.1**
dining room el comedor **5.2**
dinner la cena **2.3**
direction la dirección **4.1**
dirty sucio(a) **5.1**
dishwasher el lavaplatos **5.3**
district el barrio
to do hacer **2.3**
doctor el (la) doctor(a) **1.1**
dog el (la) perro(a) **1.2**
 to walk the dog
  caminar con el perro **2.3**
dollar el dólar **4.2**
door la puerta **5.2**
down abajo **6.2**

downtown el centro **4.1**
dozen la docena **5.3**
dress el vestido **1.2**
drink la bebida **4.3**
to drink tomar **2.2;** beber **2.3**
 Do you want to drink…?
  ¿Quieres beber…? **2.2**
 I want to drink…
  Quiero beber… **2.2**
to drive manejar **4.1**
drugstore la farmacia **4.1**
drum el tambor
to dry oneself secarse **5.1**
during durante **2.2**
to dust quitar el polvo **5.2**

e-mail el correo electrónico
each cada **2.3**
eagle el águila (fem.)
ear la oreja **5.1**
early temprano **3.1**
earring el arete **4.2**
easily fácilmente **5.2**
easy fácil **2.1**
to eat comer **1.1,** tomar **2.2**
 Do you want to eat…?
  ¿Quieres comer…? **2.2**
 to eat a snack merendar (ie) **3.2**
 to eat breakfast desayunar **4.3**
 to eat dinner cenar **2.3**
 to eat lunch almorzar (ue) **4.2**
 I want to eat…
  Quiero comer… **2.2**
editor el (la) editor(a) **6.1**
egg el huevo **5.3**
eight ocho **EP**
eight hundred ochocientos(as) **5.3**
eighteen dieciocho **1.3**
eighth octavo(a) **6.2**
eighty ochenta **1.3**
eleven once **1.3**
enchilada la enchilada **4.3**
English el inglés **2.1**
enjoyable divertido(a) **1.2**
enormous enorme **6.1**
to enter entrar (a, en) **2.1**
eraser el borrador **2.1**
especially especialmente **5.2**

evening la noche
 during the evening
  por la noche **2.2**
 Good evening.
  Buenas noches. **EP**
every cada **2.3**
 every day todos los días **2.1**
to exchange cambiar **4.2**
excited emocionado(a) **3.1**
to exercise hacer ejercicio **2.3**
to expect esperar **2.1**
expensive caro(a) **4.2**
 It's very expensive!
  ¡Es muy caro(a)! **4.2**
eye el ojo **1.2**

face la cara **5.1**
facing enfrente (de) **4.1**
fall el otoño **3.3**
to fall asleep dormirse (ue) **5.1**
family la familia **1.1**
far (from) lejos (de) **4.1**
 Is it far? ¿Queda lejos? **4.1**
farm la granja **6.2**
farmer el (la) ganadero(a) **6.2**
fast rápido(a) **5.2**
fat gordo(a) **1.2**
father el padre **1.3**
favorite favorito(a) **3.2**
February febrero **1.3**
to feed darle(s) de comer **6.2**
to feel like… tener ganas de… **3.3**
fence la cerca **6.2**
field el campo **3.2**
fifteen quince **1.3**
fifth quinto(a) **6.2**
fifty cincuenta **1.3**
finally por fin **2.3**
to find encontrar (ue) **4.2**
to finish terminar **2.2**
fire el fuego
firefighter el bombero **6.1**
first primero **2.3;** primero(a) **6.2**
first name el nombre **EP**
fish el pez **2.3;** el pescado **5.3**
five cinco **EP**
five hundred quinientos(as) **5.3**
floor el suelo **5.2**
flour la harina **5.3**

flower la flor **3.3**
food la comida **2.3**
foot el pie **5.1**
   on foot a pie **4.1**
football el fútbol americano **3.2**
for por **4.1**; para **4.2**
forest el bosque **3.3**
to forget olvidar **5.2**
fork el tenedor **4.3**
formal formal **6.1**
forty cuarenta **1.3**
four cuatro **EP**
four hundred cuatrocientos(as) **5.3**
fourteen catorce **1.3**
fourth cuarto(a) **6.2**
free time el tiempo libre **3.1**
freezer el congelador **5.3**
french fries las papas fritas **2.2**
frequent frecuente **5.2**
frequently frecuentemente **5.2**
Friday viernes **EP**
friend el (la) amigo(a) **1.1**
   to spend time with friends
     pasar un rato con los
     amigos **2.3**
from de **1.1**; desde **4.1**
fruit la fruta **2.2**
fun divertido(a) **1.2**
funny cómico(a) **1.2**
furniture los muebles **5.2**

game el partido **3.2**
garden el jardín **5.2**
to get dressed ponerse la ropa **5.1**
to get up levantarse **5.1**
gift el regalo **4.2**
girl la chica **1.1**, la muchacha **1.1**,
   la niña
to give dar **4.2**
   I'll give… to you for…
     Le dejo… en… **4.2**
glass el vaso **2.2**
glove el guante **3.2**
to go ir **2.2**
   to go away irse **5.1**
   to go for a walk pasear **2.3**
   to go out salir **4.1**
   to go to bed acostarse (ue) **5.1**
goal el gol **3.2**

god el dios
gold el oro **4.2**
good bueno(a) **1.2**
   Good afternoon.
     Buenas tardes. **EP**
   Good evening.
     Buenas noches. **EP**
   Good morning. Buenos días. **EP**
Good-bye. Adiós. **EP**
good-looking guapo(a) **1.2**
government el gobierno
grade la nota
   to get a good grade
     sacar una buena nota **2.1**
gram el gramo **5.3**
grandchildren los nietos
granddaughter la nieta
grandfather el abuelo **1.3**
grandmother la abuela **1.3**
grandparents los abuelos **1.3**
grandson el nieto
great grande **1.2**
green verde **1.2**
guitar la guitarra **2.3**
gymnasium el gimnasio **2.2**

hair el pelo **1.2**
hair dryer el secador de pelo **5.1**
half medio(a) **5.3**
   half past y media **2.2**
half-brother el medio hermano
half-sister la media hermana
ham el jamón **5.2**
hamburger la hamburguesa **2.2**
hand la mano **5.1**
handbag la bolsa **4.2**
handicraft la artesanía **4.2**
to happen pasar **2.1**
happily felizmente **5.2**
happy feliz **1.3**, alegre **3.1**,
   contento(a) **3.1**
hard difícil **2.1**; duro(a) **5.1**
hard-working trabajador(a) **1.2**
hat el sombrero **1.2**
to have tener **1.3**
   to have just… acabar de… **3.1**
   to have to tener que **2.1**
   one has to hay que **2.1**
he él **1.1**

head la cabeza **5.1**
to hear oír **2.3**
heart el corazón **2.3**
Hello. Hola. **EP**
helmet el casco **3.2**
to help ayudar (a) **2.1**
   Could you help me order?
     ¿Me ayuda a pedir? **4.3**
hen la gallina **6.2**
her su **1.3**
here acá/aquí **4.1**
his su **1.3**
history la historia **2.1**
hockey el hockey **3.2**
homework la tarea **2.1**
horse el caballo **6.2**
hot caliente **4.3**
   to be hot tener calor **3.3**
   It is hot. Hace calor. **3.3**
hotel el hotel **4.1**
house la casa **1.1**
how cómo **2.2**
   How (fun)! ¡Qué (divertido)! **1.2**
   How are you?
     (familiar) ¿Cómo estás? **1.1**
     (formal) ¿Cómo está usted? **1.1**
   How is it going? ¿Qué tal? **1.1**
   How old is…?
     ¿Cuántos años tiene…? **1.3**
   Pardon, how do I get to…?
     Perdona(e), ¿cómo llego
     a…? **4.1**
how much cuánto
   How much do I tip? ¿Cuánto le
     doy de propina? **4.3**
   How much is (are)…?
     ¿Cuánto cuesta(n)…? **4.2**;
     ¿A cuánto está(n)…? **5.3**
   How much is it? ¿Cuánto es? **4.3**
huge enorme **6.1**
to be hungry tener hambre **2.3**
to be in a hurry tener prisa **3.3**
husband el esposo

I yo **1.1**
ice el hielo
   on ice sobre hielo **3.2**
ice cream el helado **5.3**
if si **5.2**

in en **1.1**
    in front (of) delante (de) **4.1**
    in order to para **4.2**
included incluido(a)
    Is... included?
        ¿Está incluido(a)...? **4.3**
inexpensive barato(a) **4.2**
informal informal **6.1**
inside (of) dentro (de) **6.2**
instead of en vez de
intelligent inteligente **1.2**
interesting interesante **1.2**
interview la entrevista **6.1**
introduce: Let me introduce you
    (familiar/formal) **to...**
    Te/Le presento a... **1.1**
invitation la invitación **5.2**
to invite invitar
    I invite you. Te invito. **3.1**
to iron planchar **5.2**
island la isla
its su **1.3**

jacket la chaqueta **1.2**
January enero **1.3**
jeans los jeans **1.2**
jewelry las joyas **4.2**
jewelry store la joyería **4.1**
journalist el (la) periodista **6.1**
juice el zumo **5.3**
July julio **1.3**
June junio **1.3**

key la llave **5.2**; la tecla
keyboard el teclado **2.1**
kilogram el kilo **5.3**
kitchen la cocina **5.2**
knife el cuchillo **4.3**
to know (a fact) saber **3.2**
    to know someone
        conocer a alguien **2.3**

lake el lago **3.3**
lamp la lámpara **5.2**
land la tierra
language la lengua **4.3**
large grande **1.2**
last último(a) **6.2**
    last month el mes pasado **5.3**
    last name el apellido **EP**
    last night anoche **5.3**
    last week la semana pasada **5.3**
    last year el año pasado **5.3**
late tarde **2.1**
lately recientemente **5.2**
later luego **2.3**
    See you later. Hasta luego. **EP**,
        Nos vemos. **EP**
lawyer el abogado
lazy perezoso(a) **1.2**
to learn aprender **2.3**
leather goods
    los artículos de cuero **4.2**
to leave salir **4.1**, irse **5.1**; **(behind)**
    dejar **3.1**
    I want to leave a message for...
        Quiero dejar un mensaje
        para... **3.1**
    to leave a message
        dejar un mensaje **3.1**
    Leave a message after the tone.
        Deje un mensaje después del
        tono. **3.1**
left la izquierda
    to the left (of) a la izquierda
        (de) **4.1**
leg la pierna **5.1**
lemonade la limonada **4.3**
less menos
    less than menos de **3.2**
    less... than menos... que **3.2**
lesson la lección **2.1**
Let's... Vamos a... **6.1**
letter la carta
    to send a letter mandar una
        carta **2.3**
lettuce la lechuga **4.3**
library la biblioteca **2.2**

life la vida **2.3**
to lift weights levantar pesas **3.2**
like (as) como
to like gustar
    He/She likes... Le gusta... **1.1**
    I like... Me gusta... **1.1**
    I would like...
        Me gustaría... **3.1**
    Would you like...?
        ¿Te gustaría...? **3.1**
    You like... Te gusta... **1.1**
to listen (to) escuchar **2.1**
liter el litro **5.3**
literature la literatura **2.1**
a little poco **2.1**
to live vivir **2.3**
living room la sala **5.2**
llama la llama **6.2**
long largo(a) **1.2**
to look at mirar **2.1**
to look for buscar **2.1**
to lose perder (ie) **3.2**
to be lucky tener suerte **3.3**
lunch el almuerzo **2.2**
    to eat lunch almorzar (ue) **4.2**
luxurious lujoso(a) **6.1**

magazine la revista **2.3**
mail carrier el (la) cartero(a) **6.1**
to make hacer **2.3**
    to make the bed
        hacer la cama **5.1**
man el hombre **1.1**
manager el (la) gerente **6.1**
many mucho(a) **1.1**
map el mapa **4.1**
March marzo **1.3**
market el mercado **4.2**
masterpiece la obra maestra
mathematics las matemáticas **2.1**
May mayo **1.3**
maybe tal vez
    Maybe another day.
        Tal vez otro día. **3.1**
meal la comida **2.3**
meat la carne **4.3**

to meet encontrar (ue) **4.2**
menu el menú **4.3**
message el mensaje
  I want to leave a message for…
    Quiero dejar un mensaje
    para… **3.1**
  to leave a message dejar un
    mensaje **3.1**
  Leave a message after the tone.
    Deje un mensaje después del
    tono. **3.1**
microwave el microondas **5.3**
midnight la medianoche **2.2**
milk la leche **5.3**
million un millón **5.3**
mirror el espejo **5.1**
Miss la señorita **1.1**
modern moderno(a) **6.1**
moment el momento
  One moment. Un momento. **3.1**
Monday lunes **EP**
money el dinero **4.2**
  money exchange el cambio **4.2**
month el mes **1.3**
more más **1.3**
  more than más de **3.2**
  more… than más… que **3.2**
morning la mañana **2.2**
  during the morning
    por la mañana **2.2**
  Good morning. Buenos días. **EP**
  in the morning de la mañana **2.2**
mother la madre **1.3**
motorcycle la moto(cicleta) **4.1**
mountain la montaña **3.3**
mouse el ratón **2.1**
mouth la boca **5.1**
to move (the furniture) mover
  (ue) (los muebles) **5.2**
movie la película **3.1**
  to go to a movie theater
    ir al cine **3.1**
Mr. el señor **1.1**
Mrs. la señora **1.1**
much mucho(a) **1.1**
  as much as tanto como **3.2**
museum el museo **2.3**
music la música **2.1**
  music and video store la tienda
    de música y videos **4.1**
must: one must hay que **2.1**
my mi **1.3**

name el nombre **EP**
  His/Her name is…
    Se llama… **EP**
  My name is… Me llamo… **EP**
  What is his/her name?
    ¿Cómo se llama? **EP**
  What is your name?
    ¿Cómo te llamas? **EP**
narrow estrecho(a) **6.1**
near (to) cerca (de) **4.1**
necklace el collar **4.2**
to need necesitar **2.1**
neighbor el (la) vecino(a)
neither tampoco **4.3**
nervous nervioso(a) **3.1**
never nunca **2.1**
new nuevo(a) **1.2**
newspaper el periódico **2.3**
next to al lado de **4.1**
nice simpático(a) **1.2**
  It is nice outside.
    Hace buen tiempo. **3.3**
  Nice to meet you.
    Mucho gusto. **EP**
night la noche **2.2**
  at night de la noche **2.2**
nine nueve **EP**
nine hundred novecientos(as) **5.3**
nineteen diecinueve **1.3**
ninety noventa **1.3**
ninth noveno(a) **6.2**
no no **EP**
no longer ya no **3.1**
no one nadie **4.3**
none ninguno(a) **4.3**
noon el mediodía **2.2**
nor ni
normal normal **5.2**
normally normalmente **5.2**
nose la nariz **5.1**
not no **1.1**
notebook el cuaderno **2.1**
nothing nada **4.3**
novel la novela **2.3**
November noviembre **1.3**
now ahora **1.3**
  Right now! ¡Ahora mismo! **2.1**
nowadays actualmente

number el número
  What is your phone number?
    ¿Cuál es tu teléfono? **EP**

O

October octubre **1.3**
of de
  Of course! ¡Claro que sí! **3.1**,
    ¡Cómo no! **4.1**
to offer ofrecer **6.1**
  I can offer you…
    Le puedo ofrecer… **4.2**
office la oficina **2.2**
often mucho **2.1**,
  frecuentemente **5.2**
oil el aceite **5.3**
old viejo(a) **1.3**; antiguo(a) **6.1**
  How old is…?
    ¿Cuántos años tiene…? **1.3**
older mayor **1.3**
olives las aceitunas **5.2**
on en **1.1**, sobre
  on ice sobre hielo **3.2**
  on top (of) encima (de) **6.2**
once in a while
  de vez en cuando **2.1**
one uno **EP**
one hundred cien **1.3**
onion la cebolla **5.3**
only sólo **1.3**
open abierto(a) **5.2**
to open abrir **2.3**
operator el (la) operador(a) **6.1**
or o **1.1**
orange anaranjado(a) **1.2**
to order pedir (i) **4.3**
  Could you help me order?
    ¿Me ayuda a pedir? **4.3**
ordinary ordinario(a) **6.1**
other otro(a) **1.2**
ought to deber **5.2**
our nuestro(a) **1.3**
outdoors al aire libre **3.2**
outside (of) fuera (de) **6.2**
oven el horno **5.3**

P

package el paquete **5.3**
to paint pintar **2.3**
pants los pantalones **1.2**
paper el papel **2.1**
Pardon, how do I get to…?
  Perdona(e), ¿cómo llego
  a…? **4.1**
parents los padres **1.3**
park el parque **2.3**
parrot el loro
party la fiesta **5.2**
to pass (by) pasar **2.1**
pasta la pasta **5.3**
pastry shop la pastelería **4.1**
patient paciente **1.2**
to pay pagar **4.2**
pen (enclosure) el corral **6.2,**
  (instrument) la pluma **2.1**
pencil el lápiz **2.1**
people la gente **2.3**
pepper la pimienta **5.3**
perfect perfecto(a) **4.2**
pharmacy la farmacia **4.1**
phone book la guía telefónica **3.1**
photographer
  el (la) fotógrafo(a) **6.1**
physical education la educación
  física **2.1**
piano el piano **2.3**
piece el pedazo **5.3**
picture la foto
  to take pictures sacar fotos **3.3**
pig el cerdo **6.2**
pineapple la piña
pink rosado(a) **1.2**
pitcher la jarra **4.2**
place el lugar **1.1**
plaid de cuadros **3.3**
plain sencillo(a) **6.1**
to plan to pensar (ie) + *infinitive* **3.2**
plant la planta **3.3**
plate el plato **4.2**
to play tocar **2.3;** practicar **3.1,**
  jugar (ue) **3.2**
  to play sports
    practicar deportes **3.1**
  to play (the guitar, piano)
    tocar (la guitarra, el piano) **2.3**

player el (la) jugador(a)
please por favor **2.2**
pleased contento(a) **3.1**
  Pleased to meet you.
    Encantado(a). **EP**
pleasure
  It's a pleasure. Es un placer. **EP**
  The pleasure is mine.
    El gusto es mío. **EP**
poem el poema **2.3**
poetry la poesía **2.3**
police officer el (la) policía **1.1**
pork el puerco **5.3**
pork rinds los chicharrones **2.3**
portrait el retrato
post office el correo **4.1**
pot la olla **4.2**
potato la patata **5.3,** la papa
to practice practicar **3.1**
to prefer preferir (ie) **3.2**
to prepare preparar **2.1**
pretty bonito(a) **1.2**
price el precio **4.2**
printer la impresora **2.1**
problem el problema **2.3**
profession la profesión **6.1**
purple morado(a) **1.2**
to put poner **4.3**
to put on (clothes) ponerse **5.1**
to put on makeup maquillarse **5.1**

Q

quality la calidad **4.2**
quarter cuarto(a) **5.3**
  quarter past y cuarto **2.2**
quick rápido(a) **5.2**
quickly rápidamente **5.2**
quiet: Be quiet! ¡Cállate! **5.3**
quiz la prueba **2.1**

R

racket la raqueta **3.2**
radio el radio **4.2**
radio-tape player
  el radiocasete **4.2**
rain la lluvia **3.3**
to ráin llover (ue) **3.3**

raincoat el impermeable **3.3**
rarely rara vez **2.1**
to read leer **1.1**
ready listo(a) **4.3**
reason la razón **2.1**
to receive recibir **2.3**
recent reciente **5.2**
recently recientemente **5.2**
receptionist
  el (la) recepcionista **6.1**
red rojo(a) **1.2**
redhead pelirrojo(a) **1.2**
refrigerator el frigorífico **5.3**
to remember recordar (ue) **4.2**
to rent a video alquilar un video **3.1**
to rest descansar **2.2**
restaurant el restaurante **4.3**
to retell contar (ue) **4.2**
to return regresar **3.1,** volver (ue)
  4.2; (an item) devolver (ue) **4.2**
  He/She will return later.
    Regresa más tarde. **3.1**
rice el arroz **4.3**
rich rico(a)
right
  to be right tener razón **3.3**
  to the right (of)
    a la derecha (de) **4.1**
ring el anillo **4.2**
river el río **3.3**
road el camino **4.1**
roasted asado(a)
room el cuarto **5.1**
rooster el gallo **6.2**
rule la regla
to run correr **1.1**

S

sad triste **3.1**
salad la ensalada **4.3**
salsa la salsa **4.3**
salt la sal **5.3**
same mismo(a) **2.1**
sandwich (sub) la torta **2.2**
Saturday sábado **EP**
sausage el chorizo **5.2,**
  la salchicha **5.3**
to say decir **4.1**
  Don't say that!
    ¡No digas eso! **1.2**

scarf bufanda **3.3**
schedule el horario **2.2**
school la escuela **2.1**
science las ciencias **2.1**
scissors las tijeras **6.2**
screen la pantalla **2.1**
sea el mar **3.3**
to search buscar **2.1**
seasons las estaciones **3.3**
second segundo(a) **6.2**
secretary el (la) secretario(a) **6.1**
to see ver **2.3**
   May I see…?
     ¿Me deja ver…? **4.2**
to sell vender **2.3**
semester el semestre **2.2**
to send a letter
   mandar una carta **2.3**
September septiembre **1.3**
serious serio(a) **1.2**
to serve servir (i) **4.3**
to set the table poner la mesa **4.3**
seven siete **EP**
seven hundred setecientos(as) **5.3**
seventeen diecisiete **1.3**
seventh séptimo(a) **6.2**
seventy setenta **1.3**
shame: What a shame!
   ¡Qué lástima! **3.1**
shampoo el champú **5.1**
to share compartir **2.3**
to shave afeitarse **5.1**
she ella **1.1**
sheep el cordero
shepherd(ess) el (la) pastor(a) **6.2**
ship el barco **4.1**
shirt la camisa **1.2**
shoe el zapato **1.2**
   shoe store la zapatería **4.1**
shopping
   to go shopping ir de compras **3.1**
   shopping center
     el centro comercial **4.1**
short (height) bajo(a) **1.2;**
   (length) corto(a) **1.2**
shorts los shorts **3.3,**
   los pantalones cortos
should deber **5.2**
sick enfermo(a) **3.1**
sign el letrero, la señal
silver la plata **4.2**
simple sencillo(a) **6.1**
to sing cantar **1.1**

sister la hermana **1.3**
six seis **EP**
six hundred seiscientos(as) **5.3**
sixteen dieciséis **1.3**
sixth sexto(a) **6.2**
sixty sesenta **1.3**
to skate patinar **1.1**
skateboard la patineta **3.2**
to skateboard
   andar en patineta **3.2**
skates los patines **3.2**
to ski esquiar **3.2**
skirt la falda **1.2**
to sleep dormir (ue) **4.2**
to be sleepy tener sueño **3.3**
slow lento(a) **5.2**
slowly lentamente **5.2**
small pequeño(a) **1.2**
snack la merienda **2.2**
   to have a snack merendar (ie) **3.2**
snow la nieve **3.3**
to snow nevar (ie) **3.3**
so entonces **2.3**
So-so. Regular. **1.1**
soap el jabón **5.1**
soccer el fútbol **3.2**
social studies
   los estudios sociales **2.1**
sock el calcetín **1.2**
sofa el sofá **5.2**
soft drink el refresco **2.2**
some alguno(a) **4.3**
someone alguien **4.3**
   to know, to be familiar
   with someone
     conocer a alguien **2.3**
something algo **4.3**
sometimes a veces **2.1**
son el hijo **1.3**
song la canción
soon pronto **2.1**
sorry: I'm sorry… Lo siento… **4.1**
sound el sonido
soup la sopa **4.3**
Spanish el español **2.1**
to speak hablar **2.1**
   May I speak with…?
     ¿Puedo hablar con…? **3.1**
special especial **5.2**
specially especialmente **5.2**
spicy picante **4.3**
spoon la cuchara **4.3**

sport el deporte
   to play sports
     practicar deportes **3.1**
sporting goods store
   la tienda de deportes **3.2**
spring la primavera **3.3**
squid los calamares **5.2**
stadium el estadio **3.2**
star la estrella **5.3**
stationery store la papelería **4.1**
steak el bistec **4.3**
stepbrother el hermanastro
stepfather el padrastro
stepmother la madrastra
stepsister la hermanastra
still todavía **4.3**
stomach el estómago **5.1**
store la tienda **2.3**
storm la tormenta **3.3**
storyteller el bohique
stove la estufa **5.3**
straight ahead derecho **4.1**
street la calle **4.1**
string la cuerda
striped con rayas **3.3**
strong fuerte **1.2**
student el (la) estudiante **1.1**
to study estudiar **2.1**
subject la materia **2.1**
subway el metro **4.1**
success el éxito
sugar el azúcar **4.3**
summer el verano **3.3**
sun el sol **3.3**
to sunbathe tomar el sol **3.3**
Sunday domingo **EP**
sunglasses las gafas de sol **3.3**
sunny: It is sunny. Hace sol. **3.3,**
   Hay sol. **3.3**
suntan lotion el bronceador **3.3**
supermarket el supermercado
   to go to the supermarket
     ir al supermercado **2.3**
supper la cena **2.3**
   to have supper cenar **2.3**
surfing el surfing **3.2**
surname el apellido **EP**
surprise la sorpresa **5.2**
to surprise sorprender **5.2**
sweater el suéter **1.2**

to sweep the floor
   barrer el suelo **5.2**
sweet dulce **4.3**
   sweet roll el pan dulce **4.3**
to swim nadar **1.1**
swimming pool la piscina **3.2**

T-shirt la camiseta **1.2**
table la mesa **5.2**
   to clear the table
      quitar la mesa **5.1**
   to set the table poner la mesa **4.3**
tail la cola
to take tomar **2.2**
   to take a bath bañarse **5.1**
   to take a shower ducharse **5.1**
   to take along llevar **3.3**
   to take care of cuidar (a) **2.3**
   to take out the trash
      sacar la basura **5.2**
   to take pictures sacar fotos **3.3**
to talk hablar **2.1**
tall alto(a) **1.2**
tape recorder la grabadora **6.1**
tasty rico(a) **4.3,** sabroso(a) **5.3**
taxi el taxi **4.1**
taxi driver el (la) taxista **6.1**
tea el té **4.3**
to teach enseñar **2.1**
teacher el (la) maestro(a) **1.1**
team el equipo **3.2**
telephone el teléfono **3.1**
television la televisión
   to watch television
      ver la televisión **2.3**
television set el televisor **5.2**
to tell decir **4.1,** contar (ue) **4.2**
   Tell (*familiar/formal*) **him or her
      to call me.** Dile/Dígale que
      me llame. **3.1**
temperature la temperatura **3.3**
ten diez **EP**
tennis el tenis **3.2**
tenth décimo(a) **6.2**
terrible terrible **1.1**
test el examen **2.1**
textile el tejido
Thank you. Gracias. **1.1**

Thanks, but I can't.
   Gracias, pero no puedo. **3.1**
that que; ese(a), eso **6.2**
   that (over there)
      aquel(la) **6.2;** aquello **6.2**
   that one ése(a) **6.2**
   that one (over there)
      aquél(la) **6.2**
theater el teatro **2.3**
their su **1.3**
then entonces **2.3**
there allá/allí **4.1**
there is, there are hay **1.3**
they ellos(as) **1.1**
thin delgado(a) **1.2**
thing la cosa **4.1**
to think pensar (ie) **3.2;** creer **3.3**
   I think so. / I don't think so.
      Creo que sí/no. **3.3**
third tercero(a) **6.2**
thirsty: to be thirsty tener sed **2.3**
thirteen trece **1.3**
thirty treinta **1.3**
this este(a) **6.2;** esto **6.2**
this one éste(a) **6.2**
thousand mil **5.3**
three tres **EP**
three hundred trescientos(as) **5.3**
Thursday jueves **EP**
time el tiempo
   free time el tiempo libre **3.1**
   (At) What time is…?
      ¿A qué hora es…? **2.2**
   What time is it?
      ¿Qué hora es? **2.2**
tip la propina **4.3**
   How much do I tip? ¿Cuánto
      le doy de propina? **4.3**
tired cansado(a) **3.1**
to a
   to the left (of)
      a la izquierda (de) **4.1**
   to the right (of)
      a la derecha (de) **4.1**
today hoy **EP**
   Today is… Hoy es… **EP**
   What day is today?
      ¿Qué día es hoy? **EP**
together juntos **4.2**
tomato el tomate **5.3**

tomorrow mañana **EP**
   See you tomorrow.
      Hasta mañana. **EP**
   Tomorrow is… Mañana es… **EP**
too también **1.1**
too much demasiado(a) **4.2**
tooth el diente **5.1**
toothbrush
   el cepillo de dientes **5.1**
toothpaste la pasta de dientes **5.1**
tough duro(a) **5.1**
towel la toalla **5.1**
town el pueblo **4.3**
town square la plaza **4.1**
traditional tradicional **6.1**
traffic el tráfico **6.1**
train el tren **4.1**
trash la basura **5.2**
to travel viajar **4.1**
to treat: I'll treat you. Te invito. **3.1**
tree el árbol **3.3**
trip el viaje **4.1**
true: It's true. Es verdad. **1.2**
truth la verdad **2.2**
Tuesday martes **EP**
to turn doblar **4.1**
to turn off the light
   apagar la luz **5.3**
twelve doce **1.3**
twenty veinte **1.3**
twenty-one veintiuno **1.3**
two dos **EP**
two hundred doscientos(as) **5.3**

ugly feo(a) **1.2**
umbrella el paraguas **3.3**
uncle el tío **1.3**
under debajo (de) **6.2**
to understand comprender **2.3,**
   entender (ie) **3.2**
until hasta **4.1**
up arriba **6.2**
to use usar **2.1**

to vacuum pasar la aspiradora **5.2**
vacuum cleaner la aspiradora **5.2**
VCR la videograbadora **4.2**
vegetable la verdura **5.3**
vegetarian vegetariano(a) **4.3**
very muy **1.3**
video el video **4.2**
  to rent a video
    alquilar un video **3.1**
  video game el videojuego **4.2**
village el pueblo **4.3**
to visit visitar **2.2**
volleyball el voleibol **3.2**

to wait for esperar **2.1**
waiter el mesero **4.3**
waiting room la sala de espera
waitress la mesera **4.3**
to wake up despertarse (ie) **5.1**
to walk caminar
  to walk the dog caminar con
    el perro **2.3**
wall la pared **5.2**
wallet la cartera **4.2**
to want querer (ie) **3.2**
war la guerra
warrior el guerrero
warm caliente **4.3**
to wash lavar
  to wash one's hair
    lavarse la cabeza **5.1**
  to wash oneself lavarse **5.1**
  to wash the dishes
    lavar los platos **5.1**
watch el reloj **2.2**
to watch mirar **2.1**
  to watch television
    ver la televisión **2.3**
water el agua *(fem.)* **2.2**
wave la ola
we nosotros(as) **1.1**
to wear llevar **2.1**
  What is he/she wearing?
    ¿Qué lleva? **1.2**

weather el tiempo **3.3**
  What is the weather like?
    ¿Qué tiempo hace? **3.3**
Wednesday miércoles **EP**
week la semana **EP**
weights: to lift weights
  levantar pesas **3.2**
welcome bienvenido(a) **1.1**
  You're welcome. De nada. **1.1**
well bien **1.1;** pues **1.2**
  (Not very) Well, and you
    (familiar/formal)? (No muy)
    Bien, ¿y tú / usted? **1.1**
what cuál(es) **2.2;** qué **2.2**
  What a shame!
    ¡Qué lástima! **3.1**
  What day is today?
    ¿Qué día es hoy? **EP**
  What is he/she like?
    ¿Cómo es? **1.2**
  What is your phone number?
    ¿Cuál es tu teléfono? **EP**
when cuándo **2.2;** cuando **3.1**
where dónde **2.2; (to) where**
  adónde **2.2**
  Could you tell me where… is?
    ¿Puedes (Puede usted)
    decirme dónde queda…? **4.1**
  Where are you from?
    ¿De dónde eres? **EP**
  Where is he/she from?
    ¿De dónde es? **EP**
which (ones) cuál(es) **2.2**
white blanco(a) **1.2**
who quién(es) **2.2**
  Who are they?
    ¿Quiénes son? **1.3**
  Who is it? ¿Quién es? **1.3**
Whose is…? ¿De quién es…? **1.3**
why por qué **2.2**
  That's why. Con razón. **2.1**
wide ancho(a) **6.1**
wife la esposa
to win ganar **3.2**
wind el viento **3.3**
wing el ala *(fem.)*
window la ventana **5.2**
windy: It is windy.
  Hace viento. **3.3,** Hay viento. **3.3**
winner el (la) ganador(a) **6.1**
winter el invierno **3.3**

with con **1.3**
  with me conmigo **3.1**
  with you contigo **3.1**
without sin **4.3**
woman la mujer **1.1**
wood la madera
wool la lana **6.2**
to work trabajar **1.1**
workshop el taller **6.2**
world el mundo **1.1**
worried preocupado(a) **3.1**
to worry: Don't worry!
  ¡No te preocupes! **3.1**
worse peor **3.2**
to write escribir **1.1**
writer el (la) escritor(a) **6.1**

year el año **1.3**
  He/She is… years old.
    Tiene… años. **1.3**
yellow amarillo(a) **1.2**
yes sí **EP**
  Yes, I would love to.
    Sí, me encantaría. **3.1**
yesterday ayer **5.3**
yet todavía **4.3**
yogurt el yogur **5.3**
you tú *(familiar singular)* **1.1,**
  usted *(formal singular)* **1.1,**
  ustedes *(plural)* **1.1,**
  vosotros(as) *(familiar plural)* **1.1**
young joven **1.3**
younger menor **1.3**
your su *(formal)* **1.3,**
  tu *(familiar)* **1.3,**
  vuestro(a) *(plural familiar)* **1.3**

zero cero **EP**

Índice

Créditos